FORTIFICATION

ET DE

TOPOGRAPHIE

PROFESSÉES AUX CANDIDATS AUX GRADES D'OFFICIER

Dans la Réserve de l'Armée active et dans l'Armée territoriale

PAR A. ROUSSAN

Ancien officier d'infanterie et ancien lieutenant-colonel commandant le 3ᵉ régiment
de la Garde mobile.

COURS ORGANISÉS PAR LA RÉUNION DES OFFICIERS

PARIS,

IMPRIMERIE ET LIBRAIRIE ADMINISTRATIVE

DE PAUL DUPONT,

RUE JEAN-JACQUES ROUSSEAU, 41

1874

LEÇONS

DE

FORTIFICATION

ET DE

TOPOGRAPHIE

Clichy. — Imprimerie PAUL DUPONT, rue du Bac-d'Asnières, 12.

PUBLICATION DE LA RÉUNION DES OFFICIERS

LEÇONS

DE

FORTIFICATION

ET DE

TOPOGRAPHIE

PROFESSÉES AUX CANDIDATS AUX GRADES D'OFFICIER

Dans la Réserve de l'Armée active et dans l'Armée territoriale

PAR A. ROUSSAN

Ancien officier d'infanterie et ancien lieutenant-colonel commandant le 5e régiment
de la Garde mobile.

COURS ORGANISÉS PAR LA RÉUNION DES OFFICIERS

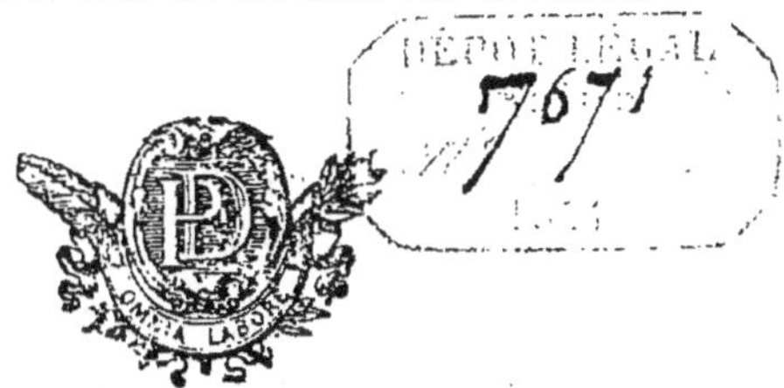

PARIS

IMPRIMERIE ET LIBRAIRIE ADMINISTRATIVES

DE PAUL DUPONT

RUE JEAN-JACQUES-ROUSSEAU, 41.

1874

QUELQUES MOTS D'EXPLICATION

Nous prions le lecteur de croire que nous n'avons
rien inventé. Pour accomplir la mission que *la
Réunion des officiers* a bien voulu nous confier,
nous avons dû, tout en restant dans les limites du
programme que nous avions à parcourir, puiser
les éléments de nos leçons de fortification et de
topographie un peu partout, et recueillir avec soin
toutes les indications qui nous ont paru d'une utilité et d'un intérêt réels pour l'instruction de nos
élèves. C'est à la demande de la plupart d'entre
eux que nous publions le résultat de nos recherches, ce qui fait supposer que nos efforts n'ont point
été stériles. Mais il résulte de ce que nous venons
de dire, que nous avons eu, par le fait, un grand
nombre de collaborateurs, et c'est un devoir pour
nous de faire connaître les sources auxquelles nous
avons dû recourir. Voici donc les ouvrages que
nous avons le plus consultés :

En fortification :

A. Ratheau. — *Traité de fortification*.
Zaccone.   *idem*.
Maire.   *idem*.
Braeckman.   *idem*.
—*Cours complet d'études à l'usage des Écoles régimentaires*.
Laisné.—*Aide-mémoire des officiers du génie*.
— *Manuel du sapeur d'infanterie*, traduit de l'italien par MM. Percin, Grillon et de Lort-Sérignan (publication de *la Réunion des officiers*).
Brialmont. — *Fortification improvisée*.
Piron. — *Les fougasses instantanées*.
Gassendi. — *Aide-mémoire d'artillerie*, etc.

En topographie :

E. Bertrand. — *Traité de topographie et de reconnaissances militaires*.
— *Instruction sur la lecture des cartes topographiques*.
Le Louterel. — *Manuel des reconnaissances militaires*.
— *Cours complet d'études à l'usage des Écoles régimentaires*.
— *Manuel des connaissances militaires pratiques utiles à MM. les officiers et sous-officiers*.

LEÇONS

DE

FORTIFICATION

ET DE

TOPOGRAPHIE

FORTIFICATION PASSAGÈRE.

PREMIÈRE LEÇON.

NOTIONS PRÉLIMINAIRES.

Plan.

On appelle plan, ou surface plane, une surface telle qu'en prenant deux de ses points à volonté et les joignant par une ligne droite, cette ligne se trouve comprise tout entière dans le plan. Autrement dit : en appliquant une règle dans tous les sens sur la surface, cette règle coïncidera parfaitement avec la surface.

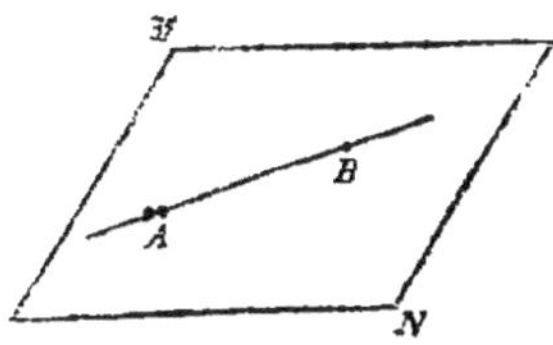

Figure 1.

Plan horizontal.

La surface des eaux tranquilles est un plan. Ce plan est horizontal.

Tout plan parallèle à la surface des eaux tranquilles est donc un plan horizontal.

Plans parallèles.

Deux plans, comme deux lignes, sont parallèles entre eux, quand, prolongés à l'infini, ils ne peuvent jamais se rencontrer et se trouvent toujours à la même distance l'un de l'autre.

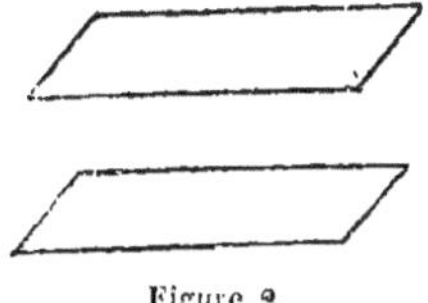

Figure 2.

Circonférence.

Une circonférence est une ligne dont tous les points sont également éloignés d'un point intérieur nommé centre.

La circonférence est divisée en 360 parties égales appelées degrés.

Perpendiculaires et angles droits.

Soit une circonférence dont le centre est en O (*fig.* 3). Menons par le point O une ligne droite AB terminée

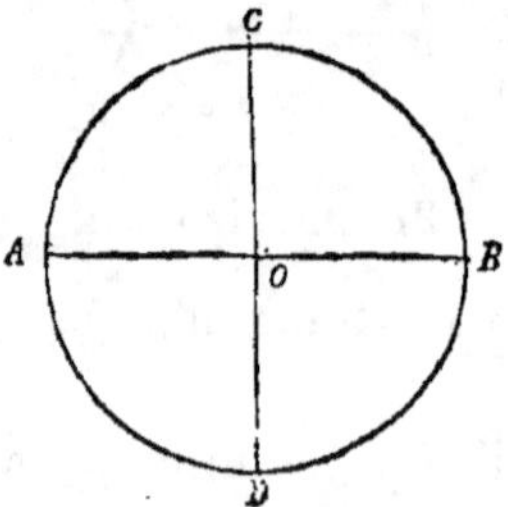

Figure 3.

de part et d'autre à la circonférence. Ce sera un *diamètre*. Menons également par le point O, le diamètre CD, de telle sorte que les quatre angles AOC, COB, BOD, AOD, ainsi formés, soient égaux. Les arcs de cercle AC, CB, etc., qui mesurent chacun de ces angles seront aussi égaux ; chacun d'eux sera le quart de la circonférence, soit le quart de 360 degrés, c'est-à-dire de 90 degrés.

Les lignes CD et AB, faisant entre elles des angles adjacents égaux sont dites perpendiculaires l'une à l'autre ; les angles dont il s'agit sont appelés angles droits ; nous venons de voir qu'un angle droit est égal à 90 degrés.

Plans perpendiculaires.

De même, lorsque deux plans se rencontrent de manière à former deux angles adjacents égaux, ces plans sont perpendiculaires l'un à l'autre.

Plan vertical.

Soient deux plans AM et DE (*fig.* 4). Supposons le plan DE parallèle à la surface des eaux tranquilles,

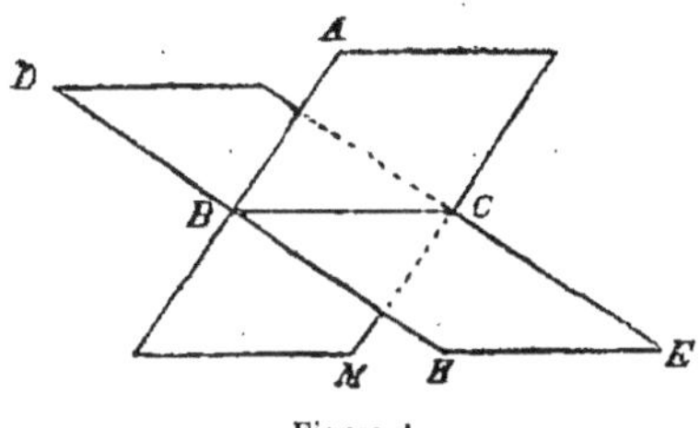

Figure 4.

c'est à dire horizontal ; si le plan AM fait avec le plan DE deux angles adjacents ABH, ABD, égaux entre eux, ce plan AM sera un plan vertical. Tout plan vertical est donc perpendiculaire au plan horizontal.

Ligne verticale, fil à plomb.

Si l'on tient par un bout un fil à l'extrémité duquel est suspendu un corps pesant, tel qu'une balle, un morceau de plomb, ce corps pesant, en vertu de la pesanteur, donnera au fil une certaine direction. L'instrument ainsi composé est un fil à plomb et la direction qu'il donne est une ligne verticale.

On nomme verticale toute ligne parallèle au fil à plomb.

Tout plan mené par cette ligne est un plan vertical.

Trace d'un plan.

Les deux plans AM et DE (*fig.* 4) se rencontrent suivant la ligne BC, qui est leur intersection commune. Cette ligne est dite trace du plan AM sur le plan DE et *vice versa*.

Ligne de terre.

Si le plan DE se confond avec le sol, BC prend le nom de ligne de terre. Ainsi, on nomme ligne de terre la trace du plan vertical sur le terrain.

Droite perpendiculaire à un plan.

Une ligne droite est perpendiculaire à un plan, lorsqu'elle est perpendiculaire à toutes les droites passant par son pied dans le plan (*fig.* 5). Le plan MN peut étre

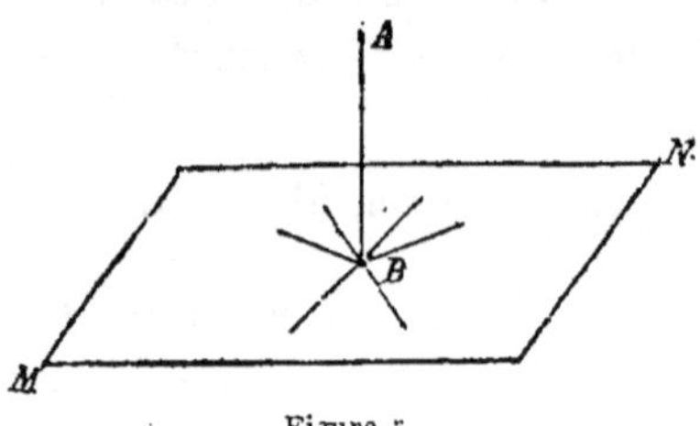

Figure 5.

considéré, en effet, comme obtenu au moyen de toutes les droites perpendiculaires à la ligne AB au point B.

Projection d'un point sur un plan.

On appelle projection d'un point sur un plan le pied

de la perpendiculaire abaissée du point sur le plan. Le point B (*fig.* 5) est la projection du point A.

Cote d'un point.

En fortification, le plan MN (*fig.* 6) est horizontal, c'est le terrain. On nomme cote du point A, l'élévation

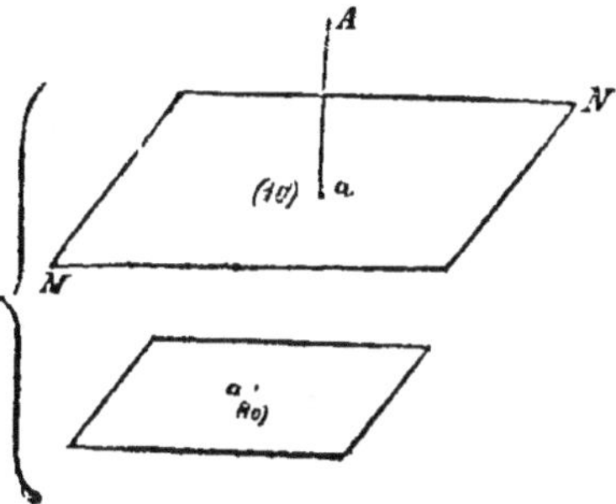

Figure 6.

de ce point au-dessus du plan horizontal, dit plan de projection. Soit Aa = 10 mètres. Le point A sera coté 10 mètres, et le nombre (10) s'écrit entre parenthèses à côté de la projection du point A (*fig.* 6).

Un point est déterminé par sa cote et par sa projection. Car le point A étant coté 10 mètres sur le plan MN (*fig.* 6), il suffit d'élever sur le plan MN, au point A, une perpendiculaire égale à 10 mètres. L'extrémité de cette ligne donnera le point cherché A.

Manière de coter un point.

En fortification, pour coter un point *au-dessus* du plan de projection, on écrit à côté du point la cote de ce point entre parenthèses, précédée du signe + (plus).

Lorsque le point èst *au-dessous* du plan de projection, sa cote est précédée du signe — (moins).

Projection d'une ligne droite.

La projection d'une ligne droite sur un plan s'obtient en joignant les pieds des perpendiculaires abaissées des extrémités de cette droite sur le plan.

La projection de AB sur le plan MN est *ab* (*fig.* 7). Si AB est parallèle au plan, on a AB $=$ ab.

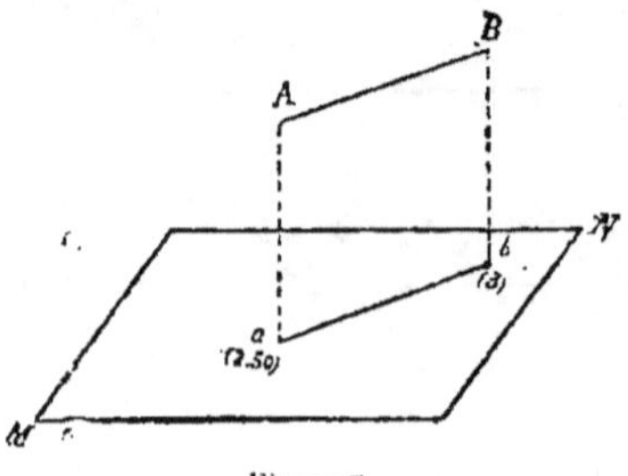

Figure 7.

On voit qu'une ligne est déterminée par sa projection et la cote de deux de ses points.

Trace d'une ligne.

Soit MN le plan de projection (*horizontal*), et une droite AB inclinée sur ce plan (*fig.* 8) ; si l'on prolonge

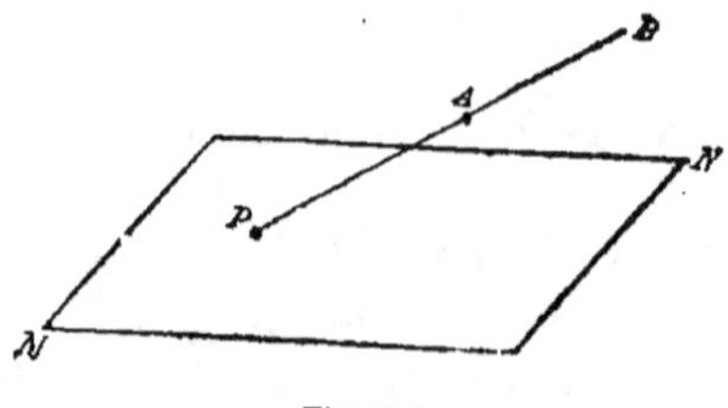

Figure 8.

AB jusqu'à sa rencontre 'avec le plan MN, le point P, où cette droite perce le plan, est la trace de la droite AB sur ce plan.

Inclinaison d'une droite sur un plan.

Soit une ligne AB rencontrant le plan MN en B (*fig*. 9); abaissons du point A la perpendiculaire A*a*

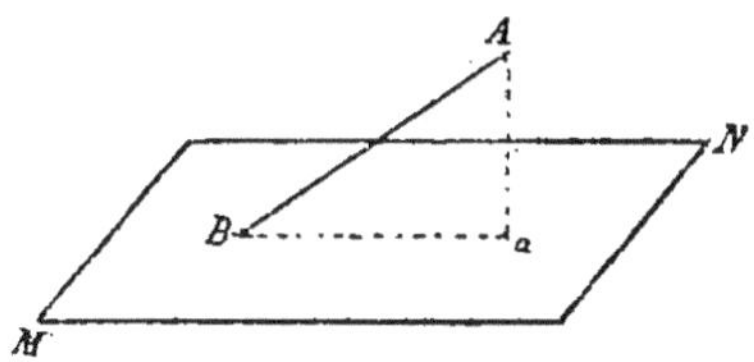

Figure 9.

sur le plan, et joignons B*a*. Le point *a* est la projection du point A et la ligne *a*B est la projection de la droite AB. L'inclinaison de celle-ci sur le plan MN est marquée par l'angle AB*a*; cette inclinaison s'exprime par la fraction $\frac{Ba}{Aa}$ c'est à dire par le rapport de la base B*a* du triangle AB*a*, à sa hauteur A*a*, ou, en d'autres termes, par le rapport qui existe entre la distance de la projection de l'un des points de la droite à sa trace, et la cote de ce même point. Soit B*a* $= 18$ mètres, et *a*A $= 3$ mètres, l'inclinaison de AB sur le plan MN sera de $\frac{18}{3} = \frac{6}{1}$.

Si l'on ne peut prolonger la droite AB jusqu'au plan,

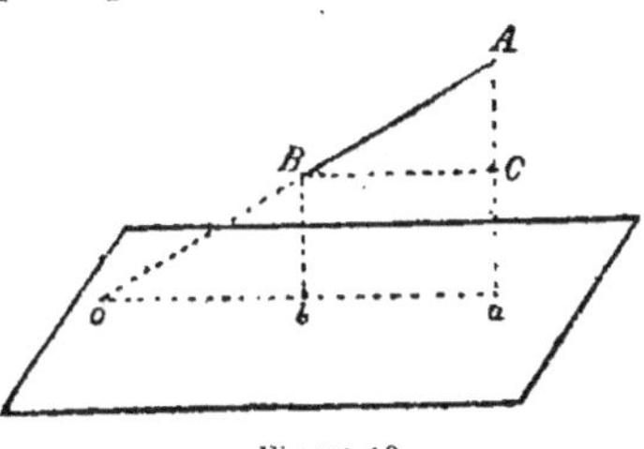

Figure 10.

on obtient son inclinaison au moyen de la partie de sa projection comprise entre deux de ses points et la différence de cotes de ces deux points.

Soit la ligne AB dont la projection sur le plan MN est ab. Prolongeons par la pensée la ligne AB jusqu'à sa rencontre avec le plan, en o. Son inclinaison sera mesurée par l'angle Aoa; mais cet angle est égal à l'angle ABC comme correspondant, la ligne BC étant menée parallèle à ab. Donc le rapport $\frac{oa}{Aa}$ peut être remplacé par le rapport $\frac{BC}{AC}$. Or BC n'est autre chose que ba, et AC est la différence de cotes des points A et B. Soit donc $ab = 18$ mètres, $a\,(+15)$, $b\,(+12)$. L'inclinaison de AB sera $\frac{18}{15-12} = \frac{18}{3} = \frac{6}{1}$.

Inclinaison d'un plan sur le plan horizontal, Ligne de plus grande pente.

L'inclinaison d'un plan sur le plan horizontal est déterminée par l'inclinaison de sa ligne de plus grande pente.

Soit MN le plan horizontal, et XZ un plan dont la trace sur le premier est Xy (*fig.* 11). Du point B, pris

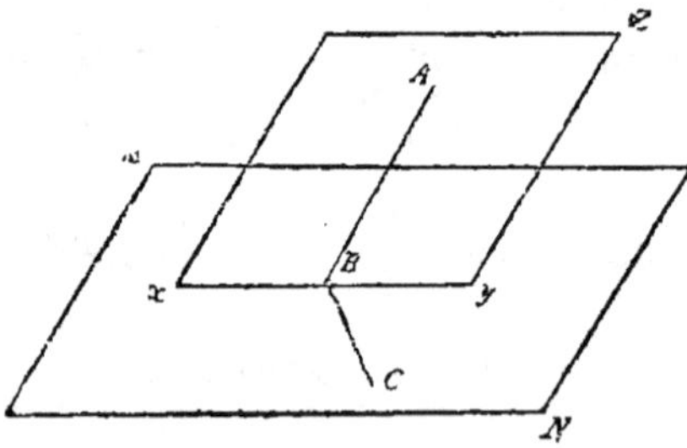

Figure 11.

sur la trace Xy, élevons dans le plan XZ une droite BA perpendiculaire à Xy ; du même point, menons dans le plan horizontal la droite BC, également perpendiculaire à Xy, BC n'est autre que la projection de AB ; celle-ci est la ligne de plus grande pente du plan XZ ; l'angle qu'elle fait avec sa projection est le plus grand angle que fait le plan XZ avec le plan horizontal MN ; l'inclinaison du premier plan sur le second est donc déterminée par celle de sa ligne de plus grande pente.

Profils.

Si l'on coupe un ouvrage de fortification par un plan vertical, l'intersection des divers plans qui déterminent la forme de l'ouvrage avec ce plan vertical donne le profil de l'ouvrage.

Profil droit. Profil oblique. Profil en talus.

Le profil est droit lorsque le plan vertical, dont il s'agit, est perpendiculaire à la direction du retranchement ; il est oblique dans le cas contraire. On l'appelle profil en talus lorsque le plan sécant n'est pas vertical.

Plan d'un ouvrage de fortification ou tracé.

Le plan, ou le tracé d'un ouvrage de fortification, est déterminé par la projection des différentes lignes de l'ouvrage sur le plan horizontal, autrement dit, le terrain.

OBJET DE LA FORTIFICATION EN GÉNÉRAL.

La fortification a pour but de mettre une troupe en état
de résister à une troupe plus forte qu'elle.

Masse couvrante. — Fossé.

On y arrive par la construction d'un obstacle qui re-
tient les assaillants sous le feu des défenseurs. Cet
obstacle comprend une masse de terre M d'une éléva-

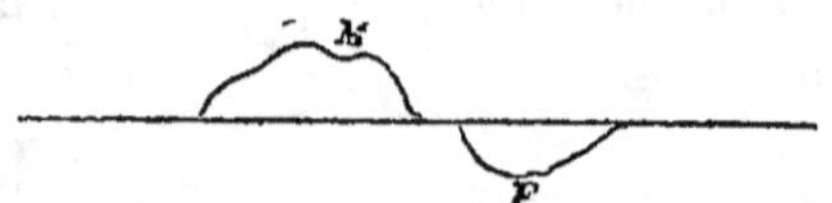

Figure 12.

tion et d'une épaisseur déterminées, et une excavation
F. Cette masse de terre porte le nom de masse couvrante, et l'excavation porte le nom de fossé. Celui-ci
a fourni les terres composant la masse couvrante.

Retranchement.

L'ensemble de la masse couvrante et du fossé porte le
nom de retranchement.

CE QU'ON ENTEND PAR FORTIFICATION PERMANENTE ET FORTIFICATION PASSAGÈRE.

Il y a deux sortes de fortification, la fortification permanente et la fortification passagère.

On entend par fortification permanente celle qui s'occupe de l'organisation défensive de positions, ou de points, dont il importe de rester toujours le maître. Les ouvrages qui en résultent sont permanents, existent en temps de paix comme en temps de guerre ; ils exigent de grandes dépenses, et un temps assez long pour leur construction, qui se fait en maçonnerie.

Places fortes. — Forts.

La position fortifiée prend le nom de place forte lorsqu'il se trouve dans son intérieur des habitants et des établissements civils, et de fort si elle n'est occupée que par une colonie militaire.

Fortification passagère.

La fortification passagère a pour but l'organisation défensive de positions qui n'ont qu'un rôle momentané, comme celles qui dépendent des opérations d'une armée en campagne. Les ouvrages qu'elle construit sont en terre ; ces ouvrages doivent s'établir en quelques jours, le plus souvent en quelques heures, en quelques minutes même, et sous le feu de l'ennemi. La fortification passagère est dite aussi de campagne, car c'est à elle qu'on a recours en campagne pour renforcer l'occupation d'un point du champ de bataille, pour la mise en état de défense d'un village et d'une position quelconque ; c'est elle aussi qui nous enseignera la manière de couvrir rapidement une troupe sur le champ de bataille et de l'abriter du feu de l'ennemi.

Des ouvrages de champs de bataille en général.

Dans les ouvrages du champ de bataille, les terres sont prises, suivant le temps dont on dispose, soit en avant du massif ou masse couvrante, soit en arrière, soit des deux côtés à la fois. Lorsqu'elles sont prises en avant, on crée à la fois l'abri pour les hommes et l'obstacle à l'attaque de l'ennemi ; quand elles sont prises en arrière, on couvre plus rapidement les hommes, puisque chaque pelletée de terre approfondit l'excavation et élève le massif tout à la fois ; mais l'obstacle principal, le fossé, n'existe plus ; enfin, lorsque les terres sont prises des deux côtés à la fois, en avant et en arrière du massif, les deux propriétés dont nous venons de parler (obstacle à l'assaillant, abri pour les défenseurs) sont atténuées dans une certaine proportion, mais on obtient une rapidité d'exécution plus grande. (Capitaine du génie, Maire.)

Nous ne nous occuperons tout d'abord que des retranchements dont les terres sont tirées en avant de la masse couvrante. Les retranchements rapides du champ de bataille, ou tranchées-abris, sont, dans le programme, l'objet d'un chapitre à part.

FORMES PRINCIPALES DE LA FORTIFICATION.

Les retranchements affectent la forme :
De lignes droites ;
D'angles saillants ;
D'angles rentrants ;
D'angles alternativement saillants et rentrants ;
De lignes courbes.

Forme circulaire.

Nous étudierons, par la suite, ces différentes formes de retranchements. Disons dès maintenant qu'on a rejeté absolument la forme circulaire qui est d'une exécution difficile, ne donne que des feux divergents, et dont le fossé n'est pas flanqué.

DÉFINITIONS.

Nous donnons, à leur place, les définitions que comporte l'étude de la fortification passagère, et on les trouvera dans les différentes parties de notre cours ; voici celles qui s'appliquent à l'article du programme auquel nous sommes parvenu.

Face d'un retranchement.

On nomme face d'ouvrage l'ensemble de la masse couvrante et du fossé prolongés en ligne droite. Un ou-

vrage est généralement composé de plusieurs faces faisant entre elles des angles.

Angles saillants. Angles rentrants.

Ces angles sont saillants si leurs sommets sont tournés vers l'extérieur ; rentrants , lorsque leurs sommets
sont tournés vers l'intérieur.

Étude du profil.

Pour étudier plus facilement le tracé et la forme des
retranchements, nous supposons le terrain horizontal.

Si l'on coupe une face d'ouvrage par un plan vertical
perpendiculaire à la direction du retranchement, les intersections des différents plans du retranchement avec
le plan séçant donnent un profil droit, que représente la
figure suivante (*fig.* 13).

La ligne $x\,y$ est l'intersection du plan vertical avec
le terrain ; c'est la ligne de terre.

xA   est le terre-plein ou l'intérieur de l'ouvrage.

AB   la banquette.

BC   le talus de banquette.

CD   le talus intérieur.

DE   la plongée.

EF   le talus extérieur.

FG   la berme.

GH   le talus d'escarpe ou simplement l'escarpe.

HI   le fond du fossé.

IJ   le talus de contrescarpe ou simplement la contrescarpe.

JK   le talus intérieur du glacis.

KL   le glacis.

Les points A, B, C, D, etc., sont les intersections des différentes lignes de l'ouvrage avec le plan vertical sécant.

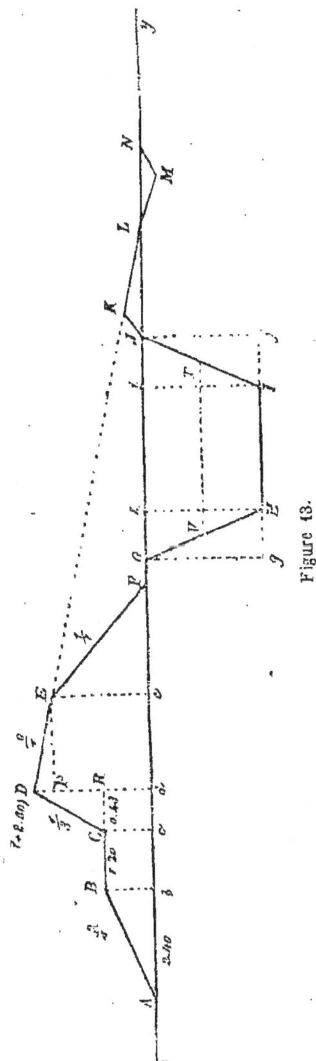

Figure 13.

Ligne de feu.

La ligne qui perce le plan vertical en D, et qui est l'intersection du talus intérieur CD et de la plongee DE, se nomme crête intérieure ou ligne de feu, parce que les défenseurs font feu par dessus en y appuyant leurs armes, au besoin. C'est la ligne la plus élevée de l'ouvrage. Sa hauteur D*d* est de 2 mètres, quand on ne doit couvrir que de l'infanterie, et de 2^{m}50 quand il s'agit de couvrir de la cavalerie, attendu que les hauteurs du fantassin et du cavalier ne dépassent pas respectivement 2 mètres et 2^{m}50. Ici, il faut s'entendre. Les hauteurs ci-dessus ne peuvent couvrir les défenseurs que des *vues de l'ennemi*, nullement de ses projectiles. Avec les anciennes armes, la hauteur de 2^{m}50 suffisait pour couvrir les défenseurs à la fois des vues et des projectiles ennemis. Il n'en est plus de même aujourd'hui, par suite de l'augmentation de courbure des trajectoires. La mousqueterie elle-même permet d'atteindre les hommes derrière un parapet, car, à 1,000 mètres, la balle du chassepot suit une pente de $\frac{1}{10}$.

Cependant, le parapet préserve les défenseurs de tous les projectiles qui tombent sur la plongée et le talus extérieur, ainsi que des ricochets et des éclats d'obus qui touchent le sol en avant, et, en général, du feu de la mousqueterie, car, dans un combat, peu d'hommes prendront le temps d'exécuter le tir plongeant avec le fusil. D'ailleurs, avec du temps et des moyens, on donne jusqu'à 4 mètres d'élévation à la crête intérieure ; on établit des abris souterrains, on s'enfonce dans le terre-plein, etc.

Parapet, son épaisseur.

On nomme parapet la partie de la masse couvrante comprise entre les lignes Dd et Ee ; la ligne *de* est l'épaisseur du parapet ; cette épaisseur doit être suffisante pour que les projectiles ne puissent traverser le parapet.

Pénétration des projectiles.

La pénétration varie avec :
La distance des batteries,
L'espèce des pièces,
La nature des terres du parapet,
Le soin apporté à la construction de l'ouvrage.

Le projectile prussien ne s'enfonce pas à plus de $1^m 10$ lorsqu'il éclate ; sa pénétration est d'environ $2^m 50$ pour le tir habituel des champs de bataille, lorsque l'explosion n'a pas lieu.

Comme il est impossible d'établir une batterie en position sous le feu efficace de la mousqueterie, il n'y a pas lieu de se préoccuper de la pénétration correspondante à une distance de moins de 500 mètres.

A cette distance, les pénétrations varient de $1^m 50$ à 3 mètres pour la plupart des pièces ; en y ajoutant 1 mètre pour que l'explosion du projectile n'en projette pas les éclats, on est amené à adopter l'épaisseur de 3 mètres. En résumé, un parapet de 3 à 4 mètres d'épaisseur suffira toujours, même contre une canonnade prolongée.

Talus intérieur.

La ligne DC est l'intersection avec le plan vertical d'un plan du retranchement nommé talus intérieur. On doit raidir autant que possible le talus intérieur, afin que l'homme monté sur la banquette BC soit moins éloigné du point D où il appuie son arme, et soit en même temps mieux couvert ; cependant, il faut à ce talus une base qui permette de soutenir les terres du massif. On s'est arrêté à l'inclinaison de $\frac{1}{3}$ en France, et de $\frac{1}{4}$ en Allemagne. Ainsi CR est le tiers de DR. Le point R est à 1^m30 au-dessous du point D, pour que les hommes de petite taille puissent tirer par-dessus la ligne de feu. La base CR du talus intérieur est donc de $\frac{1.30}{3} = 0,43$.

Banquette.

La banquette BC est horizontale ; sa largeur dépend du nombre de rangs de défenseurs qn'on veut y placer ; elle est de 0,70 à 0^m80 pour un rang de défenseurs, et, pour deux rangs, de 1^m20 qu'on peut considérer comme sa largeur habituelle, attendu qu'au moment de l'assaut la banquette doit être assez large pour donner place aux réserves qui s'accumulent vers les points d'attaque. Nous venons de voir qu'elle est à 1^m30 au-dessous de la ligne de feu ; quand les hommes tirent par des créneaux, elle n'est plus qu'à 1^m10 ou 1^m20 au-dessous de cette même ligne.

Talus de banquette.

Le talus AB, qui soutient la banquette, et par lequel on communique du terre-plein avec la banquette, porte le nom de talus de banquette. Sa pente doit être assez douce pour permettre de le gravir facilement. Il est incliné à $\frac{2}{1}$. Dans l'exemple proposé on a $Dd = 2^m50$; si on en retranche $DR = 1^m30$, on a $Bb = 1.20$, donc $Ab = 2.40$.

Plongée.

Le plan du retranchement, dont la trace sur le plan vertical est DE, porte le nom de plongée. C'est sur la plongée que les fusiliers appuient leurs armes pour tirer; elle doit être assez inclinée pour que les défenseurs puissent bien découvrir le terrain en avant; on a limité toutefois cette inclinaison à $\frac{4}{1}$, afin de ne pas trop diminuer l'angle D; car si l'arête D était trop vive, elle serait promptement dégradée et détruite par les projectiles, et la hauteur du parapet serait diminuée d autant. L'inclinaison de la plongée est de $\frac{6}{1}$ dans la plupart des cas.

Plan de feu.

Le plan de plongée prolongé vers l'extérieur porte le nom de plan de feu.

La ligne DE prolongée, ou mieux le coup de feu DE, doit passer à moins de 1 mètre (on adopte la hauteur de 0,50) au-dessus du point J, bord extérieur du fossé, afin que l'assaillant soit exposé au feu des défenseurs jusqu'au moment de sa descente dans le fossé.

Glacis.

Lorsque avec la pente de $\frac{6}{1}$ on ne peut pas battre à 0.50 près le bord J du fossé, on relève le point J, par un plan parallèle au plan DE prolongé et à 0^{m}50 de distance de ce plan ; ce nouveau plan est le glacis KL dont JK est le talus intérieur incliné suivant la pente naturelle des terres. S'il résultait de cette surélévation du talus IJ que la différence de cote entre le point K et la crête intérieure fût inférieure à 1^{m}50, il faudrait élargir le fossé jusqu'à ce que ces deux conditions fussent remplies. Comme le glacis se fait à la fin du travail, il arrivera fréquemment que les terres manqueront ; on pourra les prendre dans la partie LMN, si l'on ne veut pas élargir ou approfondir le fossé.

Talus extérieur.

Le talus EF qui termine la masse couvrante du côté de l'ennemi s'appelle talus extérieur.

Crête extérieure.

Il coupe le plan de plongée suivant une ligne dont la trace sur le plan vertical est en E ; cette ligne se nomme crête extérieure.

Inclinaison du talus extérieur.

Le talus extérieur soutient la masse des terres du parapet. Il serait avantageux de le raidir le plus possible afin d'augmenter les difficultés de l'escalade ; mais s'il était trop raide, il serait promptement dégradé par les projectiles ennemis, et supporterait difficilement les terres du parapet. Pour ces motifs, on lui donne l'inclinaison naturelle des terres ameublies.

Nature des terres $\frac{2}{3}$ $\frac{1}{1}$ $\frac{3}{2}$.

Les terres se divisent en terres fortes, moyennes et légères. Les terres fortes se soutiennent à $\frac{2}{3}$, les terres moyennes à $\frac{1}{1}$, et les terres légères à $\frac{3}{2}$.

Berme.

L'espace horizontal FG compris entre le pied du talus extérieur et le bord supérieur du fossé porte le nom de berme. La berme a pour objet de reculer la masse du parapet, de manière qne son poids ne fasse pas ébouler les terres du talus d'escarpe GH, de retenir les terres qui, sous l'action des projectiles ennemis, tomberaient du talus extérieur dans le fossé et finiraient par le combler, enfin de faciliter la construction de l'ouvrage en servant de relai de telle sorte que les terres sorties du fossé sont lancées d'abord sur la berme pour être rejetées ensuite sur le parapet. Mais elle a l'inconvénient de favoriser l'escalade, aussi on la supprime quelquefois après la construction ; elle a 0^{m}50 de largeur dans les terres moyennes, et 1 mètre dans les terres légères ; on lui donne également 1 mètre de largeur quand on doit la recouper.

Étude du fossé ; escarpe.—Inclinaison de l'escarpe.

Le talus GH porte le nom d'escarpe ; on le raidit autant que possible pour augmenter la difficulté de l'escalade.

1° En France.

En France, on donne à sa base Gh les deux tiers de celle qu'aurait le talus naturel des terres pour une même hauteur Hh. Soit H$h = 4$ mètres ; dans le cas de terre légère on a la proportion $3 : 2 :: x : 4$, d'où $x = \frac{3 \times 4}{2} = 6$. Pour la hauteur 4, la base du talus naturel des terres légères serait égale à 6 mètres ; celle de l'escarpe en est les $\frac{2}{3}$, elle serait donc égale à $\frac{12}{3}$ ou à 4 mètres ; l'inclinaison de l'escarpe serait ainsi de $\frac{1}{1}$

2° En Allemagne.

Les Allemands et les Anglais donnent depuis peu l'inclinaison naturelle des terres à l'escarpe : 1° parce que le fusil à tir rapide a augmenté la puissance de la défense ; 2° parce que les effets de l'artillerie sont plus destructifs.

Fond du fossé.

Le fond du fossé HI est ordinairement horizontal.

Largeur du fossé.

La largeur du fossé se compte à la partie supérieure GJ. Elle est au moins de 4 mètres, afin que l'obstacle ne puisse être franchi sur des madriers jetés en travers.

Contrescarpe.

Le talus de contrescarpe IJ est tenu aussi raide que possible, afin de rendre plus difficile la descente du fossé.

Sa base iJ est égale à la moitié de celle du talus naturel des terres pour la même hauteur iI.

Profondeur du fossé.

La profondeur du fossé doit être réglée de telle sorte que l'ennemi ne puisse facilement sauter du bord supérieur J, et que les défenses accessoires qu'on pourrait établir dans le fond HI ne soient pas facilement détruites de loin par l'artillerie ennemie. Pour ces motifs, elle doit avoir au moins 2 mètres, mais ne doit pas dépasser 4 mètres, car on ne pourrait élever les terres du fond du fossé sur la berme.

Relations entre le déblai et le remblai. — Foisonnement.

Puisque les terres extraites du fossé doivent servir à former la masse couvrante, il en résulte que le remblai doit égaler le déblai ; mais il n'en est pas ainsi. Les terres extraites d'une excavation augmentent de volume, de telle sorte que, rejetées dans cette excavation, elles ne peuvent toutes y être contenues, et produisent un excédant. Cet excédant du remblai sur le déblai s'appelle le *foisonnement*. Il varie de $\frac{1}{8}$ à $\frac{1}{12}$ du déblai, suivant la nature des terres. Il est de $\frac{1}{8}$ pour les terres fortes, de $\frac{1}{10}$ pour les terres moyennes, de $\frac{1}{12}$ pour les terres légères ; certaines terres légères ne donnent que $\frac{1}{20}$ de foisonnement, qui est nul pour les terres sablonneuses.

Calcul du déblai au remblai.

Toutes les dimensions du parapet sont connues ; on se les donne suivant l'armement des troupes opposées, et la nature de celles à couvrir, et suivant aussi le rôle et l'objet du retranchement. Le calcul du déblai au remblai se réduit donc à celui des dimensions du fossé, dans lequel on connaît encore l'inclinaison des talus d'escarpe et de contrescarpe. Généralement, c'est la largueur supérieure du fossé qu'il s'agit de déterminer, sa profondeur étant donnée.

Appelons S la surface du remblai, S′ celle du fossé et soit $\frac{1}{f}$ le foisonnement. On aura $S = S' + \frac{S'}{f}$ ou $Sf = S'f + S'$, c'est-à-dire $Sf = S'(f+1)$. Or, le fossé est un trapèze, dont la surface est égale à sa hauteur Hh, que nous nommerons simplement h, multipliée par la longueur de la ligne VT qui joint le milieu des côtés non parallèles, soit x cette ligne que nous prendrons pour inconnue ; on a $S' = hx$, ce qui donne $Sf = hx(f+1$, et par suite $hx = \frac{Sf}{f+1}$; d'où l'on tire $x = \frac{Sf}{h(f+1)}$. S, nous l'avons dit, n'est autre chose que la somme des surfaces ABb, BCcb, etc., qui composent le parapet ; on déduira donc facilement x. En ajoutant à cette quantité la demi-somme des bases des talus d'escarpe et de contrescarpe, on aura la largeur supérieure du fossé ; en retranchant de cette même quantité la demi-somme des bases des mêmes talus, on aura la largeur du fond.

Calcul en campagne.

En campagne, on se donnera rarement la peine de faire ces calculs. On admet que à un parapet minimum de 2 mètres de hauteur et de 3 mètres d'épaisseur correspond un fossé de 4ᵐ50 de largeur et de 2ᵐ25 de profondeur ; partant de ces chiffres, on admet que si la hauteur de la crête augmente d'une certaine quantité, la largeur du fossé augmentera d'une quantité double ; que, lorsque l'épaisseur du parapet augmente d'une certaine quantité, la largeur du fossé augmente des $\frac{3}{4}$ de ce nombre ; la profondeur sera toujours la moitié de la largeur calculée.

Profils des tranchées-abris. — Objet des tranchées-abris. — Conditions qu'elles doivent remplir.

Les Américains, pendant la guerre de la sécession, ont, les premiers, employé sur une grande échelle les retranchements expéditifs de champs de bataille. L'usage du fusil à tir rapide devait tôt ou tard amener ce résultat. Les tranchées-abris ont pour objet de garantir les troupes contre la mousqueterie, tout en offrant peu de prise aux coups de l'artillerie. Elles ont l'avantage de rendre moins certain le tir de l'ennemi, et de permettre aux défenseurs de fournir des feux ajustés. Mais il y aurait lieu de les proscrire absolument si elles devaient gêner l'offensive des troupes. L'excavation doit être assez large pour contenir deux rangs de fusiliers, et la masse couvrante doit avoir assez d'épaisseur pour résister à la mousqueterie ; mais sa hauteur sera réglée de telle sorte qu'elle ne forme pas un obstacle à l'offensive des troupes.

Pénétration de la balle.

La pénétration de la balle du fusil d'infanterie dans les terres fraîchement remuées est la suivante :

     A 200 mètres de...... 29 à 30 centimètres.

     A 100 mètres de...... 42 à 45   —

     A 25 mètres de....... 50   —

Voici, en conséquence, le profil recommandé par
l'instruction du 19 avril 1868 :

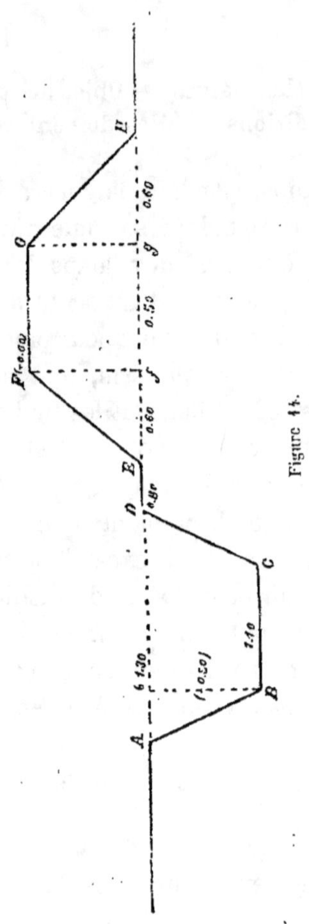

Figure 14.

On a *fg*, l'épaisseur du parapet   =   0ᵐ50
     F*f*, hauteur du parapet   =   0ᵐ60
     DE, la berme   =   0ᵐ50

bB, profondeur du fossé $=$ 0^m50
AD, largeur du fossé $=$ 1^m30
BC, largeur au fond $=$ 1^m10

Les talus intérieur et extérieur ont 0^m60 de base. Le fond de la tranchée se trouve donc à 1^m10 au-dessous de la ligne de feu FG, qui est horizontale. La tranchée-abri n'admet ni plongée ni fossé.

Les hommes assis sur la berme sont abrités contre la fusillade, et même presque complétement contre la mitraille. Debout, au fond de la tranchée, ils sont préservés des $\frac{2}{3}$ des balles qui les atteindraient à découvert.

La berme forme un gradin de franchissement qui permettra de prendre l'offensive.

Les tranchées-abris construites pour les bataillons d'une ligne doivent être séparées par des intervalles de 30 pas.

Épaulement rapide d'artillerie.

Le profil ci-dessus *retourné* servira pour l'artillerie, mais à la condition de creuser de petites rigoles, ou tranchées, entre les pièces pour mettre les servants à couvert, et d'élever le parapet à 80 ou 90, hauteur des pièces sur les affûts.

Souvent on se contentera d'élargir la tranchée-abri, jusqu'à 5 ou 6 mètres, aux points où l'on veut placer les pièces ; les terres serviront à épaissir le parapet.

Les Prussiens s'enfoncent de 0^m45 sur 4 mètres de longueur et 6 mètres de largeur ; le parapet a 4 mètres d'épaisseur et 0^m45 de hauteur, ce qui donne 0^m90 de hauteur pour couvrir les hommes et la pièce.

Plan ou tracé d'une face d'ouvrage.

Reprenons notre profil droit.

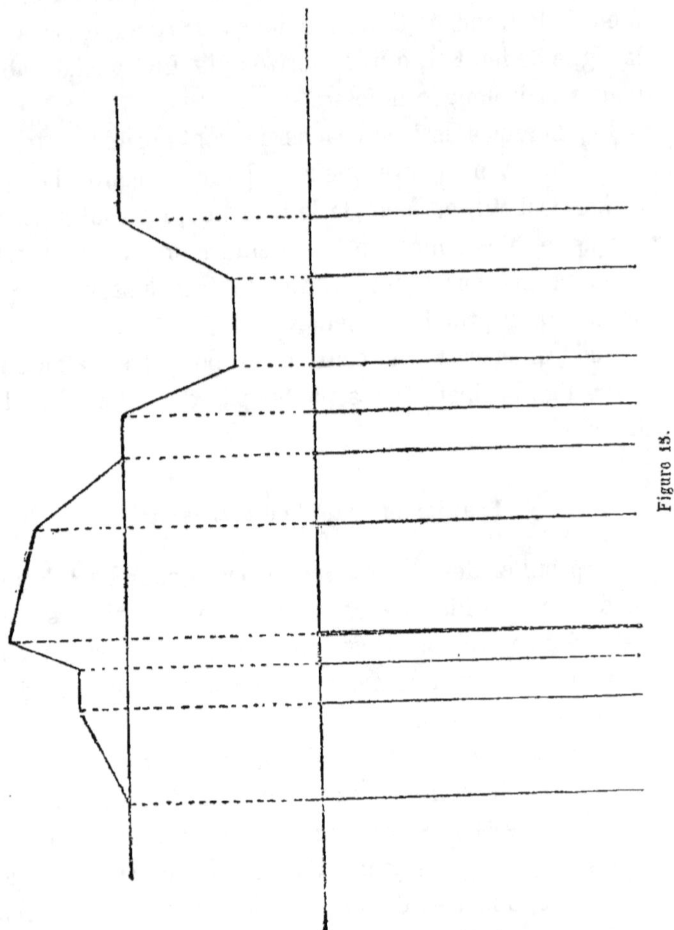

Figure 15.

En terrain horizontal, la ligne de feu ou crête intérieure est une ligne droite horizontale; par suite de l'é-

galité d'épaisseur du parapet, la crête extérieure lui est parallèle, et c'est aussi une ligne droite horizontale ; de même, toutes les autres lignes du déblai ou du remblai sont des droites parallèles entre elles ; la distance de l'une à l'autre est donnée par le profil droit. Il en résulte que le tracé, ou la représentation graphique d'une face d'ouvrage, se compose d'une certaine quantité de lignes parallèles (*fig.* 15). La ligne de feu étant la principale de l'ouvrage, on lui donne plus d'épaisseur qu'aux autres lignes. Généralement, on ne représente un ouvrage de fortification que par sa ligne de feu ; on suppose, par la pensée, les autres lignes tracées parallèlement à la ligne de feu.

Tracé graphique de deux ou plusieurs faces. — Capitale.

Si deux faces d'ouvrages se rencontrent en formant un angle saillant ou rentrant, toutes les arêtes homolo-

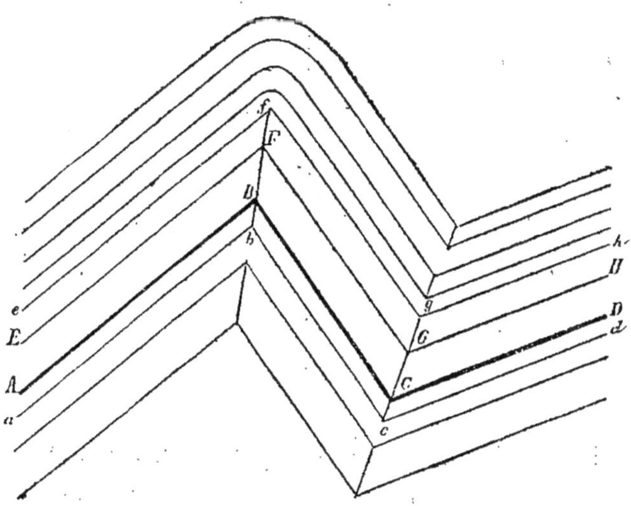

Figure 16.

gues sont à la même hauteur, et se rencontrent deux à deux, suivant la bissectrice de l'angle des deux faces. Cette bissectrice porte le nom de capitale. Les arêtes de chaque face ne cessent pas d'être parallèles en terrain horizontal, de sorte que la représentation graphique de deux ou plusieurs faces est celle ci-jointe (*fig*. 16).

On a ABCD ligne de feu,
  abcd pied du talus intérieur, etc.,
  EFGH crête extérieure,
  efgh pied du talus extérieur, etc.

Les intersections BF, B*b*, etc. des talus sont marquées par un trait plein.

Arrondissement de l'escarpe et de la contrescarpe aux saillants.

L'escarpe et la contrescarpe sont arrondies au sommet de l'angle saillant, au moyen d'arcs de cercle décrits du pied du talus extérieur comme centre avec des rayons égaux aux différentes distances des sommets et des pieds de ces talus à la masse couvrante. Cet arrondissement a pour but de diminuer le déblai qui, dans cet endroit, est trop considérable pour la masse couvrante ; en outre, les terres se soutiendraient difficilement sans cette précaution.

On n'arrondit pas le fossé aux angles rentrants, parce que le déblai suffit à peine à la masse couvrante, souvent même on est obligé de creuser ou d'élargir le fossé dans cette partie.

Arrondissement et calcul du glacis.

Lorsqu'il y a un glacis, on l'arrondit également au sommet de la contrescarpe dans les saillants.

Nous avons dit que le coup de feu DE (*fig.* 13) devait passer à moins de 1 mètre du point J. On trouvera la longueur de la perpendiculaire élevée au point J par la proportion suivante; appelons x cette perpendiculaire, on aura, d'après les propriétés des triangles semblables : $Dd : x :: dL : JL$, en supposant que le coup de feu DE atteigne le sol au point L. Or, Dd c'est le relief de l'ouvrage, soit 2^m50 ; dL est égal à six fois 2^m50 si la plongée est inclinée à $\frac{6}{1}$; enfin, JL est égal à dL diminué de dJ qui est une quantité connue d'après le calcul de déblai au remblai ; donc on déduira facilement x, et l'on verra, d'après la longueur trouvée pour x, s'il est nécessaire de construire un glacis.

DEUXIÈME LEÇON.

FORMES DES OUVRAGES.

Nous avons déjà dit qu'un retranchement peut être composé :

1° D'une seule face en ligne droite ;

2° De faces à angles saillants ;

3° De faces à angles rentrants ;

4° De faces faisant entre elles des angles alternativement saillants et rentrants ;

5° De faces courbes.

Retranchement en ligne droite.

Dans les retranchements en ligne droite, le coup de feu DF (*fig.* 17) passe au-dessus du bord supérieur de

Figure 17.

la contrescarpe ; ainsi, le fossé, la berme et le talus extérieur se trouvent *au-dessous* des coups de feu partant de la crête intérieure.

De plus, tous les points de cette ligne présentent la même force de résistance à l'ennemi qui, maître de choisir son point d'attaque, peut se jeter en nombre supérieur sur un point de la ligne, ce qui oblige le défenseur à laisser ses troupes réparties sur une longue étendue, et l'empêchera souvent de les masser sur le point d'attaque au moment décisif. Enfin, les flancs sont à découvert, à moins d'être appuyés à des obstacles naturels. Ces défauts font rejeter autant que possible les retranchements en ligne droite. Cependant les retranchements rapides de champs de bataille, tels que les tranchées-abris, dont le rôle est tout spécial, sont construits en ligne droite, la plupart du temps.

Retranchements composés de faces à angles saillants. - Secteur sans feux.

Un principe qui n'a pas cessé d'être vrai, même avec les armes se chargeant par la culasse, c'est que les coups de feu sont dirigés perpendiculairement à la crête intérieure. D'après cela, soient deux faces d'ouvrages AB, BC faisant l'angle saillant ABC (*fig.* 18). La per-

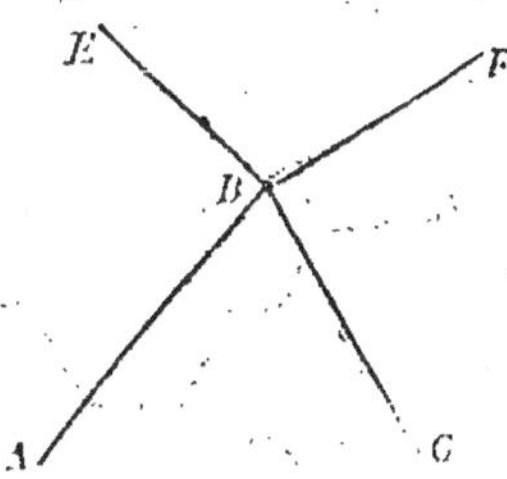

Figure 18.

pendiculaire BE, élevée au saillant sur la face AB, représente le dernier coup de feu de cette face en ce point;

de même, la perpendiculaire BF, élevée au point B sur la face BC, représente le dernier coup de feu de cette face au saillant. Tout l'espace compris dans l'angle EBF sera privé de feux ; on l'appelle, pour cette raison, secteur sans feux. On voit que plus l'angle ABC diminue, plus l'angle EBF augmente. Le fossé de chaque face est également dépourvu de feux.

Retranchements composés de faces à angles saillants et à angles rentrants alternatifs.

Les observations relatives aux retranchements composés de faces à angles rentrants se trouvent naturellement comprises dans l'examen des retranchements composés de faces faisant entre elles alternativement des angles rentrants et des angles saillants.

Soit ABCDE (*fig.* 19) un de ces retranchements.

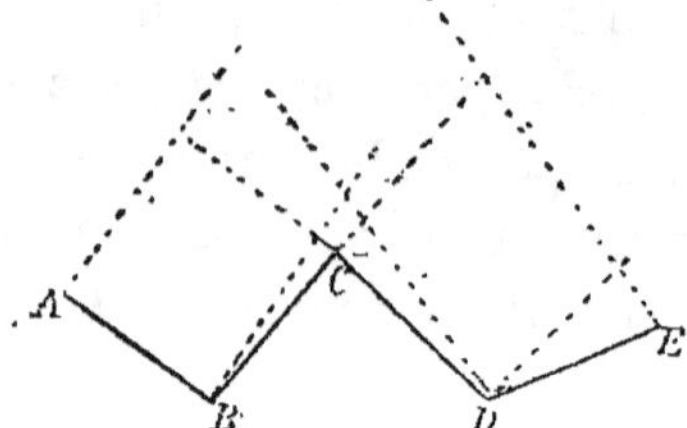

Figure 19.

Remarquons tout d'abord que les angles rentrants B et D doivent être au moins de 90 degrés, sans quoi les coups de feu partant des faces AB et DE, et dirigés perpendiculairement à ces faces, iraient atteindre les défenseurs des faces BC et CD. En élevant nos perpendiculaires sur chaque face aux saillants et rentrants, on voit :

1° Qu'en avant du saillant C se trouve toujours un secteur privé de feux, mais seulement dans le voisinage du point C, car le terrain en avant est sillonné par des feux croisés partant des faces AB et DE ; on dit que le saillant C est flanqué par ces deux faces, qui prennent le nom de flancs. Ces feux de flanc seront plus ou moins éloignés des faces AB et DE, suivant l'inclinaison de la plongée de ces faces (*fig.* 20) ;

2° Le fossé des faces BC et CD peut également, sous des angles convenables, recevoir les feux des faces AB et DE, du moins ceux des défenseurs de ces faces placés dans le voisinage des points D et B.

Angle mort.

Soit un profil (*fig.* 20) fait sur la face AB, vis-à-vis le fossé BC et dans la direction de ce fossé. Le coup de

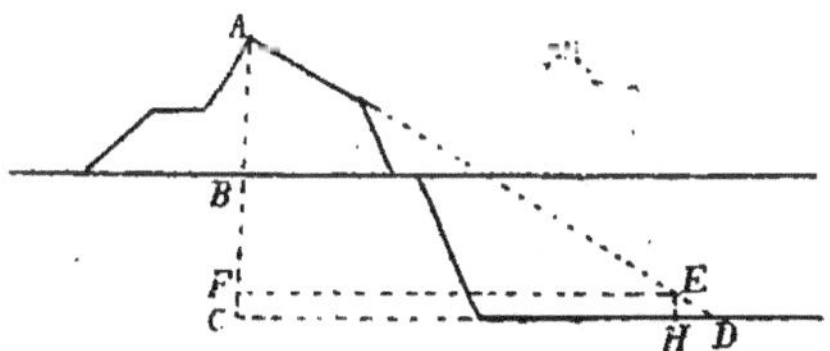

Figure 20.

feu AD rencontre le fossé en D, et plus ou moins loin, suivant la pente de la plongée et le relief absolu de l'ouvrage, c'est-à-dire la hauteur du point A au-dessus du fossé CD. Ce coup de feu sera encore dangereux au point E, situé à moins d'un mètre du fond du fossé. CH représentera donc la portion non flanquée ou *angle mort*. L'angle AEF se nomme angle mort.

En résumé, dans ces retranchements, les faces se flanquent entre elles; on a diminué les inconvénients des secteurs privés de feux et des angles morts, sans les détruire complétement.

Retranchements en lignes courbes.

Dans ces retranchements, nous l'avons dit, les feux ont des directions divergentes, les fossés ne sont pas flanqués; enfin, leur construction est difficile. On les rejette autant que possible.

Nombre des défenseurs.

La défense approchée d'un retranchement repose sur la mousqueterie. Avec l'ancien fusil, il fallait, pour une bonne défense, 2 hommes par mètre courant de crête. Avec les armes à tir rapide, on peut réduire ce chiffre jusqu'à 1, ce qui permet d'espacer les hommes et de réduire les pertes, tout en ayant une fusillade assez nourrie. On admet donc aujourd'hui qu'il faut de 1 à 2 hommes par mètre courant pour la bonne défense d'un retranchement. Ainsi, pour une ligne de feu de 100 mètres, on adoptera 100, 125, 150... 200 hommes, c'est-à-dire 1 h., 1 h. 1/4, 1 h. 1/2... 2 hommes par mètre courant. Mais la garnison doit comprendre, en outre, une réserve d'une force variant de $\frac{1}{3}$ à $\frac{1}{6}$ de l'effectif total. Connaissant le développement de la crête intérieure d'un retranchement, on pourra donc calculer sa garnison, et réciproquement, connaissant la force de celle-ci, on pourra calculer la longueur de crête nécessaire pour l'effectif dont on dispose. Soit 300 mètres le développement de la crête intérieure, qu'on doit garnir de deux rangs de défenseurs ; on aura sur la banquette 300×2 ou 600 hommes ; si on veut se ménager une réserve du $\frac{1}{3}$ de l'effectif total, on a $600 = \frac{2}{3}$ de cet effectif, désigné par f ; on a donc $600 = \frac{2}{3} f$, d'où $f = \frac{600 \times 3}{2} = 900$ hommes.

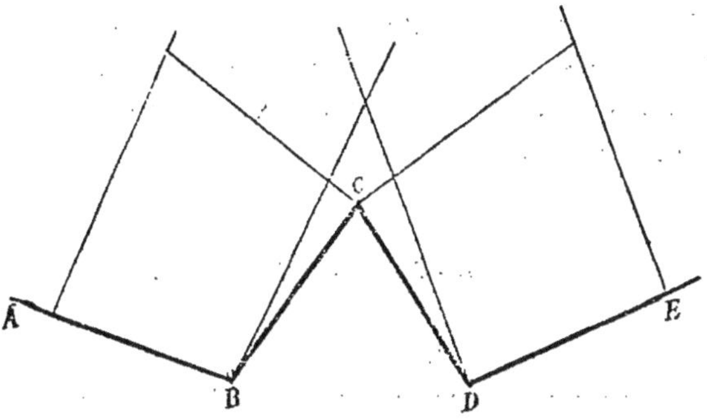

Figure 21.

Limites des longueurs des faces.

Lorsque le tracé affecte la forme d'une ligne brisée, comme dans la figure 21, les lignes AB et DE qui protégent de leurs feux les faces BC et CD se nomment flancs, ainsi que nous l'avons dit. Sous un angle convenable, BC et CD peuvent aussi jouer le rôle de flancs par rapport à AB et à DE ; on dit alors que les lignes de l'ouvrage se flanquent réciproquement.

Lignes de défense.

On appelle ligne de défense la distance du flanc AB au saillant protégé C ; l'angle que fait cette ligne avec le flanc se nomme *angle de défense*.

Maximum et minimum du flanc.

La face DE, considérée comme flanc par rapport à DC, n'a pas de maximum de longueur ; son minimum est déterminé par la condition d'avoir des feux de flanc qui puissent battre, en outre du fossé, une zone de terrain de 5 à 6 mètres de largeur en avant de la contrescarpe. Donc, pour avoir le minimum de longueur d'un flanc, il suffira de prolonger la contrescarpe de la face flanquée jusqu'à sa rencontre avec le flanc ; on prolongera celui-ci de 5 à 6 mètres au delà de ce point.

Maximum et minimum d'une face.

Pour que le coup de feu du flanc DE puisse battre le saillant C et son secteur, il faut que la face DC soit moindre que la portée efficace du fusil d'infanterie. On n'est pas d'accord sur la portée efficace du fusil d'infanterie. On peut adopter une distance variant de 300 à 600 mètres. Nous prendrons 300 mètres. — La défense n'en sera que meilleure.

Le minimum d'une face est donné par cette condition que son fossé, tout au moins au saillant, soit battu par les feux de flanc. Le premier point battu H (*fig.* 20) est à une distance du point A donnée par le relief absolu de l'ouvrage et l'inclinaison de la plongée. CH est le minimum de longueur que l'on puisse donner à la face flanquée pour que son fossé soit encore battu au saillant. On obtiendra CH dans chaque cas particulier en multipliant la pente de la plongée par le relief absolu de l'ouvragé diminué de FC, c'est-à-dire de 0^m50 à 1 mètre.

Soit 4 mètres la profondeur du fossé, 2^{m}50 la hauteur de la crête intérieure, 6^{m}50 sera le relief absolu de l'ouvrage ; si on en retranche 0^{m}50, on a le minimum de la face $= 6 \times \frac{6}{1}$, si l'inclinaison de la plongée est de $\frac{6}{1}$, d'où 36 mètres pour le minimum dont il s'agit.

Limites des ouvertures des angles.

Un angle saillant n'a pas de limite, il peut augmenter jusqu'à ce que les deux faces se confondent en ligne droite, c'est-à-dire jusqu'à 180. Sa limite inférieure est fixée à 60°, pour que les défenseurs de deux faces adjacentes ne soient pas trop rapprochés et gênés dans leurs mouvements, et pour que les arêtes de rencontre des talus aient la solidité convenable. Enfin, on place souvent de l'artillerie au saillant, qui devra avoir plus de 60 degrés pour qu'on ait l'espace nécessaire. Nous avons dit que plus l'angle du saillant diminue, plus le secteur privé de feux augmente ; dans le cas d'un saillant approchant de 60°, il est presque indispensable d'y construire un pan coupé de 3 à 4 mètres de longueur, perpendiculaire à la capitale, pour donner quelques coups dans le secteur sans feux (*fig.* 22). On crée ainsi

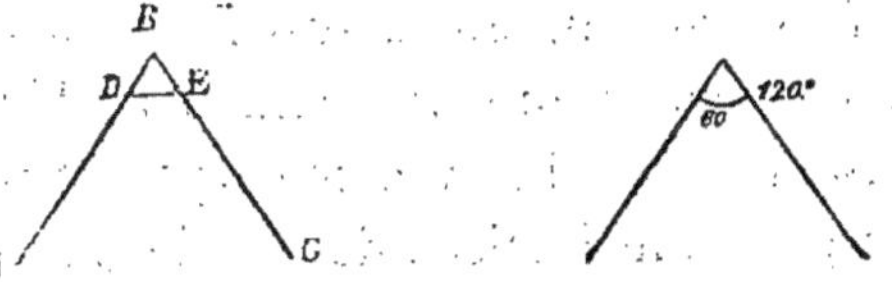

Figure 22.

en D et en E deux secteurs sans feux, mais beaucoup plus petits que le premier.

La nécessité de réduire autant que possible le secteur privé de feux au saillant fait donner, quand on le peut,

120° au saillant ; alors le secteur privé de feu est de 60 degrés, et pourra être battu par les feux obliques des faces adjacentes.

L'ouverture d'un angle rentrant ne peut descendre au-dessous de 90 degrés, car alors les défenseurs de deux faces adjacentes pourraient s'atteindre réciproquement. Elle ne doit pas dépasser 120° pour que les deux faces se flanquent réciproquement. A mesure que l'ouverture d'un angle rentrant s'éloigne de 90°, il est facile de voir que le flanquement du fossé s'exécute par des feux de plus en plus obliques, mais en même temps celui du terrain en avant devient plus énergique. Dans

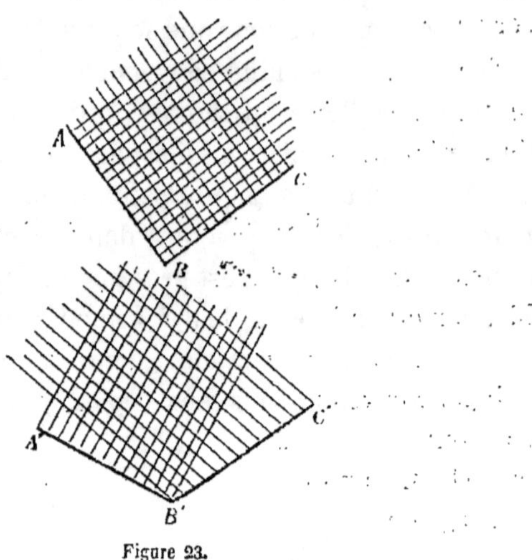

Figure 23.

la généralité des ouvrages de campagne, et surtout dans les retranchements de champs de bataille, le fossé n'a que quelques mètres de largeur ; il vaut donc mieux battre le terrain en avant, et sacrifier le flanquement du fossé à celui du terrain, d'autant plus qu'avec des lignes de défense de 250 mètres et le faible profil du parapet, une partie des coups des faces adjacentes pourra atteindre les défenseurs de ces faces. Il faudra donc pour des angles de 90 à 100 degrés que le fossé soit large, que le relief absolu soit assez considérable, que la ligne de défense ne soit pas trop longue et n'atteigne pas 250 mètres.

Ouverture ordinaire des angles rentrants.

Pour les ouvrages ordinaires de campagne, on donnera 100 à 110 mètres d'ouverture aux angles rentrants, et jusqu'à 120 mètres pour les ouvrages de champs de bataille. Ainsi, un principe important à observer est le suivant :

Dans le tracé des ouvrages de campagne, *il faut s'attacher à battre les abords des ouvrages ;* le flanquement du fossé ne viendra qu'en seconde ligne.

Ouvrages de campagne.

Les ouvrages de fortification passagère sont fermés ou bien ouverts à la gorge.

Les ouvrages sont fermés lorsque le parapet forme un polygone enveloppant les défenseurs de toutes parts. Ils sont ouverts à la gorge, lorsque le retranchement est ouvert dans une de ses parties ; cette partie ouverte est la gorge de l'ouvrage.

OUVRAGES OUVERTS A LA GORGE.

Occupons-nous d'abord des ouvrages ouverts à la gorge :

On distingue parmi ces sortes d'ouvrages :
Le redan,
La tenaille,
La lunette,
La queue d'aronde, ou bonnet de prêtre,
Le front bastionné,
L'ouvrage à cornes.

Redan. Flèche.

Le redan est un ouvrage composé de deux faces AB, BC (*fig.* 24), formant entre elles un angle saillant. La ligne AC est la gorge. Les faces ont de 15 à 55 mètres

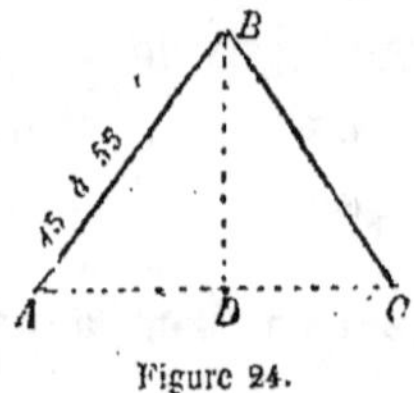

Figure 24.

de développement ; les petits redans dont les faces ont de 15 à 30 mètres de longueur se nomment habituellement *flèche*. Les talus qui terminent les faces en A et C, et généralement tous ceux qui terminent les faces d'ouvrages, ont la pente naturelle des terres.

Lorsque l'ouvrage peut être tourné, on ferme la gorge par des palissades ou quelque autre défense accessoire.

Ses défauts.

Il y a, comme on le voit, un secteur privé de feux en B, et les fossés ne sont pas flanqués.

Les faces sont facilement enfilées, et même exposées à des coups de revers, et cela d'autant plus que l'angle du saillant sera faible ; enfin, l'espace intérieur est très-restreint et souvent insuffisant pour la garnison.

Emploi du redan.

On emploie le redan pour donner des feux dans une direction ; il n'est, en conséquence, employé isolément que pour défendre une position qui ne peut être attaquée de face, ni tournée, pour flanquer d'autres ouvrages, à la lisière des bois ou des villages, en avant d'un pont.

Comment ses défauts peuvent être atténués.

On diminue les défauts du redan en lui donnant, quand on le peut, deux petits flancs comme dans la figure 25. Au saillant, on établit un pan coupé DE, en C et en F on établit deux petits flancs de 15 à 20 mètres ; les angles C et F ont environ 120° ; los faces AB et GII ont une longueur variable. D'après cette disposition, les

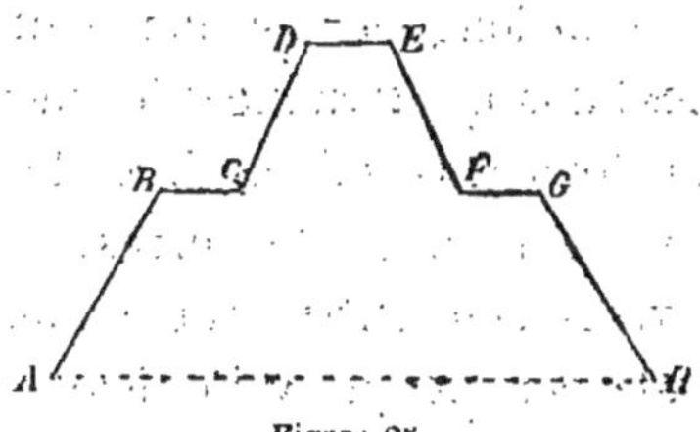

Figure 25.

faces CD, EF sont flanquées par des coups obliques, le saillant DE lui-même est protégé ; enfin les feux BC ct FG se croisent en avant du saillant avec ceux du pan coupé ; les faces sont moins exposées à l'enfilade et l'espace intérieur est augmenté.

Tenaille.

La tenaille est un redan renversé ; c'est donc un ouvrage composé de deux faces formant entre elles un angle rentrant.

Les faces, en général, ne doivent pas dépasser 50 mètres. On emploie la tenaille pour défendre une route, un passage perpendiculaire à la ligne de front AC

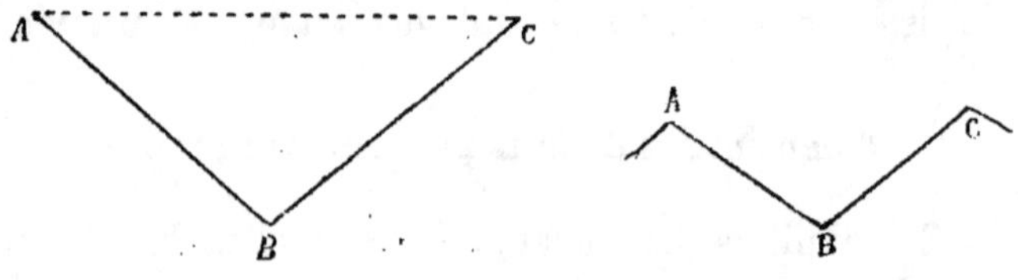

Figure 26.

(*fig.* 26) ; des retours en A, C garantissent des coups d'enfilade.

Lunette.

La lunette est un redan dont les faces sont brisées ; les portions brisées AB, DE (*fig.* 27) se nomment flancs ;

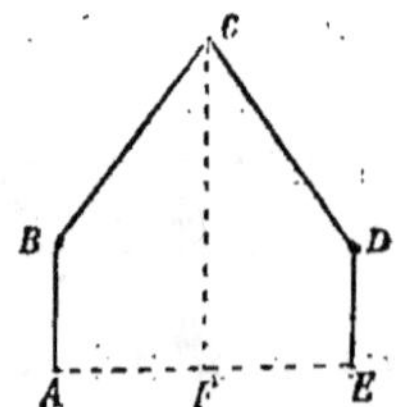

Figure 27.

on leur donne habituellement une direction parallèle à la capitale CF. Les angles en B et en D se nomment *angles d'épaules*.

Les faces ont au plus 55 mètres ; les flancs de 20 à 30 mètres.

Les angles d'épaules sont obtus ; leur ouverture dépend, du reste, de la direction à donner aux flancs, d'après le terrain.

Son emploi.

La lunette sert à donner des feux dans une direction donnée, et à flanquer deux postes voisins.

Queue d'aronde ou bonnet de prêtre.

La queue d'aronde ou d'hyronde est une tenaille à laquelle on ajoute deux branches AB, DE (*fig.* 28). Les

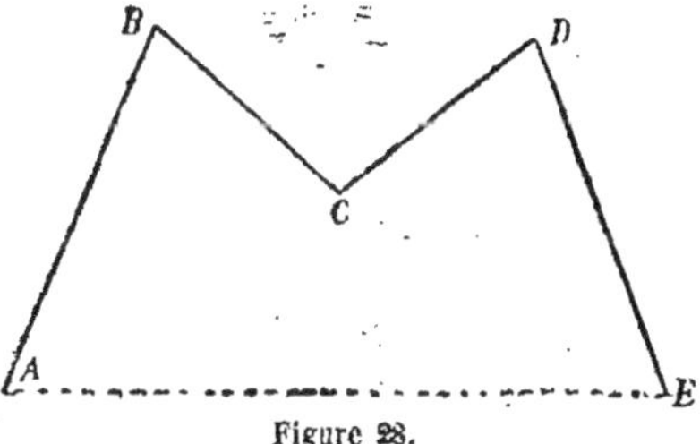

Figure 28.

faces BC, CD ont de 20 à 50 mètres, les branches AB, DE ont une longueur dépendant de la quantité de feux que l'on veut donner à droite et à gauche des faces ; AE est la gorge.

Front bastionné.

Le tracé bastionné, imaginé par Vauban, fait dispa-

raître les angles morts et les secteurs sans feux. Voici
ce tracé :

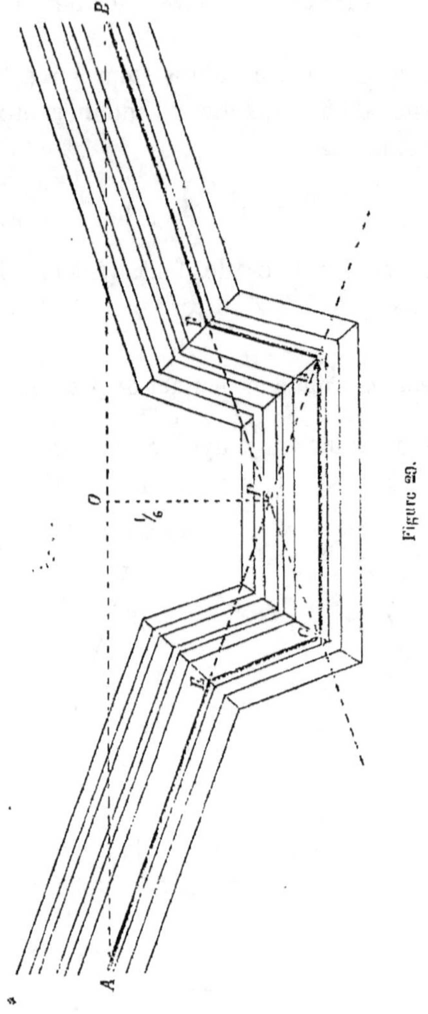

Figure 29.

Côté extérieur. — Lignes de défense. — Faces, flancs, courtine, angles d'épaule, angles flanquants, angles de tenaille, angle diminué.

Soit AB l'étendue d'un front; au point O milieu de AB, qui porte le nom de *côté extérieur*, on élève sur AB une perpendiculaire OP égale au $\frac{1}{6}$, au $\frac{1}{7}$, au $\frac{1}{8}$ du front, généralement c'est le 6e; on joint le point P aux points A et B, les lignes AP, PB, ainsi obtenues, se nomment *lignes de défense;* sur chacune de ces lignes, à partir des points A et B, on prend les longueurs AE, BF égales au tiers du côté extérieur; des points E et F on abaisse des perpendiculaires EC, FD, sur les faces BF, AE prolongées, et l'on joint CD. La ligne AECDFB est le développement de la ligne de feu. Les lignes AE, BF sont les *faces,* EC, FD sont *les flancs,* CD est la *courtine;* les angles en E et F se nomment *angles d'épaule;* les angles rentrants en C et D se nomment *angles de flanc* ou angles flanquants; l'angle APB se nomme *angle de tenaille;* enfin, les angles en A et B, formés par le côté extérieur avec les faces, se nomment *angles diminués;* l'ensemble du tracé porte le nom de front bastionné; il se compose de deux demi-bastions AEC, BFD réunis par une courtine (*fig.* 35).

Discussion du front bastionné.

Les flancs battent les saillants A et B, et les secteurs sans feux des angles d'épaule; l'espace en avant de la courtine est battu par les feux des deux flancs et ceux de la courtine. En supposant que le fossé suive partout la direction des crêtes, on voit que les coups de feu par-

tant du flanc FD, et flanquant le fossé de la face AE,
passent par-dessus le bord supérieur de la contrescarpe
du flanc EC, et ne peuvent atteindre le fond du fossé
vers l'angle d'épaule. Il en sera de même pour le fossé
de la face BF ; il y a donc un premier angle mort aux
hachures M et M' (*fig.* 29 *bis* et 29 *ter*). Les feux de la
courtine CD n'atteignent le fossé des flancs qu'à une certaine distance, suivant l'inclinaison de la plongée et le
relief absolu de l'ouvrage. Les fossés des flanc sont donc
aussi un angle mort indiqué par les hachures (*fig.* 29 *bis*).
Le fossé de la courtine seul est complétement battu
par les feux très-peu obliques partant des flancs voisins ;
toute la partie gauche est battue par le flanc droit, et
toute la partie de droite par le flanc gauche, pourvu
toutefois que la courtine soit assez longue pour que ces
feux viennent se croiser à moins de 1 mètre au-dessus
du milieu du fond du fossé.

Pour faire disparaître ces angles morts on enlève en
fortification permanente, et quand on le peut en fortification passagère, tout le massif de terre MRsM'n compris
entre les contrescarpes des flancs et de la courtine, et
celles des faces prolongées jusqu'à leur rencontre avec
la perpendiculaire OP. Ce travail exigeant beaucoup de
temps, on se contente souvent en campagne d'enlever à
droite et à gauche de la perpendiculaire OP toute la
masse de terre au-dessus d'un plan passant par chacun
des angles d'épaule et une ligne située à 0^m50 au-dessus
du fond du fossé dans le talus de contrescarpe du flanc
opposé. A partir de la perpendiculaire OP, le terrain
ira donc en pente à droite et à gauche pour finir à 0^m50
au-dessus du fond du fossé des flancs sur la contrescarpe. On supprime de cette manière la partie du terrain

qui empêchait les coups de feu des flancs FD et EC d'arriver jusqu'au fond des fossés de la face et du flanc opposé ; malheureusement, on supprime du même coup une partie de l'obstacle opposé à l'assaillant par la contrescarpe.

Limites des lignes et faces du front bastionné. — Côté extérieur. — Son maximum.

Les lignes de défense ne doivent pas avoir plus de 250 mètres, attendu que c'est la distance qui doit séparer une face flanquante du saillant d'une face flanquée. Nous avons admis, en effet, la longueur de 300 mètres comme portée efficace du nouveau fusil d'infanterie ; or le coup de feu partant du point F (*fig.* 29 *bis*) doit battre, non-seulement le saillant A, mais encore, et surtout, le terrain en avant ; les lignes de défense sont assez habituellement les $\frac{2}{3}$ du côté extérieur ; donc celui-ci n'aura pas plus de 375 mètres. On admet aujourd'hui que la limite supérieure du côté extérieur, c'est-à-dire le maximum de la ligne de front que l'on peut défendre au moyen du tracé bastionné, est comprise entre 360 et 375 mètres.

Minimum de la courtine.

Menons un profil passant par les flancs dans la direction du fossé de la courtine. Nous aurons la figure suivante (*fig.* 30 *bis*).

Soit 2^m50 la hauteur de la ligne de feu, 3^m50 la profondeur du fossé, ce qui donne 6 mètres de relief absolu ; enfin la plongée est inclinée à $\frac{6}{1}$. Ce sont les dimensions les plus habituelles des ouvrages de campagne. Il faut,

pour que le fossé de la courtine soit flanqué, que les
coups de feu partant de A et de B se croisent au milieu
du fond du fossé de la courtine en C, à 0^m50 au-dessus

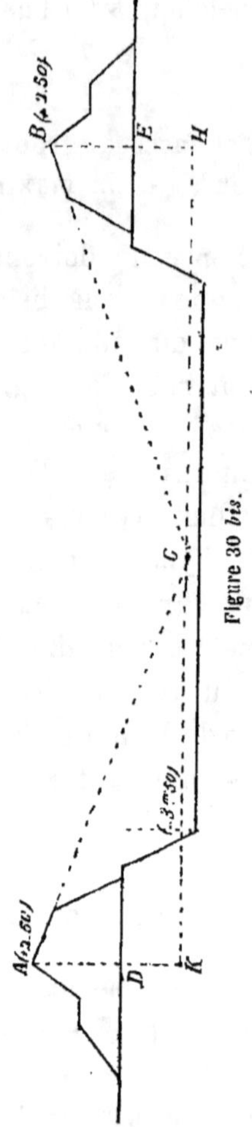

de ce fond. Pour avoir la longueur CK de la demi-cour-
tine, il faut multiplier la pente de la plongée $\frac{6}{7}$ par le

relief absolu 6 mètres, diminué de 0ᵐ50 ; ce qui donne 33 mètres. La courtine aura donc un minimum de 66 mètres dans l'exemple proposé, ce minimum variant dans chaque cas particulier.

Minimum du côté extérieur.

Le minimum du côté extérieur peut se déduire de la courtine ; celle-ci est à peu près le tiers du côté extérieur, dont le minimum sera de 66×3 ou 198 mètres, soit 200 mètres en chiffre rond.

Longueur des flancs.

D'une manière générale, il faut que les flancs aient une longueur minimum de 20 mètres pour la bonne défense de la contrescarpe ; or, ils sont à peu près égaux chacun à $\frac{1}{7}$ du côté extérieur ; ce dernier, dans tous les cas, ne peut donc être au-dessous de 140 mètres.

Longueur des faces.

Les faces varient entre les $\frac{2}{5}$ et les $\frac{2}{7}$ du côté extérieur ; on les prend assez habituellement égales à $\frac{1}{3}$ du côté extérieur.

Longueur de la perpendiculaire.

La perpendiculaire OP varie entre le $\frac{1}{6}$ et le $\frac{1}{12}$ du côté extérieur. Il y aurait presque toujours intérêt à conserver la longueur du $\frac{1}{6}$, qui donne des flancs plus longs, mais il en résulterait pour les polygones d'un petit nombre de côtés, dans les ouvrages fermés, un angle saillant trop faible. On prend donc OP égal à $\frac{1}{8}$, $\frac{1}{7}$ ou $\frac{1}{6}$ de AB, suivant que le fort est un carré, un pentagone ou un polygone d'un plus grand nombre de côtés ; on prend OP $= \frac{1}{6}$ de AB dans le cas d'un simple front.

Emploi du tracé bastionné.

Le tracé bastionné ne s'emploie que rarement en campagne, à cause du temps qu'exige sa construction et des difficultés d'exécution. On le réserve pour les ouvrages importants auxquels on destine une forte garnison.

Ouvrages à cornes.

L'ouvrage à cornes n'est autre chose qu'un front bastionné auquel on ajoute deux branches (*fig.* 31), comme

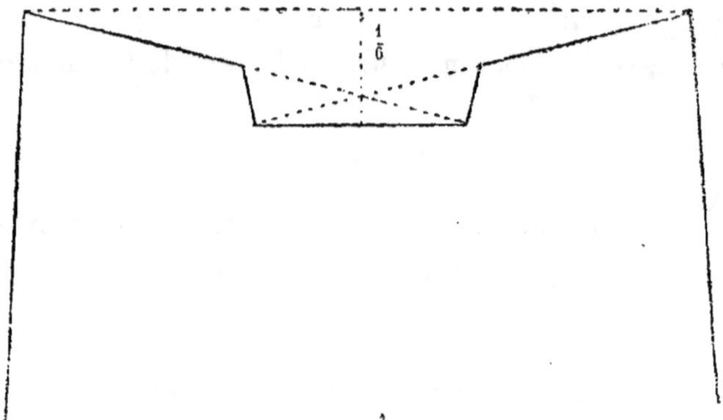

Figure 31.

pour la queue d'aronde. Ces branches ne doivent pas faire avec les faces des angles de moins de 60°. Elles sont utiles, quand il y a lieu de craindre une attaque de flanc.

Son emploi.

L'ouvrage à cornes s'emploie surtout pour les têtes de pont importantes. Il en est de même de l'ouvrage à couronnes, composé de deux ou plusieurs fronts bastionnés terminés par deux longues branches.

Ouvrages fermés.

Les ouvrages fermés comprennent :
La redoute,
Les fortins,
Les forts.

Calcul de la garnison.

Dans les relations entre un ouvrage fermé et sa garnison, les deux cas suivants peuvent se présenter :

1° Étant donné un ouvrage fermé, calculer la garnison nécessaire;

2° Construire un ouvrage fermé pour un nombre déterminé d'hommes et de pièces.

Dans le premier cas, on mesure les crêtes, on fixe le nombre d'hommes par mètre courant de crête, et on y ajoute une réserve variant du sixième au tiers.

Lorsque le parapet doit être garni d'artillerie, on compte 5 mètres de crête par pièce, et l'on déduit du périmètre des crêtes le nombre ainsi obtenu, avant de calculer l'infanterie chargée de la défense.

Voici, du reste, un exemple du calcul à faire : un ouvrage a 600 mètres de développement de ligne de feu ; on veut placer sur la banquette deux hommes par mètre courant de crête ; la réserve sera le $\frac{1}{5}$ de l'effectif total ; enfin, on dispose de 4 pièces d'artillerie. Quelle sera la force de la garnison ? 4 pièces d'artillerie occuperont 4×5 ou 20 mètres de crête, ce qui laisse pour l'infanterie 580 mètres ; à raison de 2 hommes par mètre courant, on aura 1,160 hommes sur la banquette ; la réserve étant du $\frac{1}{5}$, on aura $1160 = \frac{1}{5}$ de l'effectif total ; donc celui-ci sera égal à $\frac{5 \times 1160}{4} = 1,450$ hommes.

Le second cas se présente plus généralement : construire un ouvrage fermé pour un nombre déterminé d'hommes et de pièces.

On fixe, comme précédemment, le nombre d'hommes à placer par mètre courant de crête, le chiffre de la réserve, et enfin la longueur de crête occupée par l'artillerie, à raison de 5 mètres par pièce. Soit à construire un ouvrage carré pour 800 hommes, dont $\frac{1}{4}$ de réserve. On veut placer 2 hommes par mètre courant de crête, et l'ouvrage doit recevoir une batterie d'artillerie de 6 pièces. Trouver le développement de la ligne de feu, s'assurer que la surface du terre-plein sera suffisante pour loger les défenseurs, ainsi que le matériel, pièces, caissons, etc. La réserve étant du $\frac{1}{4}$, on aura sur la banquette 600 hommes, ce qui, à raison de 2 hommes par mètre courant, donne 300 mètres de développement de crête. Il faut y ajouter, pour 6 pièces, 6×5 ou 30 mètres, ce qui donne en définitive 330 mètres, dont le quart est de $82^{m},50$. Tel sera le côté de l'ouvrage mesuré sur la ligne de feu.

Cherchons maintenant sa surface, et d'abord quelle sera celle qu'il devrait avoir pour loger les défenseurs et le matériel ? Chaque homme au bivouac occupe 1 mètre 1/2 ou $\frac{3}{2}$ mètre carré ; sous la tente-abri, le calcul doit être basé sur un minimum de 3 mètres carrés par homme. Prenons cette dernière donnée. Nos 800 défenseurs occuperont $800 \times 3 = 2,400$ mètres carrés ; les 6 pièces d'artillerie, à raison de 50 mètres carrés par pièce, occuperont, avec les accessoires, $6 \times 50 = 300$ mètres carrés ; donc il faut au moins 2,700 mètres carrés de surface de terre-plein.

Pour avoir la surface du terre-plein, puisqu'il s'agit d'un ouvrage carré, il suffit d'élever au carré le côté AB de l'ouvrage (*fig.* 32), trouvé égal à 82^{m}50, diminué de 2 fois la distance A'D qui sépare la crête intérieure du pied du talus de banquette ; c'est-à-dire que c'est DD' qu'on doit élever au carré. Or A'D$= 0,43 + 1,20 + 2,40$ ou 4,03. Retranchant deux fois cette quantité de 82^{m}50, il reste 74,44, qui, élevé au carré, donne 5541^{mc}31, et nous n'en réclamions que 2,400. Avec les données qui précèdent, la construction de l'ouvrage est donc possible, et l'on aura tout l'espace nécessaire pour l'exécution des travaux de terrassement que comporte l'organisation intérieure de l'ouvrage : réduit, traverse, parados, etc.

Redoute.

Tout ouvrage fermé doit avoir au moins 4 faces ; un ouvrage à 3 faces devrait former un triangle équilatéral, pour que les angles n'aient pas moins de 60° ; les secteurs sans feu auraient alors 120° ; l'espace intérieur serait trop restreint, un tel ouvrage ne serait pas défendable.

Le plus simple des ouvrages fermés est la redoute ; dans ces ouvrages, les faces ne font entre elles que des angles saillants. Les redoutes ont habituellement la forme carrée; cependant on peut leur donner la forme pentagonale, hexagonale, etc., lorsque la configuration du terrain l'exige. En général, c'est là une complication qu'il faut éviter, car elle n'ajoute rien à la force de l'ouvrage.

La redoute (*fig.* 32) est très-souvent employée en campagne, à cause de la facilité de sa construction. On n'en fait pas de moins de 20 mètres de côté.

Pour atténuer autant que possible l'inconvénient de l'angle mort des fossés, on multiplie les défenses accessoires dont nous parlerons plus loin; pour diminuer l'inconvénient des secteurs privés de feu, on place aux saillants des pièces d'artillerie.

Fortins.

Les fortins ne sont autre chose que les diminutifs des forts; ils ont une plus petite capacité que ceux-ci et une plus grande capacité que les redoutes.

Leur composition.

Ils sont composés d'angles alternativement saillants et rentrants. Lorsque le terrain est horizontal et que les abords sont les mêmes de tous côtés, on leur donne la forme de polygones étoilés réguliers, ce qui les fait appeler forts étoilés.

Leurs angles.

Les angles sont soumis aux conditions d'amplitude ordinaires: ceux des saillants doivent être au moins de 60°, ceux des rentrants entre 90 et 120°.

Leurs faces.

Leurs faces sont de longueur variable : le fort étoilé
à 8 pointes a au moins de 25 à 30 mètres de face. C'est
le plus simple de ces forts, et celui dont la construction
satisfait le mieux aux conditions du flanquement. Supposons, en effet, que l'on veuille construire un fort étoilé
à 4 pointes (*fig.* 33). Par le milieu des côtés on élève
une perpendiculaire du $\frac{1}{8}$, et joignant l'extrémité de cette

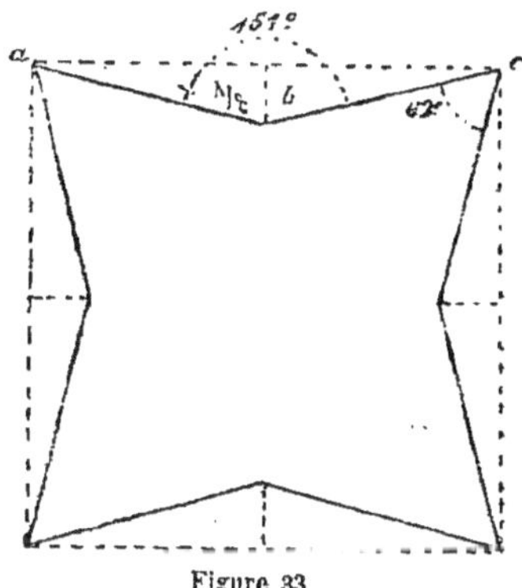

Figure 33.

perpendiculaire aux extrémités des côtés, on a le fort
étoilé à 4 pointes. Les angles saillants ont bien environ
62°, mais les angles rentrants sont de 151°, ce qui sort
des limites. De plus, les secteurs sans feu sont plus
grands que dans la redoute, et le terre-plein a moins de
capacité. Or, on ne peut corriger les défauts de cet ouvrage qu'en augmentant la perpendiculaire, ce qui donnerait des saillants de moins de 60°. Donc le tracé est
inférieur à celui de la redoute. On rejette également,
pour les mêmes motifs, les fortins à 6 pointes.

Construction du fortin étoile à 8 pointes et à faces inégales.

Quant au fort étoilé à 8 pointes, en voici la construction : Soit ABCD le carré sur lequel on veut construire ce fortin. On divise AB en trois parties égales ; sur la

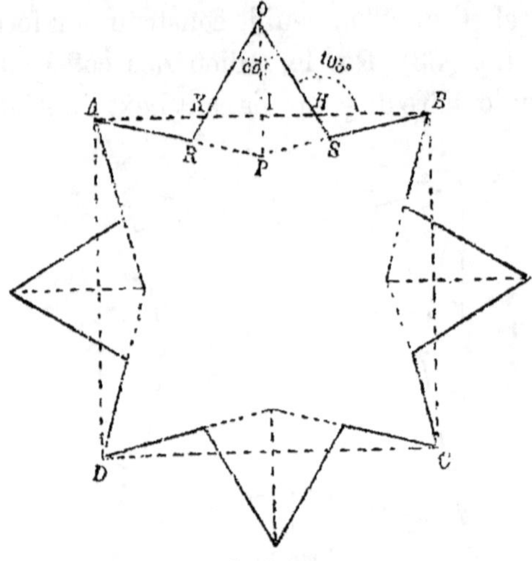

Figure 34.

partie du milieu KH, on construit un triangle équilatéral KOH ; on prolonge la capitale OI du saillant O, de manière que IP $= \frac{1}{8}$ de AB ; on joint AP et PB ; prolongeant ensuite les faces OK et OH jusqu'à leur rencontre avec AP et PB, on obtient le développement de la ligne de feu AROSB. Il n'y a qu'à répéter cette construction sur les trois autres côtés.

Ouverture des angles.

Dans ce tracé, les angles saillants ont 60°, les angles rentrants 105°, ce qui rentre dans les limites fixées.

Les défauts de ces ouvrages.

Ces ouvrages présentant un grand développement de crêtes, exigent, par suite, une garnison considérable et beaucoup de travail; l'espace intérieur est assez restreint; enfin, les saillants, en grand nombre, sont autant de points faibles.

Les forts étoilés sont donc rarement employés en campagne; nous ne connaissons pas d'exemple de leur emploi depuis près d'un siècle, excepté à Sébastopol, où la citadelle du Nord était un fort étoilé; mais c'était un ouvrage de fortification permanente ou tout au moins semi-permanente. On préfère la redoute à ces sortes d'ouvrages.

Forts.

On emploie les forts pour occuper une position très-importante, et quand on dispose d'une garnison nombreuse. On leur donne une grande élévation de crête, une forte épaisseur de parapet, et des fossés de grandes dimensions. Leur construction est donc longue, exige des moyens considérables, et leur emploi sera très-rare en fortification passagère.

Tracé le plus employé.

Le tracé le plus habituellement employé pour les forts est le tracé bastionné; mais il n'y a là rien d'absolu; la forme du terrain, le but qu'on se propose, les points à battre plus spécialement, une foule de considérations doivent entrer en ligne de compte quand il s'agit de la construction d'un fort.

Dans le tracé bastionné on couvre par un redan l'entrée du fort placée sur le côté le moins exposé ; les faces du redan sont flanquées par celles des bastions, et battront les saillants de leurs feux ; elles viennent se terminer à 4 mètres du bord de la contrescarpe du fort. Le fossé du redan se raccorde avec celui du fort. On peut également placer un redan sur la courtine du front exposé afin de multiplier les feux croisés sur les saillants des bastions (*fig.* 35).

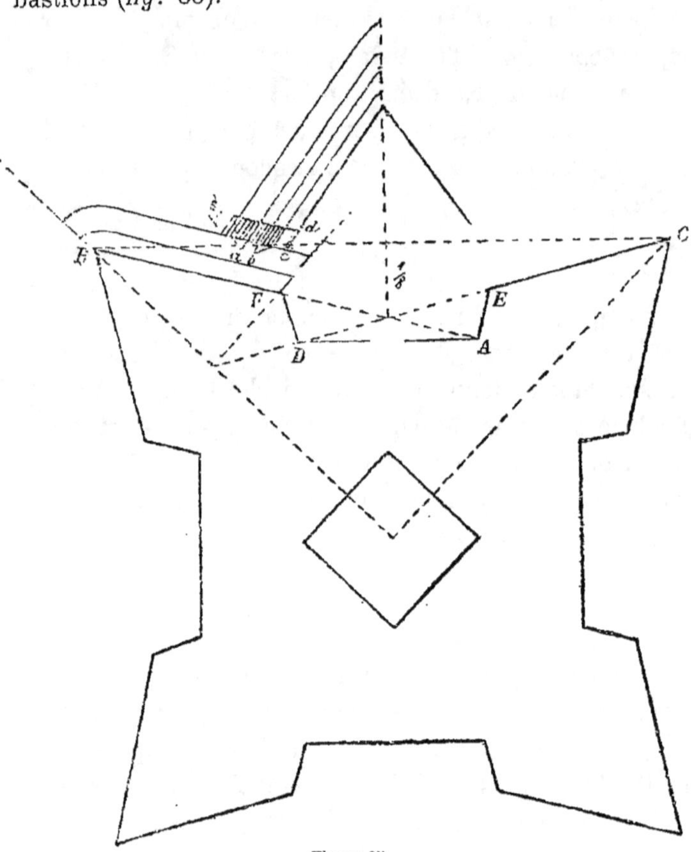

Figure 35.

Réduit.

On dispose à l'intérieur un réduit en forme de redoute ; les côtés de la redoute sont perpendiculaires à la capitale des saillants. La figure 35 donne une idée de ces détails. Une coupure est pratiquée dans la courtine ; un passage *cd* de 4 mètres est réservé entre l'extrémité de la face du redan et le bord supérieur de la contrescarpe du bastion ; un pont est établi sur le fossé du redan ; ce fossé se raccorde avec celui du bastion en *a* et *b*, une barrière ferme l'ouverture *cd*.

DES LIGNES.

On appelle lignes défensives, ou simplement *lignes*, l'ensemble des obstacles naturels et des retranchements employés pour fortifier la position d'une armée.

Lignes continues ou à intervalles.

Les lignes sont continues lorsqu'elles se développent sans interruption, et à intervalles lorsqu'elles se composent d'ouvrages détachés.

Ligne de front. Zone de défense.

La ligne qui joint tous les saillants des ouvrages se nomme *ligne de front*, ou simplement front ; le terrain situé en avant de cette ligne, dans la limite de la portée des armes, porte le nom de *zone de défense*.

Lignes continues.

Dans les lignes continues, le tracé en ligne droite serait le plus simple ; c'est celui qui exigerait le moins de garnison et le moins de travail ; mais le défaut d'être partout accessible, et de présenter partout la même force de résistance, de n'avoir ni feux flanquants ni feux croisés, le fait rejeter autant que possible ; on est donc conduit à adopter des faces formant des angles saillants et rentrants alternatifs.

Lignes à redans successifs.

Ici encore la ligne la plus simple serait celle qui serait composée de redans successifs, mais alors pas un coup de feu n'est dirigé perpendiculairement au front ; l'ennemi n'est atteint que par des feux obliques, qui, en général, lui font peu de mal. En outre, le développement excessif de la ligne de feu occasionne un travail trop considérable.

Cependant, de même que le tracé en ligne droite, il est des cas où ce tracé sera employé.

1er tracé. Les saillants sont égaux.

Les capitales des redans sont perpendiculaires à la ligne de front, les angles saillants sont égaux (*fig.* 36), donc les rentrants sont aussi égaux, car les angles HEF, KHI étant égaux entre eux, ainsi que les angles EHF et HKI, les troisièmes angles F et I des deux triangles sont aussi égaux entre eux ; mais pour assurer les conditions du flanquement, les angles rentrants sont compris entre 90° et 110, donc les saillants varieront dans les mêmes limites ; seulement, à un changement de direction, les saillants pourront descendre jusqu'à 60°, si les deux directions forment un saillant comme au point C, ou s'ouvrir jusqu'à 180°, si elles forment un rentrant comme au point B. Ainsi, aux changements de direction les angles s'ouvrent ou se ferment, suivant les nécessités du tracé (*fig.* 36).

Maximum d'écartement.

Le maximum d'écartement sera donné par cette considération que le coup de feu d'un saillant ER doit atteindre la capitale du saillant voisin à 300 mètres, pour que des feux croisés sillonnent le secteur dégarni de feux. On peut, d'ailleurs, adopter 400 mètres comme portée efficace des armes, et même 500 mètres, mais pas au delà. Pour nous, la distance de 300 mètres est la limite de visée sans hausse ; au delà, le coup est mal assuré, l'œil n'aperçoit pas distinctement les objets, et, en général, c'est sur cette base que nous règlerons nos constructions ; dans le cas qui nous occupe, la distance de 300 mètres pour le coup de feu ER donnerait même des longueurs de face trop considérables. Dans les lignes à intervalle, on peut aller sans inconvénient jusqu'à 400 mètres. Voici, au surplus, un tracé pour lequel il n'y a pas lieu de se préoccuper de ce maximum.

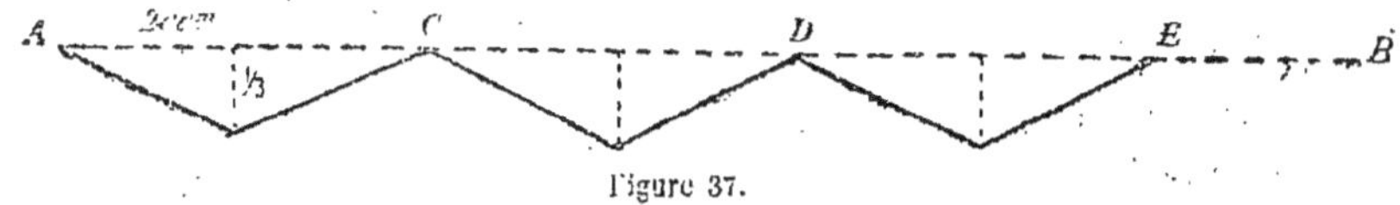

Figure 37.

2ᵉ tracé.

Sur la ligne de front AB (*fig.* 37) on porte des distances AC, CD, DE égales à 200 mètres ; par les milieux de ces lignes on élève des perpendiculaires égales à 1/3, et on joint leurs extrémités aux points de division. On a ainsi sacrifié le flanquement à l'avantage de battre le terrain en avant, et on a diminué la profondeur de l'ouvrage ainsi que l'étendue de la ligne de feu ; les angles, il est vrai, ne rentrent plus dans les limites fixées. Il suffirait, pour les faire rentrer dans ces limites, d'augmenter la perpendiculaire, mais alors les faces seraient plus enfilables.

Lignes à tenailles.

On appelle ligne à tenailles une ligne à redans successifs, dont les angles saillants sont alternativement aigus et obtus. On donne 60° d'ouverture aux premiers et 120 aux seconds ; tous les rentrants ont 90°, les faces de tenaille ont 120 mètres ; ces lignes portent le nom de lignes à tenailles, parce qu'on n'a fait que couvrir par un redan la série de tenailles en C, D, etc. (*fig.* 38).

Ces lignes ont sur les premières les avantages suivants :

1° Tous les saillants ne sont pas également attaquables ;

2° Elles ont moins de profondeur que les premières, pour une même longueur de face, et ont besoin de moins de terrain ;

3° Le flanquement est assuré ;

4° Les secteurs sans feux sont bien battus.

On peut encore augmenter leur force en reculant la pointe des saillants à angles aigus, qui se trouvent

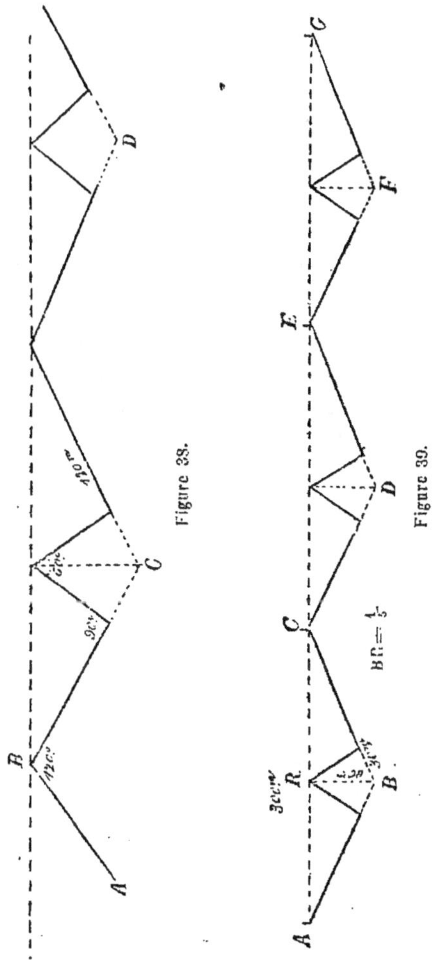

ainsi dans un rentrant par rapport aux saillants obtus qui sont moins attaquables. .

Tracé géométrique.

Voici un tracé géométrique de cette ligne ; il est dû au chevalier de Clairac, et satisfait à peu près aux conditions précédentes :

On porte sur la ligne de front (*fig.* 39) des longueurs de 300 mètres ; par les milieux, on mène des perpendiculaires de 60 mètres, soit du $\frac{1}{5}$, et l'on joint les extrémités au points de division ; on prend sur chaque face, à partir des points B, D, F, des longueurs de 30 mètres, et l'on joint les points ainsi obtenus aux pieds des perpendiculaires. Il y a un saillant par 150 mètres ; mais on peut éviter ce défaut en donnant plus d'écartement aux saillants obtus, soit 4 à 500 mètres.

Lignes à redans et courtines.

C'est le tracé le plus employé. Il fut imaginé par Vauban, à qui n'avaient point échappé les défauts des lignes à redans successifs ou à tenailles. Soit AB le front à fortifier (*fig.* 40) :

Menant du point A le coup de feu extrème de la face AD, ce coup de feu doit atteindre à 300 mètres la capitale du saillant voisin ; prenant donc AC $=$ 300 mètres, et abaissant du point C la perpendiculaire CP, le point I détermine la position du saillant à son maximum d'écartement ; le minimum sera donné par le coup de feu partant du point D et dirigé vers le pied du talus extérieur du saillant voisin E. Ce minimum d'écartement est de 125 à 130 mètres, sans quoi le coup de feu DE irait atteindre les défenseurs du redan voisin.

L'adoption de la distance de 300 mètres comme portée efficace du fusil d'infanterie conduit à un maximum d'écartement de 225 à 250 mètres, et à des longueurs

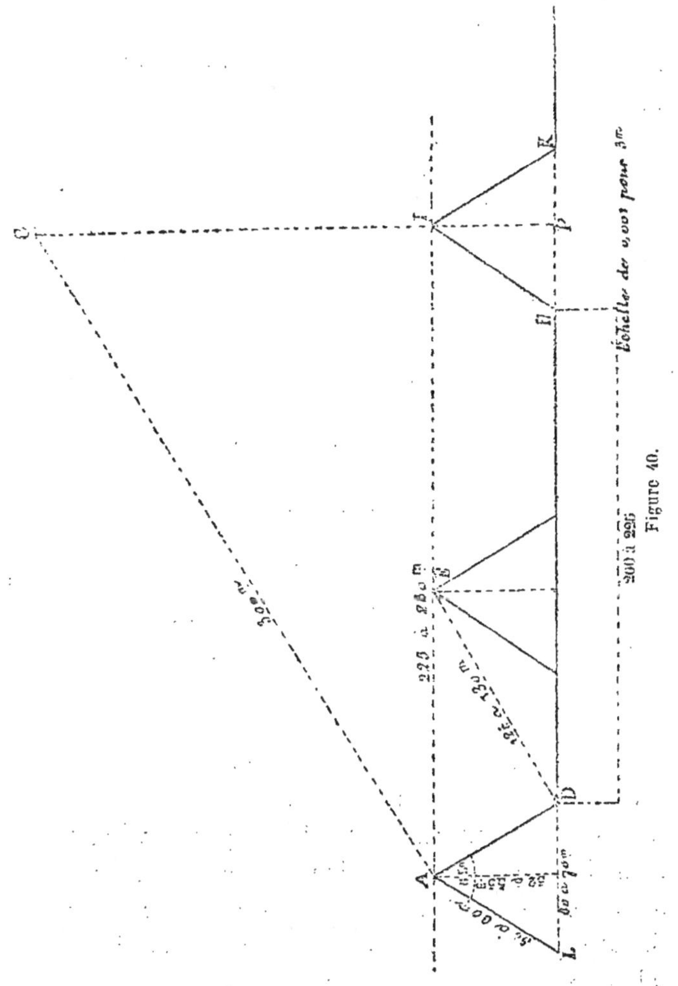

de courtines de 200 à 225 mètres. Quelques ingénieurs, admettant la distance de 500 mètres comme limite de la portée efficace, donnent précisément cet écartement aux saillants, de sorte que chacun d'eux défend efficacement la moitié de la distance qui les sépare, soit 250 mètres. C'est là un écartement exagéré, et, à moins de disposer de mitrailleuses , les saillants seront mal défendus, car alors AC serait égal à plus près de 600 mètres, soit $500 = \frac{3}{4}$ de AC approximativement.

Longueurs des faces et de la gorge.

On donne aux redans des faces de 50 à 60 mètres, et une gorge de 60 à 70 mètres ; leur forme se rapproche de celle des triangles équilatéraux. La capitale a de 52 à 55 mètres.

Emploi de ces lignes.

Les lignes à redans et courtines sont fort employées ; elles sont faciles à tracer et à exécuter, s'adaptent facilement au terrain, ont peu de profondeur et peu de développement. Les fossés ne sont pas flanqués, mais le terrain en avant est parfaitement battu, et c'est l'essentiel en campagne.

Courtines reculées.

On peut vouloir reculer la courtine, de manière à obtenir de plus grandes longueurs de faces. Lorsqu'on a déterminé l'écartement des saillants, on abaisse de chaque saillant des perpendiculaires sur les faces opposées du saillant voisin ; soit BI perpendiculaire à AD prolongée, et AK perpendiculaire à BK ; on joint IK ; AIKB est la ligne de feu (*fig.* 41).

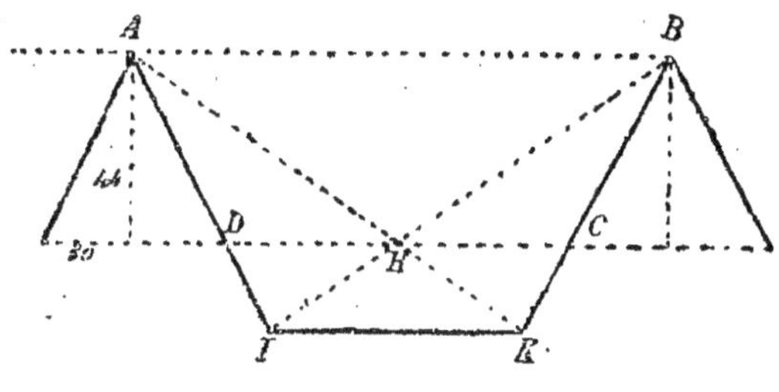

Figure 41.

On peut encore vouloir briser la courtine, pour avoir un plus grand nombre de feux croisés aux saillants ; dans ce cas, on prend pour courtine les portions HI, HK de nos perpendiculaires.

Lignes à crémaillères. Longues branches et flancs.

Les lignes à crémaillères sont des lignes à redans successifs dans lesquelles les capitales des saillants ne sont pas perpendiculaires à la ligne de front, ce qui leur donne des faces inégales. Les grandes faces sont dites *longues branches*, les petites portent le nom de *flancs*.

But.

Ces lignes ont pour but de donner plus de feux dans un sens que dans l'autre. En voici le tracé (*fig.* 42) :

Soit AB la ligne de front ; on lui mène à 30 ou 40 mètres en arrière la parallèle HK ; divisant le front en parties égales à trois fois la largeur de la zone, on abaisse des points de division A, C, D, etc., des perpendiculaires à HK. Supposons qu'on veuille d'abord donner plus de feux vers la gauche. On mènera les diagonales HC, C'D, D'I ; des points de division A, C, D, on abaisse des per-

pendiculaires AG, CO, DV sur ces diagonales ; et la ligne
AGCODVI est le développement de la ligne de feu. On

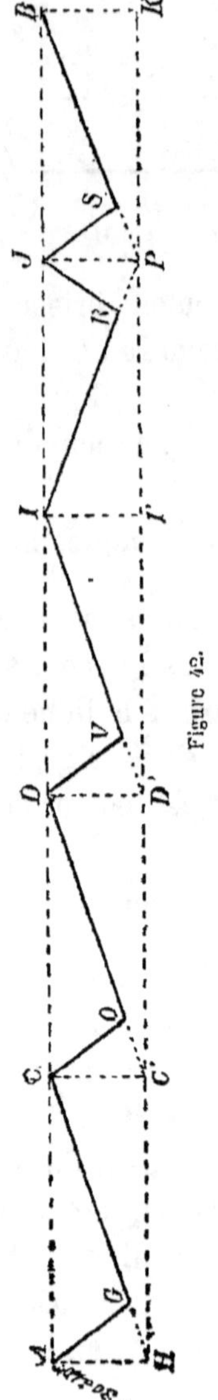

peut vouloir maintenant donner plus de feux vers la droite ;
on change alors la direction des faces par la construction inverse, les feux iront en divergeant en I. Pour
donner des feux au saillant I, et faire converger des
feux en J, on couvre la tenaille P par un petit redan, en
abaissant les perpendiculaires JR et JS sur les diagonales IP et PB.

Changements de direction.

Quand il y a un changement de direction dans la
ligne de front, si les deux directions font un rentrant,
on fait au point de brisure un angle aigu, généralement
de 60° ; si les deux directions font un saillant, on fait
au point de brisure un angle obtus.

Longueur des branches.

Quel que soit le tracé qu'on adopte pour les crémaillères, les flancs doivent avoir au moins 20 mètres, les
grandes branches de 250 à 300 mètres, et les angles
rentrants de 110 à 120°.

Son usage.

Ce tracé est très-usité en guerre. Il s'adapte facilement au terrain, a une faible profondeur, et donne des
feux croisés nombreux en avant ; seulement les faces
sont facilement enfilables ; c'est pourquoi il faut changer leur direction tous les 3 ou 4 saillants, si la forme
du terrain ne suffit pas à faire disparaître cet inconvénient.

Tracé bastionné.

Ce tracé est trop compliqué. On le réserve pour les ouvrages semi-permanents.

Lignes à intervalles.

Les lignes continues ont cet inconvénient grave d'être difficiles à défendre si elles sont forcées en un point, car alors les défenseurs sont attaqués en même temps de front et en arrière. On leur préfère généralement les lignes à intervalles composées d'ouvrages isolés ouverts à la gorge, et disposés de manière à se flanquer autant que possible, tout au moins de telle sorte que si l'ennemi s'empare de l'un d'eux, ou même de plusieurs, les autres puissent encore se défendre et couvrir de leurs feux les ouvrages emportés. C'est pourquoi ces ouvrages sont ouverts à la gorge, du moins on n'y construit pas de parapet ; mais il est très-utile de fermer la gorge de chaque ouvrage par des obstacles accessoires, palissades ou palanques, qui, sans cacher le terre-plein aux feux des ouvrages en arrière, empêchent l'ennemi d'y pénétrer par un rapide mouvement tournant, comme les cuirassiers de Caulaincourt à la redoute de Borodino (bataille de la Moskowa).

Nous disons que les fossés doivent être flanqués, *autant que possible ;* car on se préoccupera surtout de bien battre le terrain en avant, et d'y retenir l'assaillant en y multipliant les défenses accessoires.

Cela posé, voici une disposition de lignes à intervalles :

Supposons une seule ligne. Elle sera formée de lu-nettes (*fig.* 43).

Les saillants A, B, C sont placés sur la ligne de front, et les capitales sont perpendiculaires à cette ligne ; le coup de feu du saillant A perpendiculaire à la face AD doit atteindre la capitale du saillant B, à environ 300 mètres, en admettant cette distance comme bonne portée du fusil.

Le coup de feu K du flanc DK doit raser le pied du talus extérieur du saillant B pour ne pas atteindre les défenseurs de ce saillant. Voici une disposition qui satis-fait à ces conditions. On espace les saillants A, B, C à 300 mètres les uns des autres ; les angles saillants ont une amplitude de 78° ; les faces ont 40 mètres, les flancs 20. Pour obtenir la direction de ces flancs, du point D comme centre, et d'un rayon égal à 20 mètres, on décrit un arc de cercle, auquel on mène une tangente du point B, pied du talus extérieur du saillant B ; on joint le point D au point de contact K. DK est perpendiculaire à BK, ce qui assure le flanquement.

2ᵉ disposition.

Voici une autre disposition qui satisfait encore aux conditions spécifiées ci-dessus. Les saillants ont 60° ; la distance entre chaque lunette est de 210 mètres ; les faces ont une longueur de 50 à 60 mètres ; les flancs 20 à 25 mètres. La direction s'obtient comme précé-demment. Les flancs sont habituellement armés d'artil-lerie, c'est pourquoi on leur donne une longueur qui soit multiple de 5, puisqu'il faut 5 mètres de crête par pièce.

Ligne à 2 rangs d'ouvrages.

On se contentera rarement d'un seul rang d'ouvrages, car si l'ennemi parvient à forcer la ligne, il se trouve sur un terrain dégarni de feux, et aucun obstacle ne couvre les réserves.

Supposons construites, comme précédemment (*fig.* 43), les lunettes A, B, C ; prenons le milieu des intervalles qui les sépare en O, P, etc., les perpendiculaires élevées en ces points à la ligne de front seront les capitales des lunettes du 2e rang, dont les faces auront la même longueur que celles des lunettes du 1er rang, ou une longueur un peu moindre. Élevons au saillant A une perpendiculaire sur la face AD égale à la longueur des faces des lunettes du 2e rang, soit AM, et menons par le point M une parallèle à la face AD ; le point I où cette ligne coupe la capitale de la lunette du 2e rang sera le saillant de celle-ci ; menant IH parallèle à AM, on aura la face de la lunette du 2e rang. On obtiendra par une construction analogue toutes les faces des lunettes du 2e rang ; ainsi le dernier coup de feu HA de la face de l'ouvrage du 2e rang rasera le pied du talus extérieur de la lunette du 1er rang voisine A, flanquera le fossé AD, et les feux des faces du 2e rang se croiseront au secteur sans feux des saillants du 1er rang. Les flancs des lunettes du 2e rang sont dirigés de manière que leurs derniers coups de feu viennent raser les points de rencontre des pieds des talus extérieurs des faces du 1er rang ; ils ont généralement la même longueur que les flancs des ouvrages du 1er rang, soit 25 mètres pour cinq pièces d'artillerie. Donc, du point G comme centre, avec un rayon de 25 mètres, on décrit un arc de cercle, auquel on mène une tangente du point C, pied du talus extérieur du saillant C ; et l'on joint le point de contact au point G.

Ainsi, les flancs battent au besoin le terre-plein des ouvrages du 1ᵉʳ rang ; ils croisent leurs feux dans l'intervalle des deux rangs d'ouvrages, et, dans les secteurs sans feux des secondes lunettes du 1ᵉʳ rang, les flancs croisent leurs feux avec les faces opposées de l'ouvrage voisin du 2ᵉ rang.

Trois rangs d'ouvrages.

Enfin, si l'en voulait construire un 3ᵉ rang d'ouvrages, ceux-ci auraient la forme de redans, dont les saillants seraient placés sur les capitales des lunettes du 1ᵉʳ rang, et leurs faces dirigées de manière à battre le terrain en avant des lunettes du 2ᵉ rang et le terre-plein des ouvrages du 1ᵉʳ rang, ou bien le secteur sans feu de ces derniers.

Du point de rencontre des pieds des talus extérieurs de la lunette I du 2ᵉ rang, menons une perpendiculaire à la face IG, et prenons-la égale à la face du redan ; du point T, menons une parallèle à cette face, cette parallèle coupe la capitale du saillant B au point R, qui sera le saillant de notre redan ; menant RV parallèle à TI, nous aurons VR face de notre redan. Nos redans flanqueront ainsi les fossés des faces des ouvrages du 2ᵉ rang ; mais il est préférable de bien battre le terrain; il suffit pour cela de donner un plus grand écartement aux faces des redans. En voici le moyen : le saillant R étant déterminé comme nous l'avons fait, on joint le saillant d'un ouvrage du 2ᵉ rang au point R, et l'on prolonge la ligne yR jusqu'à sa rencontre en *x* avec la face IG prolongée ; la ligne Ry, ainsi obtenue, est la face de notre redan. Les redans sont, de cette manière, moins exposés aux coups d'enfilade de l'ennemi.

Observations.

1° Dans l'exécution du terrassement, avoir soin que la contrescarpe *des faces* des ouvrages de 1ʳᵉ et de 2ᵉ ligne ne suive pas le contour de la ligne de feu ; le fossé de ces faces doit se prolonger en ligne droite, afin d'être battu facilement par les ouvrages placés en arrière ;

2° On donne aux ouvrages de 2ᵉ et de 3ᵉ ligne un léger commandement sur ceux qui sont en avant, soit environ 0ᵐ50 ;

3° Il est rare qu'on ait le temps de construire un 3ᵉ rang d'ouvrages.

Lignes à redoutes.

Lorsqu'on emploie des redoutes pour les lignes à intervalles, ou les dispose sur deux rangs, comme le montre la figure 44.

On espace les redoutes du 1ᵉʳ rang à 400 mètres d'intervalle ; le coup de feu du saillant B, dirigé sur la capitale du saillant I, l'atteindra à environ 300 mètres. Les crêtes des redoutes du 2ᵉ rang sont placées dans le prolongement des pieds des talus extérieurs des faces des redoutes du 1ᵉʳ rang. Les faces des redoutes ont de 40 à 50 mètres de longueur. On pourra donner

moins d'épaisseur aux faces intérieures qui sont moins
exposées aux coups de l'artillerie ennemie, ce qui diminuera le travail.

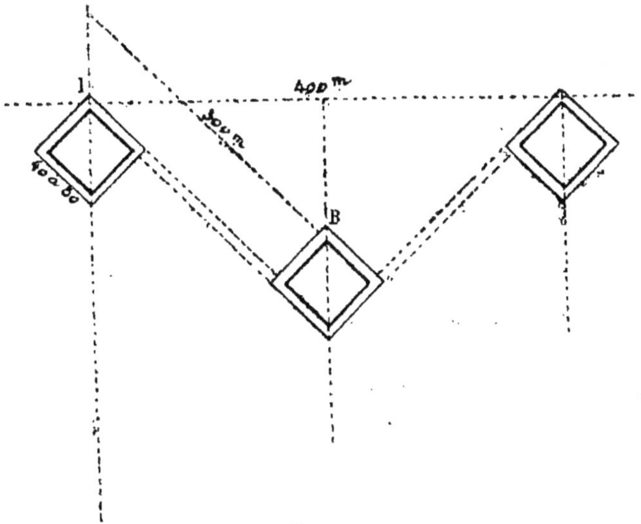

Figure 44.

TROISIÈME LEÇON.

CONSTRUCTION D'UN OUVRAGE DE CAMPAGNE.

Opérations à exécuter.

L'exécution d'un ouvrage de campagne comprend les opérations suivantes :

1° Le tracé,
2° Le défilement, s'il y a lieu,
3° Le profilement,
4° L'exécution du terrassement.

Tracé.

On fait le profil de l'ouvrage qu'on veut construire suivant les dimensions données; on calcule les dimensions du fossé, comme nous l'avons montré, et l'on cote complétement son profil (*fig.* 45).

Objets nécessaires.

Pour l'exécution de l'ouvrage, il faut les objets dont voici la nomenclature :

Des perches de 3ᵐ50, et d'autres de 5 mètres ;
Des jalons de 2ᵐ ;
Des lattes de 4ᵐ ;
Des lattes de 2ᵐ ;
Des petits piquets ;
Des pelles, des pioches ;

25 à 30 mètres de ficelles ;

Un cordeau, au moins, de 40 à 50 mètres de long ;

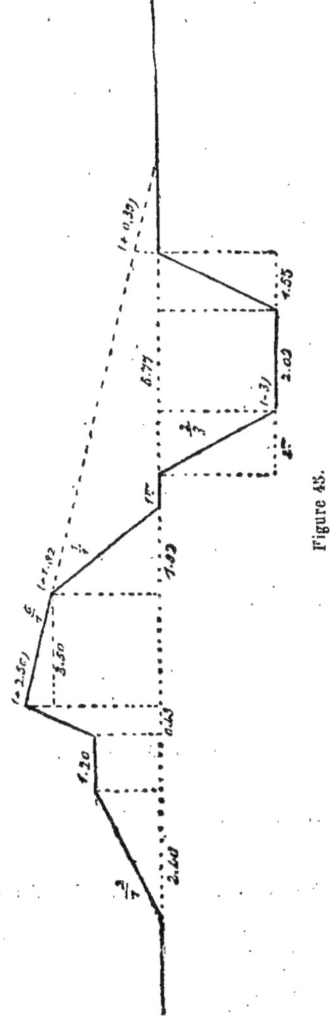

Figure 45.

Une dame ;

Des maillets, marteaux, clous, tenailles ;

Un mètre ;
Un fil à plomb;
Un niveau de maçon ;
Un amorçoir.

Amorçoir (*fig.* 46).

L'amorçoir sert à préparer les trous dans lesquels on veut enfoncer les perches. On peut s'en passer.

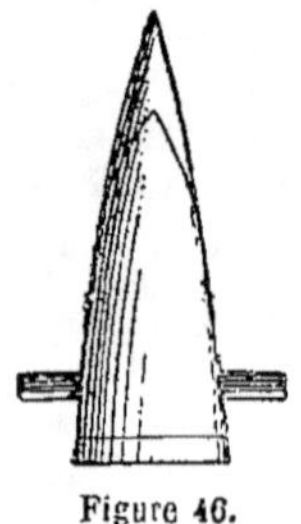

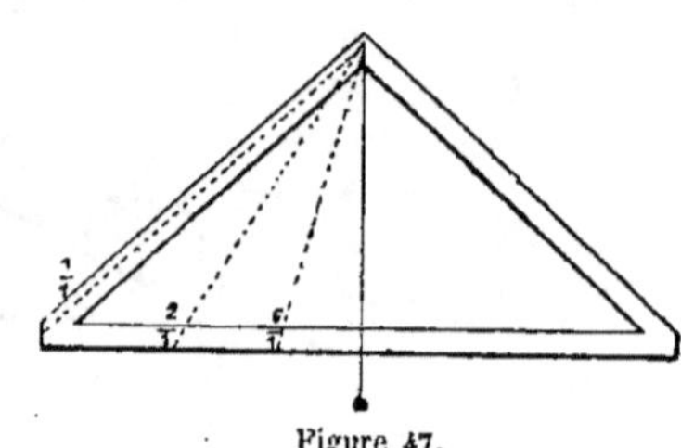

Figure 46.   Figure 47.

Niveau de maçon (*fig.* 47).

Le niveau de maçon sert à régler les inclinaisons à $\frac{1}{1}$, $\frac{2}{1}$, $\frac{6}{1}$, et $\frac{1}{3}$, c'est-à-dire celles des talus du profil ; il donne, en outre, l'horizontale.

Règle pour les longueurs.

Les longueurs se mesurent avec des règles de 5 à 6 mètres.

Cordeau pour les lignes.

Les lignes se tracent avec des cordeaux tendus entre deux piquets.

Perpendiculaires.

On élève des perpendiculaires sur le terrain au moyen d'un triangle rectangle en cordes, dont les côtés sont dans le rapport des nombres 3, 4 et 5, car on a $5^2 = 4^2 + 3^2$ ou $25 = 16 + 9$.

Si l'on disposait d'une équerre d'arpenteur, on s'en servirait pour le même objet.

Mesure des angles.

Enfin, pour mesurer les angles, on se sert d'un triangle équilatéral également en cordes ; chacun de ces angles est égal à 60° (*fig.* 48).

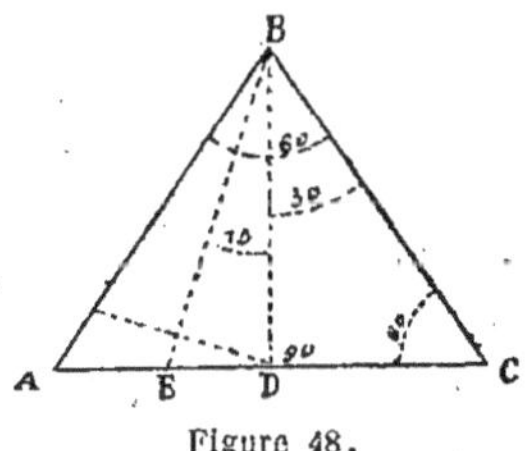

Figure 48.

En joignant le point B au milieu de AC, on a les angles droits BDA et BDC ; les angles de 30° ABD et DBC ; on n'a, d'ailleurs, qu'à partager AC en douze parties égales et à joindre les points de division au point B pour avoir des angles de 5 degrés. Ce triangle pourra donc servir de rapporteur pour les angles de 5 en 5 degrés.

Pendant que se fait le calcul du déblai au remblai, et que se dessine le profil, on réunit tous les objets ci-dessus, et l'on s'occupe du tracé sur le terrain. Le chef du détachement a d'ailleurs pris; toutes les mesures de précaution nécessaires ; un tiers du détachement restera en armes ; au besoin, les travailleurs auront le fusil en bandoulière.

Exécution du tracé (*fig*. 49).

Supposons qu'il s'agisse d'une lunette. On plante une perche au saillant C ; le trou est pratiqué au moyen

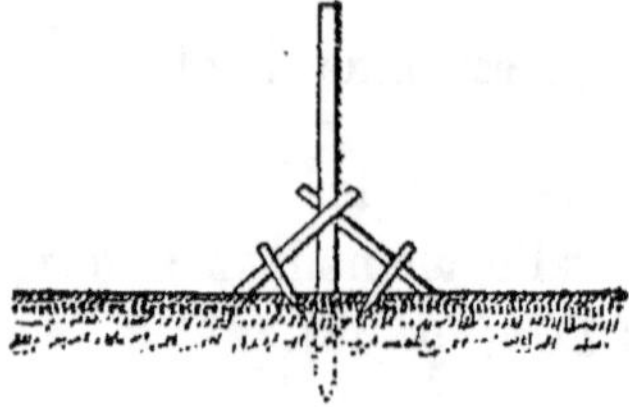

Figure 49 *bis*.

de l'amorçoir, qu'on enfonce à coups de maillet ; l'amorçoir enlevé, on plante la perche verticalement, au moyen du fil à plomb. Il est bon de la maintenir au moyen de deux petites lattes clouées à des piquets.

On place le sommet du triangle équilatéral au point C ; au moyen de ce triangle on aura l'angle des deux faces BC et CD, ces faces étant dirigées perpendiculairement aux coups de feu qui doivent en partir. Si la lunette fait partie d'un ensemble d'ouvrages, l'amplitude de l'angle est donnée, ainsi que la direction de la capitale; le triangle équilatéral en cordes permettra de tracer cet angle d'après l'amplitude voulue, ce qui donnera la direction des faces. Le triangle rectangle en cordes donnera les faces perpendiculaires aux coups de feu. Dans un cas comme dans l'autre, on aura la direction des faces ; au moyen du cordeau, on leur donne la longueur voulue, et on plante une perche à leurs extrémités. B et D. Pour avoir la direction des flancs, si la lunette fait partie d'un ensemble d'ouvrages, on obtiendra graphiquement l'amplitude des angles d'épaule, que le triangle équilatéral en cordes permettra de tracer sur le terrain ; sinon on écartera les flancs suivant l'objet à remplir. La direction des flancs, pour un ouvrage isolé, est souvent, presque toujours même, parallèle à la capitale de l'ouvrage ; leur longueur étant connue, il sera facile de les tracer. Aux points A et E on plante une perche.

Ainsi nous avons tracé la projection de la ligne de feu ABCDE sur le terrain, et nous avons planté des perches aux points A, B, C, D, E.

Profilement.

Passons maintenant au profilement de l'ouvrage pour en avoir le tracé dans l'espace.

Nombre de profils.

On établit généralement deux profils par face ou flanc, et un profil à chaque saillant, en capitale du saillant. Ces profils sont établis à 10 mètres des faces ou des flancs.

On les obtient de la manière suivante :

Au moyen du triangle rectangle en cordes, on mène en I une perperdiculaire à la face BC, et l'on prend sur cette ligne des longueurs IO = 3 mètres, OK = 1^{m}92, puis IV = 0^{m}43, VR = 1^{m}20, RS = 2^{m}40. On fait de même au point I' ; on joint les points OO', KK', VV', RR', SS', et l'on prolonge ces lignes jusqu'à la capitale de l'ouvrage. On plante des perches aux points OO′, II′, RR′. La perche I est coupée à 2ᵐ50 au-dessus du sol, et la perche O, à 1ᵐ92; on les réunit par une latte que l'on cloue à chaque extrémité.

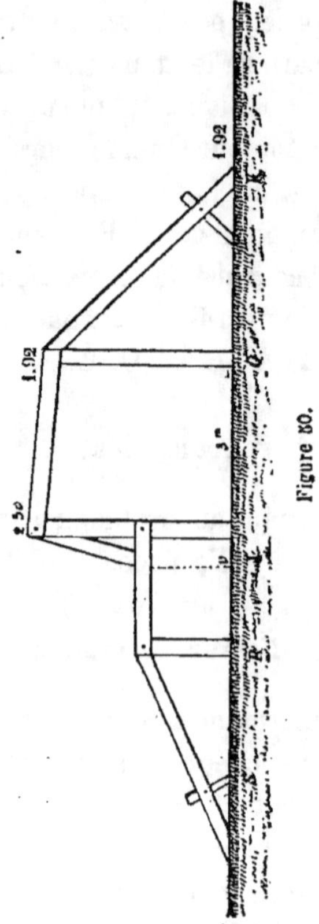

Le talus extérieur s'obtiendra en joignant le point K, au moyen d'une latte, à l'extrémité de la perche O. On arrête cette latte, à son pied, par un piquet. La banquette s'obtient en sciant la perche R à 1ᵐ20 au-dessus du sol, et en la réunissant à la perche I, horizonta-

lement, par une latte de $1^m20 + 0^m43$ ou de 1^m63 de longueur; prenant sur cette latte, à partir de la perche I,
une longueur de 0^m43, on joindra le point ainsi déterminé à l'extrémité de la perche I, ce qui donnera le
talus intérieur. Joignant le point S à l'extrémité de la
perche R, on aura le talus de banquette (*fig.* 50).

On construira de la même manière les autres profils,
à raison de deux par face, et d'un à chaque saillant, en
capitale de l'ouvrage, et l'ouvrage est ainsi profilé. On
ira plus vite en dégauchissant le second profil, c'est-à-
dire en plaçant les lattes de celui-ci dans le même plan
que celles du premier; ainsi, la perche I étant sciée à
2^m50, on inclinera la latte I'O', jusqu'à ce que l'obser-
vateur, placé en arrière et tout près de la latte IO, les
aperçoive dans le même plan. L'essentiel est donc de
bien établir le 1er profil dans chaque face. Chacun
d'eux peut être établi simultanément sur chaque face.

Profils en talus.

Il nous reste, pour compléter le profilement d'un ouvrage ouvert à la gorge, à construire les profils en talus
qui doivent terminer ses faces ou ses flancs, en A et E
dans l'exemple proposé. Ces talus ont ordinairement
l'inclinaison naturelle des terres, mais on peut les raidir, sauf à les revêtir, c'est-à-dire à les soutenir par des
moyens artificiels. Ces profils sont construits de manière que les lattes soient dégauchies sur leurs homologues des profils droits, et qu'elles aient, en même temps,
l'inclinaison voulue. Cette construction n'offrira donc
aucune difficulté pratique sur le terrain. Cependant, indiquons comment elle devra s'exécuter.

Le plan du profil en talus, c'est-à-dire le tracé sur le terrain, peut être perpendiculaire à la ligne de feu, ou bien oblique. Dans ce second cas, le pied du talus est, dit-on, *forcé*, c'est-à-dire qu'il doit être parallèle à une direction donnée.

Pour établir ces profils dans le premier cas, à l'extrémité supérieure de la perche plantée en A (*fig.*51), et dans

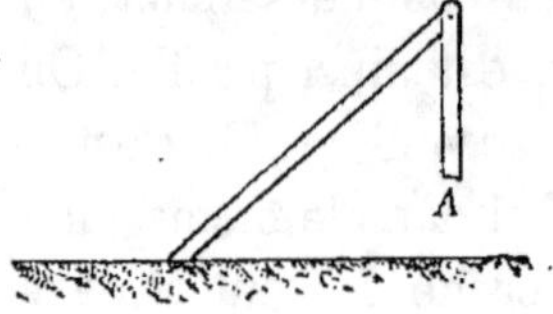

Figure 51.

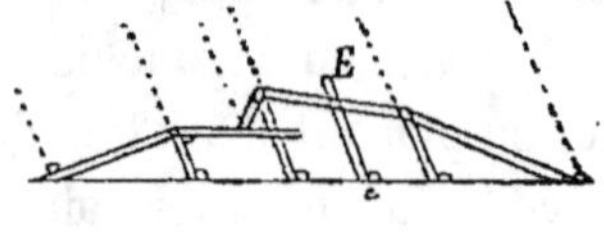

Figure 51 *bis*.

le plan vertical de la ligne de feu AB, on cloue une latte qu'on incline à 45°, à l'aide du niveau de maçon. Au point de rencontre de cette latte avec le terrain, on mène une perpendiculaire à la ligne de feu, et l'on prolonge les projections des autres arêtes jusqu'à cette perpendiculaire ; à chaque point d'intersection on plante un piquet sur lequel on cloue une latte inclinée à 45° et placée en même temps dans le plan vertical de l'arête correspondante. Ces lattes sont maintenues par des perches verticales, et leurs extrémités sont reliées deux à deux par des lattes ; ces extrémités sont obtenues par le dégauchissement. L'opération se vérifie ensuite par le dégauchissement.

Si le pied du talus est forcé, en un point quelconque *e* de ce pied, on plante un piquet sur lequel on cloue une latte *e*E inclinée à 45° ; on prolonge, comme précédemment, toutes les arêtes, jusqu'à leur rencontre avec le pied du talus ; à chaque point de rencontre on cloue une latte inclinée dans le plan de eE et établie en même temps dans le plan vertical de l'arête correspondante ; le profil s'achève et se vérifie comme précédemment.

Fossés.

Il faut terminer par indiquer les fossés, ce qui se fait par des petits piquets, puisque les fossés ne peuvent être profilés ; on marque ainsi l'escarpe et la contrescarpe. On peut également le faire au moyen du cordeau et de quelques coups de pioche.

Arrondissement aux saillants.

L'arrondissement aux saillants se trace du pied du talus extérieur comme centre, avec la largeur supérieure du fossé pour rayon, ou la distance du pied du talus extérieur au bord de l'escarpe.

Pour faire raccorder les crêtes extérieures, on prend sur leurs projections deux points q et p, à 0,60 environ de leur point de rencontre, et l'on y plante des perches verticales ; on place ensuite les lattes Cq, Cp, qu et pu, au moyen du dégauchissement, dans le plan de leurs talus respectifs, et l'on joint qp par une latte.

Terrassement.

L'ouvrage étant tracé et profilé, on passe au terrassement.

On divise les travailleurs en un certain nombre de brigades auxquelles on donne le nom d'ateliers, le terrain sur lequel chaque brigade travaille porte également le nom d'atelier.

Voici les données qui servent à former les brigades et à calculer le nombre de travailleurs nécessaire.

Chaque brigade se compose d'une file de pelleteurs et du nombre de piocheurs nécessaire pour ameublir les terres enlevées par le premier homme de la file de pelleteurs. Or, les brigades, ou files de travailleurs, occupent des zones à peu près parallèles et de 2 mètres environ de largeur, afin que les hommes d'un atelier ne gênent pas ceux d'un atelier voisin. Pour avoir l'emplacement de chaque atelier, on divisera donc la contrescarpe en parties égales à 2 mètres, et la crête intérieure en un même nombre de parties égales ; on joint les points de division correspondants par un trait de pioche sur le sol.

Il faut maintenant déterminer la force de chaque atelier : on nomme relais la distance, soit horizontale, soit verticale, à laquelle un homme peut jeter la terre ; en distance horizontale un homme jette les terres à la pelle à 4 mètres, en distance verticale à 2 mètres au plus ; on peut prendre 1^{m}60, si l'on veut. Le relais horizontal sera donc de 4 mètres et le relais vertical de 2 mètres. Pour avoir la moyenne de la distance horizontale à faire parcourir aux terres dans chaque atelier, on prend la moitié de la distance qui sépare le bord de la contrescarpe du pied du talus de banquette, soit $\frac{16.22}{2} = 8.11$, dans l'exemple proposé ; divisant ce nombre par 4, nous aurons le nombre de relais horizontaux, soit $\frac{8.11}{4}$. De même, prenons la moitié de la différence de niveau entre le fond du fossé et le sommet de la crête, soit $\frac{5.50}{2}$, ce sera la distance verticale moyenne à faire parcourir aux terres, et divisant par la hauteur 2 du relais vertical, nous aurons le nombre de relais verticaux pour chaque atelier. La somme des relais verticaux et horizontaux donne le nombre de pelleteurs de chaque file ou de chaque atelier.

Nombre de piocheurs.

Cherchons le nombre de piocheurs qu'il faut leur adjoindre. Le nombre de piocheurs nécessaire pour que le pelleteur ne *chôme* pas varie avec la nature du terrain. On fait piocher un homme pendant a minutes, puis l'on compte le nombre b de minutes nécessaire à un autre homme pour enlever la terre, et le rapport $\frac{b}{a}$ indique le nombre de pelleteurs qu'il faut pour un piocheur.

Dans une terre ordinaire, il faut deux pelleteurs pour un piocheur; on dit alors que la terre est à $1\frac{1}{2}$ hommes. Dans tous les cas, $1 + \frac{b}{a}$ indiquera la nature des terres. La terre unité est celle qui n'exige aucun piocheur pour être fouillée; la ténacité d'une terre est donc évaluée par le nombre de piocheurs nécessaire pour l'amener au même degré d'ameublissement que la terre unité. Les terres fortes sont à 2 hommes, les moyennes à 1 h. 1/2, les terres légères à 1 h. 1/3, c'est-à-dire qu'il faudra, dans le premier cas, adjoindre 1 piocheur par pelleteur; dans le second, 1 piocheur suffira pour 2 pelleteurs; dans le troisième, 1 piocheur pour 3 pelleteurs.

Il faut ajouter par atelier 1 régaleur chargé de placer les terres par couches uniformes à mesure qu'elles arrivent sur le remblai, et 1 dameur chargé de tasser, de fouler les terres, soit avec les pieds, soit avec une dame, pour réduire le foisonnement. Soit donc 22 mètres la distance de la contrescarpe au pied du talus de banquette, et 6 mètres le relief absolu. $\frac{11}{4}$ exprimera le nombre de relais horizontaux, et $\frac{3}{2}$ celui des relais verticaux ; la somme de ces relais sera de $\frac{11}{4}+\frac{3}{2}=\frac{22}{8}+\frac{12}{8}=\frac{34}{8}=4+\frac{1}{4}$, soit 4 pelleteurs par atelier ; dans le cas de terre moyenne, il faut 1 piocheur pour 2 pelleteurs ; il suffira donc d'un piocheur pour deux ateliers, plus un dameur et un régaleur. On aura par conséquent pour deux ateliers contigus, 1 piocheur, 8 pelleteurs, 1 dameur, 1 régaleur, total, 11 hommes.

Cette moyenne pourra être trop forte en commençant, trop faible à mesure qu'on s'enfoncera ; il sera bon de se ménager une réserve générale de travailleurs de $\frac{1}{10}$.

Calcul du nombre d'hommes nécessaire.

Supposons qu'il s'agisse d'un redan de 70 mètres de développement de contrescarpe sur une face : le nombre des ateliers sera de $\frac{70}{2}=35$ pour une face ; or, pour 2 ateliers, il faut 11 hommes ; pour 1 atelier il en faudra $\frac{11}{2}$, et pour 35 ateliers $\frac{11\times35}{2}$; comme il y a deux faces, le nombre total de travailleurs sera de 11×35, ou de 385, et avec une réserve de $\frac{1}{10}$, de $\frac{385\times10}{9}$, soit 473 hommes, dont $\frac{35\times8}{2}=\frac{280}{2}=140$ pelleteurs par face, ou 280 en tout.

Calcul du nombre de jours.

Quel sera le temps nécessaire à ces 385 hommes pour construire notre redan ? Des hommes exercés pourront remuer $1^{m3}200$ par heure, mais les travailleurs d'infanterie et les hommes obtenus par réquisition ne jetteront à un relais, par heure, que $0^{m3}800$ chacun ; soit 8^{m3} dans une journée de 10 heures.

Le fossé est un prisme dont le volume $v = s \times l$, c'est-à-dire sa surface multipliée par la longueur parcourue par son centre de gravité; on a pour un atelier $l = 2$ mètres; la surface s du fossé est donnée par le calcul du déblai au remblai; chaque atelier aura donc à fouiller une quantité de terre représentée par $s \times 2$, et chaque file de pelleteurs à rejeter $s \times 2 + \frac{s}{10}$, puisque le foisonnement est de $\frac{1}{10}$. Soit n^3 le nombre trouvé; un piocheur pouvant fouiller 8^{m3} de terre par jour n'enlève par atelier que 4^{m3}, puisqu'il doit travailler sur deux ateliers contigus; divisant n^3 par 4, on aura le nombre de jours nécessaire pour la construction de l'ouvrage. La quantité prise pour l est toutefois un peu trop forte, car l est un peu moindre que 2 mètres; mais on aura ainsi tenu compte des retards imprévus.

Exécution du terrassement.

On commence l'excavation à partir de l'escarpe, parce qu'on y trouve plus de facilité pour le transport des terres (*fig.* 52). On se place à une distance telle de l'escarpe, qu'en s'enfonçant de un mètre on ne puisse entamer le talus; l'inclinaison du talus étant connue, il sera

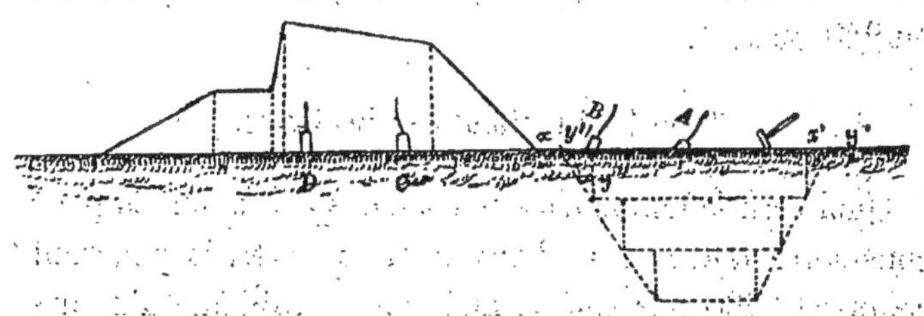

Figure 52.

facile de calculer xy pour 1 mètre de profondeur; ainsi la longueur de xy et de $x'y'$ dépend de l'inclinaison des talus d'escarpe et de contrescarpe. Le travail s'enfonce ainsi par couche successive de 1 mètre. Parvenu à 1 mètre de profondeur, le piocheur se place au point y'', de manière que $x''y'' = xy$, et ainsi de suite. Cependant il est bon de se ménager une série de gradins, pour préserver le talus de tout coup de pioche maladroit, et se ménager en même temps des relais en hauteur, quand la profondeur est de plus de 2 mètres. Dans le cas d'une inclinaison de $\frac{2}{3}$, et d'une profondeur de 3 mètres, on a 2 mètres de base de talus. On dira donc : pour 3 mètres de profondeur on a 2 mètres de base, donc pour 1 mètre on aura $\frac{2}{3} = 0^m66$; en ajoutant un gradin de 0^m25, on se placera à 0^m91 du point x, et ainsi de suite. Le piocheur pourra, d'ailleurs, creuser verticalement. On recoupe les gradins de contrescarpe au fur et à mesure du travail, et ceux de l'escarpe, à la fin du travail, quand le fossé a plus de 2 mètres de profondeur.

Le pelleteur B, à 4 mètres du pelleteur A, rejette les terres au pelleteur C, qui les lance lui-même au pelleteur D, et celui-ci au régaleur. Ce dernier les répand par couches de 0^m20 à 0^m30, et le dameur les bat fortement pour diminuer le foisonnement et donner de la consistance aux terres. Il faut dépasser un peu les profils directeurs, afin de recouper le talus. Arrivé à la hauteur de la banquette, on commence le revêtement du talus intérieur, et on élève ce revêtement en même temps que le massif du parapet. Ce revêtement est fait par les *taluteurs*, ouvriers chargés de régler les talus au moyen de cordeaux tendus sur les lattes qui dessinent ces talus.

Il faut quatre à cinq jours, à raison de 10 heures de travail par jour, pour l'exécution d'un ouvrage ordinaire. On l'avance d'un jour ou deux en mettant les hommes à la tâche. Un pelleteur enlève 8^{m3} de terre dans sa journée de 10 heures, et 12 mètres lorsqu'il est à la tâche. Un autre moyen d'accélérer le travail, c'est de réduire la largeur des ateliers jusqu'à 1 mètre et même, dans certains cas, jusqu'à 0^m70 ; enfin, on prendra les terres à la fois des deux côtés du parapet, en cas d'urgence extrême. Ce dernier moyen, en général, n'est employé que pour les retranchements rapides du champ de bataille, et en cas d'attaque imminente.

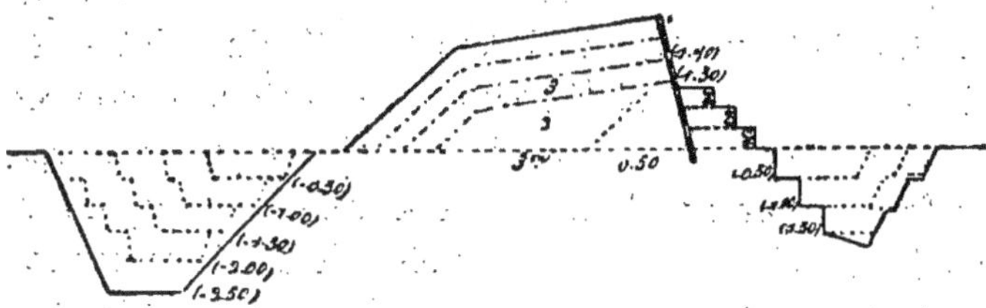

Figure 53.

On songe d'abord à se mettre à l'abri des coups de fusil (*fig.* 53). Pour cela on creuse un premier fossé de part et d'autre de la ligne de feu, de 0^m50, ce qui donne un parapet de 0^m50 d'épaisseur sur 1^m30 de hauteur ; puis on s'enfonce par couches successives de 0^m50 des deux côtés à la fois. Les terres provenant de la deuxième excavation sont consacrées à l'épaississement du parapet, et déjà on sera à peu près à l'abri des coups de l'artillerie. On s'arrête en arrière à 1^m50 de profondeur, et en avant à 2^m50 au moins, ce qui donne un parapet de 2^m10 à 2^m50 et une épaisseur de 3^m50 à 4 mètres ; on emploiera une partie des terres de la fouille en arrière à former des gradins qui constituent autant de petites banquettes successives. Les ateliers sont divisés en avant et en arrière par parties égales; mais à partir de la troisième fouille, il faut renforcer les ateliers extérieurs qui doivent achever le terrassement. On met 8 à 10 hommes par mètre courant de retranchement.

Résumé des opérations qui précèdent.

Après avoir déterminé la forme et la grandeur de l'ouvrage d'après la force de sa garnison, on fait piqueter les crêtes, on construit les profils des faces, les profils en talus; en même temps on détermine la largeur du fossé, ainsi que la composition et l'emplacement des ateliers, on distribue les outils, et l'on fait commencer le travail, pendant que se préparent et se posent les défenses accessoires.

Exécution des ouvrages de champs de bataille.

La préparation d'un champ de bataille comprend :

1. La mise en état de défense des localités, villages, fermes, bois, etc. ;

2. La suppression de tous les couverts favorables à l'ennemi ;

3. L'ouverture ou l'amélioration des voies de communication destinées à favoriser les mouvements de l'armée ;

4. La construction de quelques ouvrages en **terre**, savoir :

1° Des tranchées-abris pour les troupes de première ou de deuxième ligne,

7

2° Des épaulements pour les pièces d'artillerie ;

3° Si on en a le temps, de quelques ouvrages de campagne, redoutes, redans, lunettes, etc., pour les points les plus importants à occuper.

La mise en état de défense des localités, ainsi que l'appropriation du champ de bataille par les suppressions des couverts et l'ouverture des voies de communication favorables à l'armée, sera l'objet d'un chapitre spécial.

Nous avons donné les moyens de construire les ouvrages de campagne.

Il nous reste à nous occuper des tranchées-abris et des épaulements de batterie.

Ici se place une observation importante et déjà faite dans ce cours. Les ouvrages de champs de bataille dont le caractère propre est la *rapidité d'exécution* ne doivent pas gêner l'offensive. Si, en effet, les travaux de défense avaient pour résultat d'immobiliser les troupes ou de les attacher trop au terrain, il faudrait y renoncer.

Nous avons déjà donné le profil de la tranchée-abri réglementaire ; il nous reste à entrer dans quelques détails au sujet de sa construction.

Le capitaine du génie Richard l'expose ainsi :

Deux compagnies du bataillon (soit le $\frac{1}{3}$ du bataillon), munies d'outils à raison de deux pelles rondes pour une pioche, se forment sur un rang à trois pas en arrière du tracé de l'alignement D, obtenu comme suit : un officier, aidé d'un sous-officier, place comme jalonneurs sur le bord de l'excavation du côté de l'ennemi quelques sapeurs, tambours ou clairons, à 40 mètres environ l'un de l'autre. Puis, il fait creuser à la pioche une rainure entre les jalonneurs. Une seconde rainure, creusée de la même manière à 1ᵐ30 de la première, marque le bord intérieur de la tranchée.

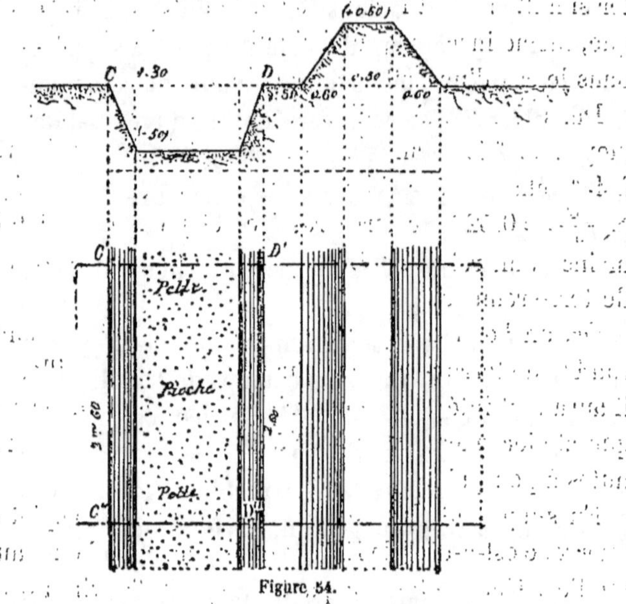

Figure 54.

Les travailleurs déposeront leur fusil et leur sac derrière eux et viendront, s'ils sont pelleteurs, placer leur pelle le long du tracé. Sous la surveillance des officiers et des sous-officiers des deux compagnies, on formera des ateliers composés de deux pelleteurs et d'un piocheur. Chaque atelier constitué C'D'D″C″ commencera à travailler sans commandement ; il devra fouiller, sur environ 0ᵐ50 de profondeur, un fossé de la *longueur* de deux pelles placées bout à bout, et d'une largeur, dans le haut, égale à la longueur d'une pelle, soit un fossé de 2ᵐ60 de long sur 1ᵐ30 de large.

Les officiers et les sous-officiers des deux compagnies

indiqueront avec précision aux travailleurs la fouille à exécuter, le bourrelet à élever, la berme à ménager, etc. Ils feront d'abord jeter les terres de manière à augmenter simultanément l'épaisseur et le relief de l'abri, afin que, même inachevé, celui-ci puisse rendre des services dans le cas d'une attaque soudaine.

Dans l'hypothèse d'un terrain d'une consistance moyenne, foisonnant $\frac{1}{10}$, et dont le talus naturel serait à 45°, chaque travailleur devra fouiller $0,50 \times 1,20 \times \frac{2.60}{3} = 0,520$ de terre rassise, et jeter devant lui à moins d'un relais : $0,520 + \frac{1}{10} \times 0,520 = 0^{m3}572$ de terre remuée.

Or, un homme si peu exercé qu'il soit fouillera environ 1^{m3} de terre par heure sur un champ de bataille, car il aura tout intérêt à se couvrir promptement ; donc chaque atelier exécutera ses $0^{m3}572$ de fouille dans 35 minutes à peu près.

En supposant les compagnies au grand complet de guerre, c'est-à-dire de 120 hommes, chacune d'elles aura 60 files. Chaque file occupant un espace d'environ $0^{m}58$, les 60 files occuperont $60 \times 0^{m}58$ ou $34^{m}80$, et les six compagnies en bataille $208^{m}80$. Mais nos deux compagnies fournissent 80 ateliers qui dans une demi-heure fouilleront 80×2.60 ou 208 mètres, c'est-à-dire précisément l'espace nécessaire pour couvrir le bataillon. Ainsi, on peut dire d'une manière générale que le tiers de l'effectif d'une troupe d'infanterie improvisera en 35 minutes la tranchée-abri de la troupe entière.

Des hommes exercés, comme les soldats du génie, pouvant jeter par heure et fouiller $1^{m3}5$, exécuteront ce travail en 20 minutes environ.

Tranchées-abris pour tireurs à genou.

Le premier profil (*fig.* 54) donne un couvert pour le tireur debout ; le tir à genou pourra s'exécuter sur la berme.

Mais on peut n'avoir pas eu le temps de le construire entièrement.

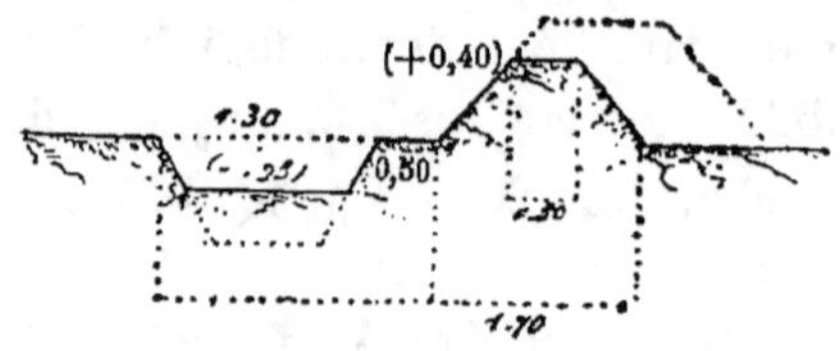

Figure 55.

La figure ci-dessus montre le profil du tireur debout inachevé et n'ayant qu'une hauteur de 0ᵐ65, qui garantira d'une manière convenable des tireurs à genou dans la tranchée. C'est cette position que prendront les deux rangs d'une troupe surprise par une attaque brusque avant l'achèvement des tranchées-abris.

Embuscade-abri.

Quand le temps et les outils manqueront, et quand on voudra abriter des tirailleurs en avant d'une ligne de bataille ou des tireurs de position, on pourra improviser une *embuscade-abri*, établie pour garantir un tireur couché (*fig.* 56).

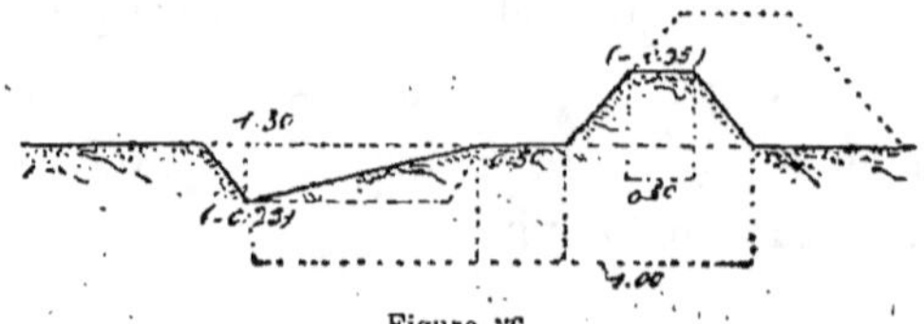

Figure 56.

Retranchement expéditif (*fig.* 57).

En prenant les terres de chaque côté du parapet, on aura une plus prompte exécution du travail. On trace

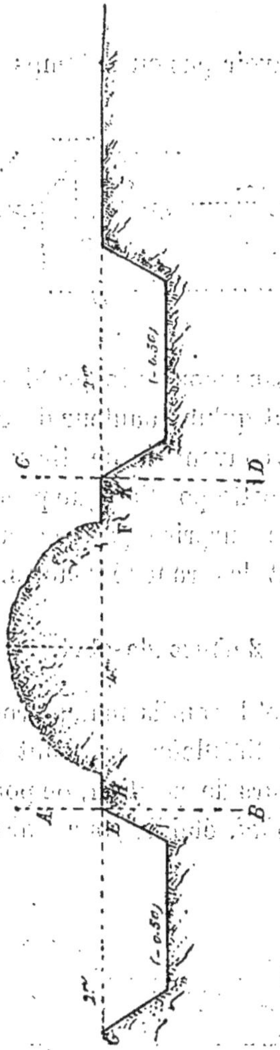

Figure 57.

une bande de 5 mètres environ de largeur, AB et CD,

sur la direction de laquelle on trace une perpendiculaire ;
à 0^m50 en dedans de AB et CD, on prend EH, FK =
0^m50 pour les bermes ; et l'on marque à partir des mêmes
points, en dehors de AB et CD, les longueurs EG, KI,
égales chacune à 2 mètres ; ce seront les fossés, qu'on
creusera à 0^m50 ; on rejettera les terres sur la partie
HF = 4 mètres. On aura ainsi, en très-peu de temps,
un bourrelet de 1 mètre de hauteur et de 4 mètres d'é-
paisseur.

La terre fraîchement remuée attirant l'attention, on
dissimulera l'existence de la tranchée en plantant quelques petits arbres ou des branchages sur le massif.

Sentinelles avancées.

Pour les sentinelles avancées, il suffira de creuser un
trou de 0^m50 de profondeur et de rejeter les terres en
avant. Tous ces abris seront, autant que possible, creu-
sés derrière un rideau de broussailles.

Ouvrages importants des champs de bataille.

Les ouvrages les plus importants à construire sur les
champs de bataille portent le nom de redoutes ; on les
établit sur les points que l'on veut occuper fortement ;

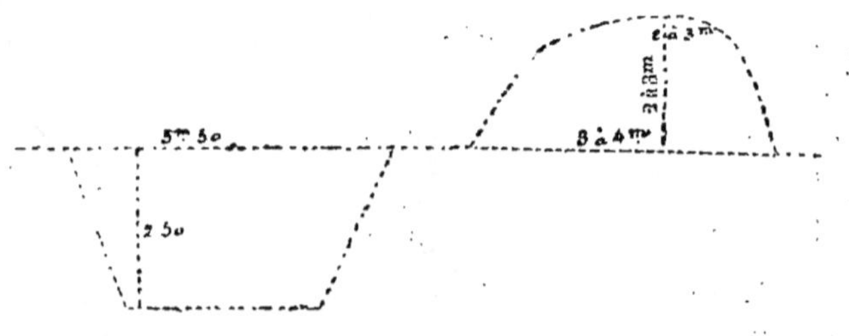

Figure 58.

on leur donne 3 à 4 mètres d'épaisseur de parapet, pour les mettre à l'épreuve du canon, et 2 à 3 mètres de hauteur de ligne de feu. Il s'agira le plus souvent d'une simple tranchée *précédée* d'un tel parapet, et quelques heures suffiront pour élever l'ouvrage. Ce n'est que lorsqu'on sera assuré d'avoir le temps nécessaire pour compléter la défense en développant sa puissance défensive qu'on achèvera l'ouvrage en donnant aux crêtes les formes convenables.

Recommandations.

Fermer la gorge des ouvrages par des palissades, creuser des tranchées dans le terre-plein, pour abriter les réserves pendant le bombardement, relier les ouvrages les uns aux autres par des tranchées-abris en ménageant de larges passages (4 à 5 mètres) pour l'artillerie et l'offensive des colonnes ; entre les tranchées-abris de chaque bataillon laisser un intervalle de 34 à 40 pas.

Épaulements de batteries.

Le profil de la tranchée-abri retourné et renforcé peut servir, nous l'avons dit, pour l'artillerie. Les canonniers seront abrités dans de petites rigoles creusées de part et d'autre de la pièce et dont le déblai servira à former les merlons. Ces tranchées, prolongées sous le parapet et couvertes d'un lit de rondins, formeront de petits magasins à poudre.

Les embrasures, s'il y en a, seront très-évasées et très-espacées les unes des autres. (*Voir* le *Cours d'artillerie.*)

Des passages. — Pente des talus.

Dans les ouvrages fermés et dans les lignes continues,
il faut se ménager avec l'extérieur des moyens de communication, soit pour faire des sorties, soit pour le ravi-
taillement de la garnison. On pratique dans la masse
couvrante des coupures qui permettent d'entrer et de
sortir. Ces coupures sont soutenues par des profils en
talus inclinés à la pente naturelle des terres, quand
ils sont exposés aux coups de l'artillerie, et plus raides
dans le cas contraire, afin de diminuer l'ouverture pratiquée dans la masse couvrante ; mais dans ce dernier
cas, il faut revêtir ces talus.

Largeur du passage.

La coupure est généralement établie perpendiculairement au parapet, sa largeur varie suivant sa destination ; on l'élargit jusqu'à 4 mètres pour le passage des
colonnes, et on lui donne 3 mètres pour le passage de
l'artillerie.

Emplacement.

Les passages se placent :
Dans les ouvrages fermés, sur le côté le moins exposé ;
Dans les lignes, près des rentrants, sur les courtines,
jamais sur les flancs ; en conséquence, dans les lignes
à crémaillères, on les place près des rentrants sur les
longues branches.

Traverse.

En arrière des coupures, on établit un obstacle qui puisse empêcher les projectiles ennemis de pénétrer dans l'intérieur de l'ouvrage, et permette en même temps à la garnison de tirer directement sur l'assaillant qui tenterait de pénétrer dans l'ouvrage en profitant de ce point faible. L'obstacle dont il s'agit porte le nom de *traverse*, et n'est autre chose qu'un parapet ayant le même profil que l'ouvrage, muni, par conséquent, d'une banquette.

Son emplacement.

On la place généralement à 4 mètres de distance du pied du talus de banquette de l'ouvrage. Il s'agit de déterminer la longueur de cette traverse (*fig.* 59).

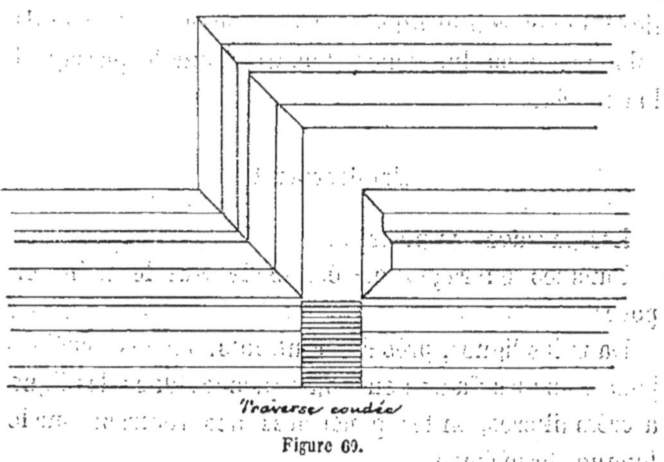

Figure 69.

En supposant le coup de feu dirigé à 2 mètres au-dessus du sol, le dernier coup de feu venant de l'extérieur à droite de l'axe de la coupure sera représenté par la ligne PORS joignant le point O du talus extérieur, à 2 mètres au-dessus du sol, au point R du talus intérieur également à 2 mètres au-dessus du sol. De même, à gauche de l'axe de la coupure, le dernier coup de feu venant de la campagne ne pourra dépasser la ligne P'O'R'S' ; ainsi, tous les coups de feu dangereux proviendront du secteur PONO'P' ; c'est donc dans l'espace qu'embrasse le secteur opposé SNS' que devra être construite la traverse, qui, pour plus de sécurité, dépassera de 0,50 à 1 mètre de chaque côté, les deux coups de feu extrêmes PS et P'S'. Mais une pareille traverse aurait l'inconvénient de tenir trop de place dans l'intérieur d'un ouvrage fermé ; on parvient à la réduire en construisant dans le prolongement des profils en talus de la coupure deux petites traverses T et T' de 1^{m}50 à 2 mètres d'épaisseur, à hauteur de la ligne de feu. De cette manière les points couvrants intérieurs R et R' sont transportés sur l'arête de la traverse en E et E' (*fig.* 59 *bis*).

Ces petites traverses n'ont pas de banquettes ; leurs talus sont inclinés à $\frac{1}{3}$; on est donc obligé de les revêtir.

A 4 mètres du pied du talus intérieur on tracera le pied du talus extérieur de la traverse, dont l'intersection avec les lignes PS et P'S' déterminera la longueur. On lui donnera, pour plus de précaution, de 0^{m}50 à 1 mètre de plus de chaque côté.

Si l'on n'avait à craindre que de la mousqueterie, on pourrait se contenter, au lieu d'une traverse en terre, de former une traverse au moyen d'arbres, ou forts madriers joints, enfoncés dans le sol, et le dépassant de

2 mètres à 2^m50. Des créneaux seraient ménagés de mètre en mètre, à 1^m30 du sol.

Passage du fossé.

Pour franchir le fossé, on construit un petit pont au moyen de poutrelles équarries espacées de 0^m50 à 1 mètre, suivant leur force, et placées parallèlement à l'axe du passage ; elles dépasseront les bords de l'escarpe et de la contrescarpe de 0^m40 à 0^m50. De fortes planches, ou madriers, placées en travers de ces poutrelles, formeront le tablier. Si la largeur du fossé était considérable, on placerait un ou deux chevalets sous le tablier du pont.

Traverse coudée.

Au lieu d'une traverse droite, on emploie quelquefois une traverse coudée, comme dans la figure 60, ou bien on remplace la traverse par un petit redan en avant du passage, de manière que ses faces soient battues par celles de l'ouvrage.

Barrières.

Enfin, les passages à droite et à gauche de la traverse sont fermés par des barrières, afin que la fermeture existe de jour comme de nuit. On les pose dans le prolongement des crêtes intérieures, les poteaux fixes plantés au pied des profils ou talus ; on bouche l'espace entre les poteaux fixes et les profils en talus au moyen de palissades.

QUATRIÈME LEÇON.

SOMMAIRE. — Défilement. — Revêtement. — Défenses accessoires.

Défilement.

Défiler un ouvrage, c'est le mettre à l'abri des feux partant de points dominants, de manière que les projectiles ne puissent pénétrer dans l'intérieur. Le défilement entraîne à des détails de construction qui exigent beaucoup de temps ; il sera désormais presque impossible d'avoir un défilement complet. Une batterie, en effet, peut s'établir à 3, 4, 5 kilomètres en terrain horizontal et couvrir d'obus l'intérieur d'un ouvrage. Le chassepot lui-même suit à 1,000 mètres une pente de $\frac{1}{10}$.

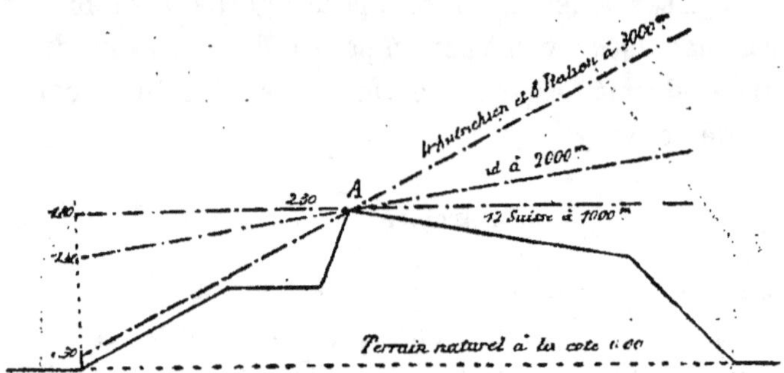

Figure 64.

Certaines pièces peuvent, à 3 kilomètres, atteindre à 0ᵐ30 une perpendiculaire élevée au pied du talus de banquette, comme le montre la figure ci-dessus. Il est probable, dès lors, nous le répétons, qu'on s'occupera désormais fort peu de travaux de défilement. Nous allons cependant en dire un mot, mais sans examiner les nombreux cas qui peuvent se présenter.

Supposons qu'il s'agisse de défiler une lunette (*fig.* 62). On plantera, comme à l'ordinaire, des perches aux angles B, C, D et aux points A, E, ainsi qu'aux points F, G, H, I, J, K, où l'on veut élever des profils. Nous prendrons la gorge pour limite du défilement. Cette ligne AE est obtenue au moyen d'un cordeau tendu de A en E, ou par une rainure tracée à la pioche. On dispose sur

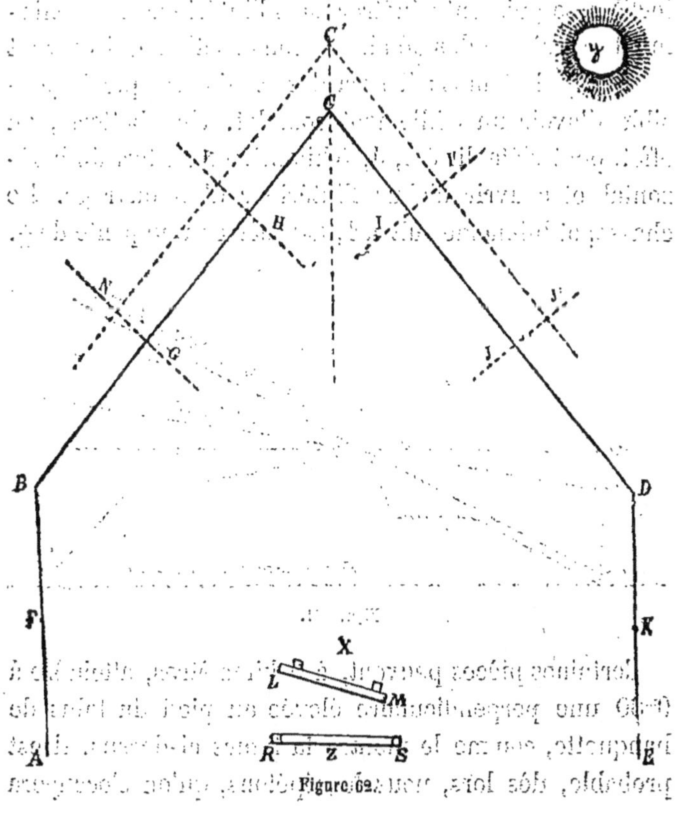

Figure 62.

la ligne AE une règle RS, qu'on cloue à deux piquets enfoncés dans le sol, de manière que le bord inférieur de la règle ne soit qu'à quelques centimètres de terre ; lès deux piquets sont à 2 mètres l'un de l'autre. A 1^{m}50 environ de la charnière RS, on plante deux jalons L et M, entre lesquels deux aides appuient une règle mobile LM ; un sous-officier, placé en X, fait lever ou abaisser les points L et M ; pour que la règle LM soit dans le plan de RS ; un quatrième personnage, placé en Z, dirige un rayon visuel dans le plan des deux droites LM et RS, et fait lever ou abaisser la droite LM jusqu'à ce que le plan de ces deux droites soit tangent à la hauteur dangereuse y. L'aide placé en X veille à ce que les bords supérieurs des deux règles soient toujours dans le même plan, qui, l'opération terminée, doit être tangent au terrain. Ce plan porte le nom de *plan de site*.

Plan de site.

La règle LM étant établie dans le plan de site, on la cloue aux jalons L et M. L'aide X se retire, et le défileur Z, prolongeant le plan de site de tous côtés, détermine son intersection avec les perches G, H, C, I, etc. Pour cela, le défileur Z mène dans le plan de site les rayons visuels ZC, ZI, etc. ; il fait signe à un homme, envoyé d'avance en C, I, etc., d'élever ou d'abaisser un morceau de papier entortillé autour de la perche, jusqu'à ce que ce *voyant* arrive à la hauteur voulue pour être dans le plan de site. On cloue ce morceau de papier à cette hauteur. Si l'un des rayons visuels, comme ZD, se trouvait en dehors de LM, on se porterait en C ou en I ; en prolongeant la droite déterminée par les points d'intersection du plan de site avec les perches I et J, ce prolongement irait rencontrer la perche D à la hauteur voulue, en terrain horizontal. Pour avoir le plan de site sur la perche K, l'homme Z se place en R et vise la perche E ; le point ainsi obtenu est sur le bord supérieur de RS, ou du moins sur le prolongement de ce bord supérieur. Se portant ensuite en E, le défileur met son œil au point qu'il vient d'obtenir et vise le point de la perche D obtenu précédemment ; ce rayon visuel rencontre la perche K en un point qui appartient au plan de site.

Plan de défilement.

Le plan de site ayant été déterminé sur chaque perche, on prend au-dessus de son intersection, avec chacune de ces perches, une hauteur de 1^m50, qui donnera le relief de l'ouvrage au-dessus du sol, ou le *plan de défilement*.

Il arrivera souvent que le plan de défilement aura donné, par l'opération précédente, une hauteur de crête Bb supérieure à 5 mètres (*fig.* 63). Dans ce cas, on substitue au défilement par l'exhaussement de la crête le défilement par l'abaissement du terre-plein, ou bien l'on combine ces deux procédés.

Soit Bb la hauteur de nos crêtes égale à 2^m50, et marquée sur nos perches par un morceau de papier, et AM le plan de site coupant la perche en b' à 3^m50 au-dessus du terre-plein, soit à 1 mètre au-dessus de la crête. Le plan de défilement AM' étant à 1^m50 au-dessus du plan de site, il en résulte qu'on a $Bb'' = 5$ mètres. Il faudrait donc donner 5 mètres d'élévation à la crête, pour que l'ouvrage fût défilé. On pourra, dans ce cas,

ne donner que 3^m50 d'élévation et s'enfoncer à la gorge
de 1^m50 (*fig.* 64).

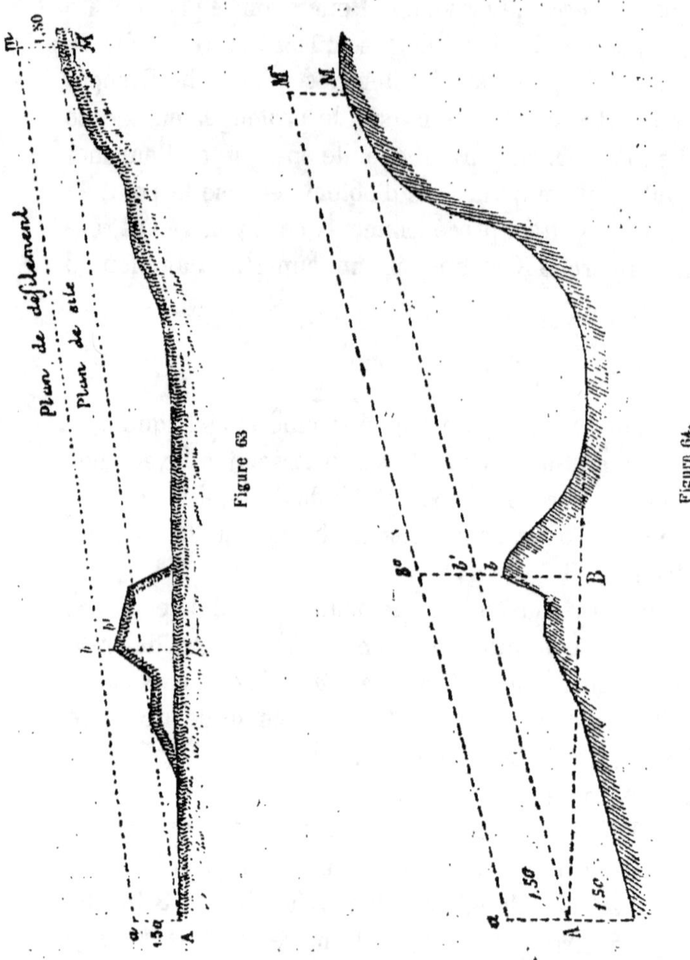

Lorsque l'on doit craindre que l'ennemi élève des
ouvrages en M, on ne peut se contenter de donner 1^m50
d'élévation au plan de défilement; on lui donnera 2^m50,

ce qui, dans la généralité des cas, rendra l'opération impraticable.

Le défilement suppose un grand nombre de cas particuliers, qui rendent nécessaire d'avoir recours à l'expérience des officiers du génie, et en règle générale, mieux vaudra toujours changer la position d'un ouvrage, quand on le pourra, plutôt que d'être obligé de le défiler. Nous examinerons seulement le cas particulier suivant (*fig.* 65) :

Cas nécessitant une traverse.

Si l'ouvrage était dominé par des hauteurs latérales, on prendrait deux plans de site auxquels on

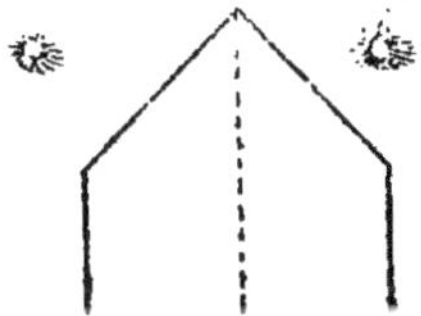

Figure 65.

donnerait une charnière commune située dans le plan vertical de la capitale de l'ouvrage, et l'on y établirait une traverse, dite *parados*, destinée à garantir des feux de revers les défenseurs des banquettes. Les deux plans de site formeront une gouttière à leur intersection, qui est précisément cette traverse. La charnière de chacun des deux plans de site de la traverse sera située au pied des talus extérieurs des deux faces adjacentes de l'ouvrage.

L'épaisseur du parados est la même que celle du

parapet. Pour maintenir les communications entre les deux parties de l'ouvrage, on établit un passage dans le

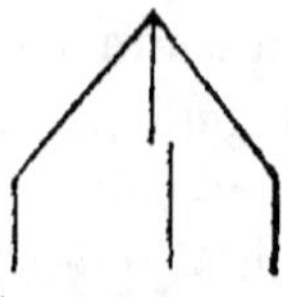

Figure 66.

remblai de la traverse, ou bien on brise la traverse (*fig.* 66).

Défilement des ouvrages fermés.

Les ouvrages fermés se défilent d'après les mêmes méthodes : on divise le terre-plein en deux parties égales ; l'on prend cette ligne pour limite du défilement de la face tournée vers l'ennemi, et l'on opère pour cette face comme il a été dit. On prend ensuite la banquette de la face opposée pour limite du défilement, et sur la ligne qui divise le terre-plein en deux parties égales, ligne que l'on a eu soin de jalonner, on élève les parados.

Ces parados ont l'inclinaison naturelle des terres ; le dessus est formé de deux plans à $\frac{5}{1}$ pour l'écoulement des eaux. On y construit souvent des abris, magasins, etc.

Profilement.

La lunette étant défilée comme nous l'avons montré, nous n'avons plus qu'à construire nos profils. Nous ferons remarquer auparavant que le calcul du déblai au remblai doit éprouver une modification. Le fossé seul

conserve le parallélisme de ses talus et sa profondeur.
Dans le calcul, on fera la somme des surfaces formant
le plus grand profil, celle des surfaces donnant le plus
petit, et on prendra pour surface du fossé la moyenne
entre ces deux surfaces. Le fossé est creusé d'après ce
calcul, et il conserve toujours les mêmes dimensions,
c'est-à-dire la même largeur, la même longueur et la
même profondeur. Construisons le premier profil en G
(*fig.* 62 *et* 67).

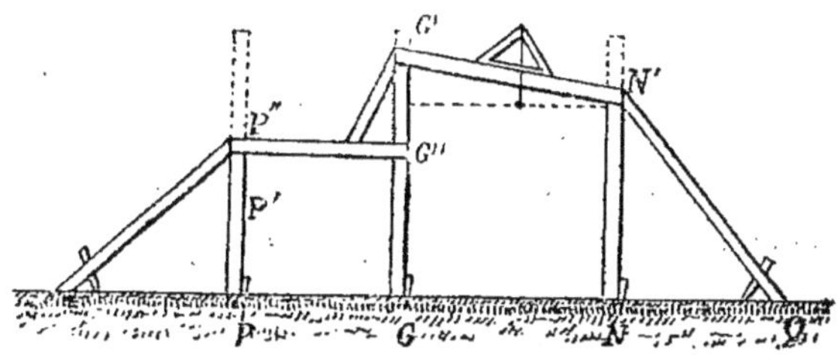

Figure. 67.

On trace en G, sur le terrain, une perpendiculaire à
la ligne de feu, sur laquelle on plante une perche N à
une distance égale à l'épaisseur du parapet ; la perche G
est sciée à la hauteur du plan de défilement ; on y fixe
une latte G'N' par un seul clou, pour qu'on puisse l'é-
lever ou l'abaisser ; cette latte est appuyée à la perche
N ; on pose dessus le niveau de maçon, et on arrête la
latte G'N' sur la perche N, quand le fil du niveau
passe par la division $\frac{6}{1}$, qui indique l'inclinaison de la
plongée. Pour former le talus extérieur, on place une
latte en N', et l'on fait reposer son extrémité sur le sol
et sur la perpendiculaire à la ligne de feu ; on applique
le niveau de maçon sur la ligne N'O, jusqu'à ce que le
fil passe par la division $\frac{1}{1}$, et l'on arrête par un piquet

la latte N'O. On peut se contenter de prendre NO =
N'N + 10 à 15 centimètres. On passe ensuite à la banquette, qui doit être parallèle au plan de défilement. On
plante sur la perpendiculaire à la ligne de feu une perche P à la distance de $0^m43 + 1^m20$ du point G, et l'on
détermine le passage du plan de site sur cette perche,
soit en P'; en supposant le plan de défilement à 1^m50
au-dessus du plan de site, la banquette serait à 0^m20
au-dessus du plan de site, pour rester à 1^m30 au-dessus de la ligne de feu.

On prendra donc au-dessus du point P' une longueur
de 0^m20; au point P'', ainsi déterminé, on cloue une
latte qu'on fixera en G'' à 1^m30 au-dessous du point G'
sur la perche G'G; plaçant ensuite une latte en G', et
lui donnant l'inclinaison de $\frac{1}{3}$ à l'aide du niveau de
maçon, on aura le talus intérieur.

Pour le talus de banquette, il suffit de clouer une
latte en P'', et de l'incliner à $\frac{2}{1}$ sur le terrain à l'aide du
niveau de maçon. Pour plus de solidité, on la cloue à
un piquet enfoncé dans le sol.

Le second profil, en H, sera construit par dégauchissement. Ainsi, après avoir mené la perpendiculaire HH'
à la ligne de feu, coupé la perche H à hauteur du plan
de défilement, on fixe en ce point une latte qu'on incline
plus ou moins, jusqu'à ce qu'elle soit dans le plan de la
latte homologue G'N' du premier profil, et ainsi de suite
pour les autres lattes du profil.

Après avoir construit les profils I et J comme les deux
précédents, on passe au profil en capitale C. On plante
une perche C' sur le prolongement des lignes NV et J'I'
représentant sur le terrain le tracé de la crête extérieure des profils des deux autres faces. La plongée CC'

est arrêtée en C par un clou et dégauchie dans le plan de chaque plongée. On opère de même pour les autres lattes du profil. On peut également opérer comme nous l'avons indiqué page 90 (*fig.* 49).

Le profilement est ainsi achevé, et il n'y a plus qu'à exécuter le terrassement comme nous l'avons indiqué.

REVÊTEMENT.

Les talus qui ont une pente plus raide que l'inclinaison naturelle des terres ont besoin d'être revêtus, c'est-à-dire d'être soutenus par des parements artificiels; tels sont le talus intérieur, les talus qui terminent les faces d'un ouvrage ou d'un passage, ceux des abris et quelquefois ceux des fossés. En campagne, il n'y a pas à songer aux revêtements en maçonnerie, dont la construction serait trop longue, et d'ailleurs ce moyen ne serait pas toujours sans inconvénient sur les points exposés aux coups de l'artillerie, car les éclats de pierre blesseraient les défenseurs.

Revêtements employés en campagne.

Les revêtements employés en campagne, selon le temps et les moyens dont on dispose, sont les revêtements

En gazons,

En fascines,

En clayonnage,

En gabions,

En saucissons,

En sacs à terre,

En pisé,

En charpente.

Comme on le voit, les matériaux nécessaires sont empruntés à la terre ou au bois.

Revêtements en gazons.

On choisit une prairie dont l'herbe soit fine et serrée, on fauche cette herbe aussi près que possible.

Dimensions des gazons.

Les gazons doivent avoir 0^m35 de longueur, 0^m30 de largeur et 0^m15 d'épaisseur. Après les avoir levés, on les retaille de manière qu'ils aient 0^m30 de longueur, 0^m25 de largeur et 10 à 12 centimètres d'épaisseur.

Levage des gazons.

Le levage des gazons se fait de la manière suivante. On divise le terrain, au moyen du cordeau, en bandes de 0^m30 de largeur ; avec un louchet triangulaire qu'un

Figure 63.   Figure 69

homme tient dans un plan vertical, et que deux autres hommes tirent en avant au moyen d'une corde, on trace le long des raies obtenues par le cordeau des traits de la profondeur voulue (0^{m}15). On peut remplacer le louchet par une pelle bien effilée qu'un homme dirige et que deux autres hommes tirent au moyen d'une corde attachée à la douille de la pelle. On trace de la même manière d'autres traits perpendiculaires aux premiers et distants de 0^{m}35 les uns des autres. Les gazons sont ainsi découpés. On les lève au moyen d'une pelle ou d'un louchet carré dont le fer forme avec le manche un certain angle. Trois hommes peuvent ainsi couper et lever de 1,000 à 1,200 gazons dans une journée de 10 heures, soit de 100 à 120 par heure.

Transport.

Le transport se fait au moyen de brouettes, quand on peut s'en procurer ; chaque brouette contient quatre gazons. Deux hommes chargent au départ, deux autres déchargent les brouettes, et, suivant la distance, on détermine le nombre de porteurs. Un porteur peut faire 450 voyages par jour à un relais de 30 mètres et transporter 1,800 gazons. Cependant ce sont là des chiffres maximum. On doit calculer sur 45 gazons par mètre courant de talus intérieur plus un dixième pour les déchets.

Exécution du revêtement.

L'opération du revêtement se fait comme suit : On construit tout d'abord de petits profils avec trois tringles, l'une horizontale, une autre inclinée suivant la pente du talus ; la troisième réunit les deux autres et assure cette inclinaison (*fig.* 70).

Figure 70.

Des piquets assujettisent les tringles et les maintiennent dans un plan vertical. On place ces profils tous les 15 à 20 mètres, et on les relie par un cordeau bien tendu qu'on élève horizontalement à mesure de l'avancement du travail.

Pour éviter de multiplier les profils, on peut se servir d'une fausse équerre composée de trois règles et de deux piquets (*fig.* 71).

Disposition des gazons (*fig.* 72).

Pour placer les gazons, on prépare au pied du talus un encastrement de 5 à 6 centimètres de profondeur, et

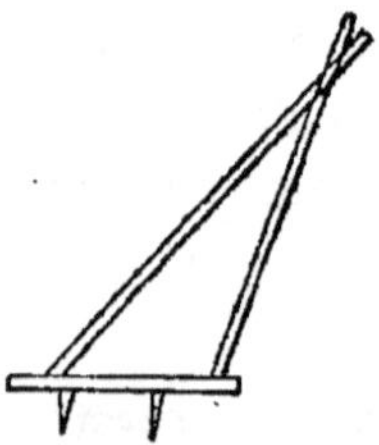

Figure 71.

l'on y place une première couche de gazon, l'herbe en

dessous. Les gazons sont disposés en *boutisses* et *panneresses*, à raison de deux panneresses pour une boutisse, et quelquefois alternativement en boutisses et panneresses.

Les gazons sont en panneresses quand le grand côté est parallèle au cordeau; en boutisses quand ce côté est perpendiculaire au cordeau, c'est-à-dire au talus. Cette

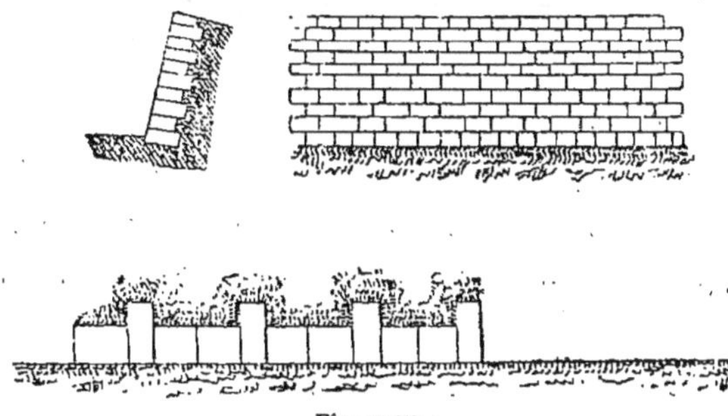

Figure 72.

première assise construite, on en dispose une seconde, un peu en retraite sur la première, suivant la pente du talus et de manière que les pleins soient sur les joints de la première assise. On continue de même par couches horizontales, en garnissant en arrière de terre bien damée à mesure qu'on s'élève; pour mieux assurer la liaison des gazons entre eux, on les traverse de petits piquets qu'on a soin de ne pas choisir trop forts, afin de ne pas déchirer les gazons; on peut en traverser deux ou trois à la fois au moyen de ces piquets. Le travail achevé, on recoupe tous les gradins suivant la pente du talus. Le dernier rang est placé l'herbe en dessus.

Un homme ne peut faire que 5 à 6 mètres carrés de revêtement par jour. Il faut, avons-nous dit, de 40 à

45 et même 50 gazons par mètre carré de revêtement. On organise le travail par atelier de 3 hommes, dont l'un présente les gazons, un second les pose, et le troisième les garnit de terre en arrière. La pente du talus peut aller jusqu'à $\frac{1}{4}$.

Le revêtement se fait en même temps que la construction de l'ouvrage; on conçoit dès lors qu'il faut faire entrer un élément de plus dans le calcul du nombre de travailleurs nécessaire.

Autre méthode.

Quand on n'a pas à résister à la poussée des terres, on emploie la méthode dite en placage. On applique les gazons contre le talus l'herbe en dessus, et tous dans le même sens. Dans les rangs successifs, les pleins correspondent aux joints; on maintient les gazons par des petits piquets, à raison de deux piquets par gazon. On les arrose pendant le travail, et on a soin de conserver les racines, pour que les gazons puissent reprendre et s'attacher au terrain. Ce procédé est plus expéditif et l'on économise beaucoup de gazons; 14 à 15 suffisent par mètre carré, et deux hommes peuvent revêtir 20 mètres carrés par jour. Mais ce genre de revêtement manque de solidité pour peu que les gazons ne reprennent pas bien. Dans la première méthode, les boutisses assurent l'adhérence de la masse au talus, et il faut en faire usage dans les talus à pentes raides.

Quand on emploie le revêtement en gazons pour les talus très-raides, il est bon de le relier de 2^{m}50 en 2^{m}50 au massif au moyen d'ancres en bois (*fig.* 73).

AB est le jas appliqué au parement; CD la verge qui

le relie aux bras E, qui sont retenus dans les terres par deux piquets et placés horizontalement.

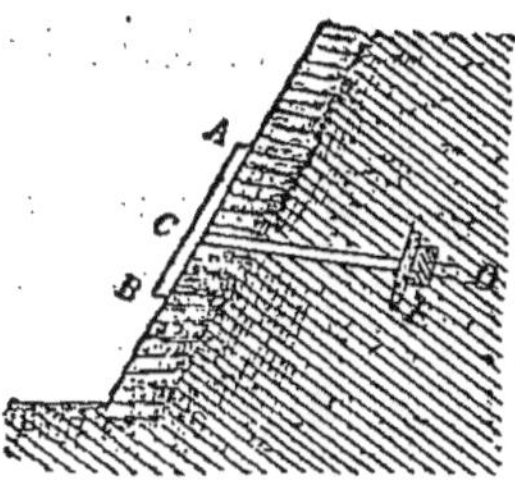

Figure 73.

La verge rencontre le talus au $\frac{1}{3}$ de sa hauteur.

Dimensions : Jas = 1^{m}20 de long, verge = 1^{m}40, bras = 1^{m}20.

Quand on ne peut se procurer des brouettes pour le transport des gazons, on se sert d'un cheval de bât, de civières, ou bien on les transporte à bras. Un homme en une journée ne transporte à bras que 600 gazons à 36 mètres de distance ; il en transporte 3,600 avec une civière. Un cheval de bât en transporte 300 à 500 mètres, soit à peu près 1 mètre cube.

Revêtement en fascines.

Les fascines sont des fagots de menus branchages de 2 mètres de long et 0^{m}22 de diamètre.

Confection des fascines.

Elles se font de la manière suivante :

On commence par faire un certain nombre de chevalets ; il en faut trois pour faire une fascine. Ces cheva-

lets se composent de deux gros piquets de 1^{m}75 de long
et de 0^{m}8 à 0^{m}10 de diamètre. On les enfonce en terre
en les croisant de manière que leur point de contact
soit à 0^{m}60 au-dessus du sol. On peut les clouer au point
de contact ou les réunir par une hart ou un bout de
corde (*fig.* 74).

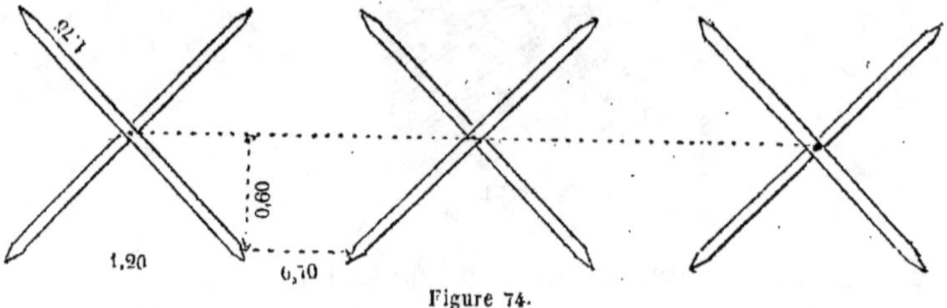

Figure 74.

Les deux pieds sont à 1^{m}20 l'un de l'autre.

Les chevalets sont espacés de 0^{m}60 à 0^{m}70. L'angle
supérieur du chevalet est de 90 à 100 degrés. Pour que
la fascine soit plus ronde, il faut qu'elle approche le
moins possible du sommet de cet angle, que l'on garnit,
à cet effet, en liant les piquets avec de la corde. Les piquets doivent être bien alignés dans chaque côté, de façon
que les trois sommets des angles soient en ligne droite.
Enfin, nous l'avons dit, chaque piquet est enfoncé
de manière que le croisement se fasse à 0^{m}60 au-dessus
du sol.

Les harts.

Les harts sont de menues branches rendues flexibles
par la torsion.

Les harts se font de chêne, de bourdaïne, de coudrier,
de saule, d'osier. Il faut que les harts soient bien tor-
dues pour être flexibles.

Pour bien tordre et pour faire la boucle de la hart, placez sous le pied le petit bout de la hart, à l'endroit qui commence à être assez fort pour former la boucle; de là, commencez à tortiller la hart sur elle-même de la main droite, en tenant le gros bout dans la gauche en l'air, sans l'empêcher de tourner par ce bout, mais seulement du petit, en tenant ferme le pied; continuez de tourner, en remontant et vous redressant lorsque vous sentez que par le tortillage le bois a perdu sa raideur, et finissez lorsque la partie tortillée suffit à embrasser la fascine ou le saucisson. Formez la boucle en faisant un nœud allemand qui puisse laisser passer librement le gros bout de la hart.

Nœud allemand. Faites une boucle; faites tourner en entier autour d'un des brins celui qui le croise, en le faisant croiser sur lui même, et passez-le dans la boucle.

Exécution.

Les chevalets étant établis et les harts préparées, on place sur les chevalets des brins de bois coupés en sifflet et débarrassés des feuilles, ainsi que des rameaux qui ne peuvent se plier dans le sens de ce brin; les parties tortueuses sont redressées au moyen d'un coup de serpe donné dans le rentrant du coude. On couche alternativement un brin de bois à chaque bout du rang des chevalets, les sifflets tournés du côté de l'axe des fascines, les rameaux s'entrelaçant vers le milieu, en sorte que la fascine ait la longueur voulue. Les brins de bois du côté du sifflet ne doivent pas se dépasser, mais former une espèce de tranche verticale. Dans les endroits où les bois inégalement fournis de rameaux laissent des vides, on

insère quelques branchages. Quand la grosseur paraît
convenable, on serre le tout avec une grosse corde nommée *cabestan*, terminée par deux boucles dans lesquelles
on engage des leviers qui permettent de serrer la fascine,
qu'on maintient ainsi pour fixer les harts. On donne à
la fascine une forme cylindrique à mesure qu'on serre,
en arrangeant à la main les brins de bois, dont on maintient les sifflets au dedans, sans quoi la fascine paraîtrait
diminuée à ses extrémités. On continue à serrer jusqu'à
ce que le faisceau ait un peu moins que la circonférence
qu'il doit avoir, parce que les harts ne serrent jamais
aussi bien que le cordage.

Placement des harts.

On commence à placer une hart à 0^m25 des extrémités ;
on en fixe cinq ou six sur chaque fascine, et l'on scie les
bouts carrément. Voici la manière de placer une hart :
Après avoir entouré le faisceau de la hart, on passe le
bout dans la boucle, avec le pied on la serre contre le
faisceau, puis la contenant avec le pied, on la tord au-
dessus de la boucle, en sorte que faisant une espèce de
spirale sur elle-même elle arrête la boucle : c'est ce qu'on
appelle le nœud. Tous les nœuds doivent être du même
côté. Le nœud fait, on passe le restant de la hart entre
les brins de bois de la fascine.

Il faut trois hommes pour confectionner une fascine en
vingt minutes. Deux hommes disposent les branches sur
les chevalets, et serrent les fascines avec le levier et le
cabestan ; le troisième prépare et attache les harts.

Saucissons.

Le saucisson est une grosse fascine de 4 à 6 mètres de longueur et de 0,33 de diamètre. On emploie pour le faire soit des fascines, en nombre variable suivant la longueur du saucisson, soit le même procédé que ci-dessus. Mais il faut six chevalets à 1 mètre l'un de l'autre pour un saucisson de 6 mètres. Les harts sont placées à 0,25 ou 0,30 de chaque extrémité, et à 0,50 l'une de l'autre. Un saucisson de 6 mètres doit être fait par quatre hommes en trois heures. Comme il est difficile de trouver des branches de 4 à 6 mètres de longueur, et comme les gros bouts doivent être à l'extérieur, il s'ensuit qu'au centre le saucisson n'aura pas la même épaisseur. Il faut donc garnir le saucisson en introduisant au centre d'autres branchages.

On taille les brins en sifflet, afin qu'ils puissent s'engrener les uns dans les autres quand on fait le revêtement.

Exécution du revêtement en fascines (fig. 75).

On place d'abord au pied du talus une rangée de fas-

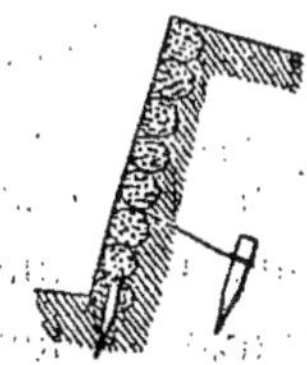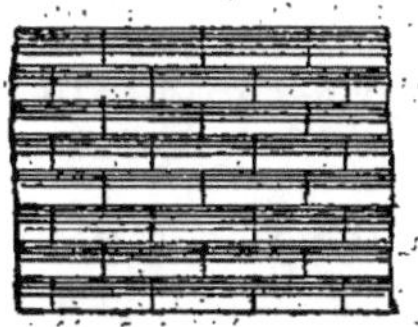

Figures 75.

cines à demi-enterrées dans le sol, puis une seconde au-dessus de la première, en suivant la pente du talus, et en ayant soin de faire croiser les joints ; les nœuds des harts sont tournés du côté des terres. De distance en distance, la seconde rangée est fixée à la première par des piquets ; de même, chaque rangée est liée à la précédente par quelques piquets. On pose les rangs successifs à mesure que s'élève le remblai, en ayant soin de bien damer la terre en arrière. Pour résister à la poussée des terres, qui ferait bomber le talus, on met à partir de la troisième rangée deux harts de retraite par fascine, attachées à celle-ci, et fixées à de forts piquets plantés dans le massif en dedans du talus formé par la pente naturelle des terres (à 1 mètre au moins généralement), c'est-à-dire au delà du prisme d'éboulement.

Pour le raccordement des angles, on fait pénétrer successivement dans chaque revêtement les fascines de l'autre, en faisant recroiser alternativement l'une au-dessus de l'autre les fascines de chacun des deux parements ; on fait disparaître à la scie les portions qui dépassent.

Un atelier de quatre hommes fait 2 mètres carrés de ce revêtement en une heure. Il convient parfaitement pour les talus raides, ne donne point d'éclats dangereux sous le choc des projectiles ennemis, et résiste très-bien au vent des pièces d'artillerie.

Cas où le talus existe déjà.

Quand le talus à revêtir existe déjà, on applique les fascines contre ce talus, et on les maintient comme suit : On place devant chaque fascine, ou de 2 en 2 mètres, un gros piquet planté au pied du talus et appuyé contre la fascine ; on le relie à la masse couvrante par deux harts, l'une à mi-hauteur, l'autre en haut du revêtement, attachées à un autre piquet enfoncé dans le massif. On est donc obligé de fouiller le massif par des tranchées, de 2 en 2 mètres.

Exécution du revêtement en saucissons.

On place le premier rang de saucissons au pied du talus, en l'enterrant à moitié dans le massif; les nœuds des harts sont en dedans du parapet; deux saucissons consécutifs sont placés bout à bout, mais de manière à faire engrener les sifflets; pour cela, on relève les bouts de l'un et de l'autre et on les entasse à coups de maillet. Cela s'appelle *larder* le saucisson. Les saucissons doivent être maintenus par des piquets espacés de 1 mètre. On maintient les rangées successives et on les dispose comme dans le revêtement en fascines.

Emploi.

Ce revêtement, très-solide, s'emploie pour le talus intérieur, mais surtout pour les joues d'embrasures, les magasins à poudre, les passages et les profils de tranchées. Il a l'inconvénient d'exiger beaucoup d'hommes, de temps et de bois.

Il faut, pour la construction d'un saucisson, 4 hommes, 2 serpes, 2 leviers, un bout de mèche pour mesurer la grosseur du saucisson et une corde dite cabestan de 2 mètres de long, avec une boucle à chaque extrémité pour passer les leviers et serrer les saucissons.

Revêtement en clayonnage.

Construction d'une claie (*fig.* 76).

Les claies se composent de menus branchages entre-
lacés autour de piquets disposés à cet effet. Pour faire

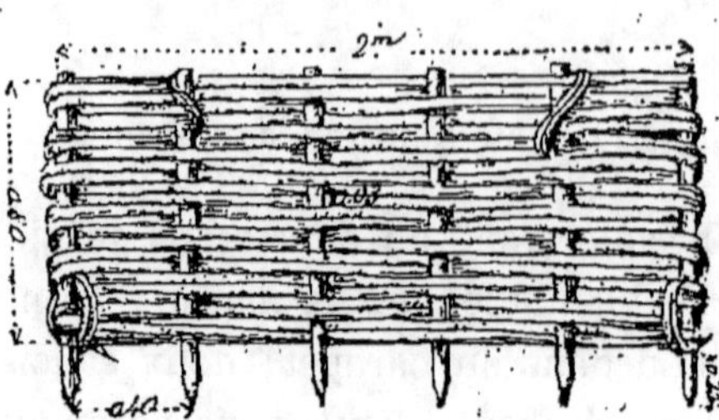

Figure 76.

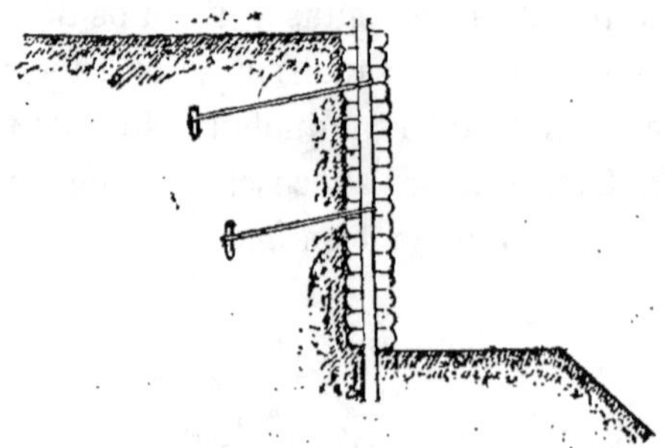

Figure 76 bis.

une claie, on dispose 6 piquets à 0ᵐ40 les uns des
autres et sur une ligne droite. Les piquets ont 1 mètre
de longueur et 0ᵐ03 de diamètre ; ils doivent dépasser
le clayonnage de 0ᵐ20 par le bas, afin qu'on puisse
planter la claie au pied du talus. Le clayonnage a 0ᵐ80
de hauteur et 2 mètres de longueur. Les piquets étant
disposés, on prend deux clayons à la fois et on les en-
trelace l'un au-dessus de l'autre en même temps qu'autour des piquets ; on serre à la masse les divers rangs
de clayons et on les fixe aux piquets par quatre harts en
haut et quatre en bas. Les brins sont coupés aux deux

extrémités de la claie, sauf quelques-uns, que l'on a enroulés autour des piquets extrêmes pour maintenir ces piquets latéralement. Trois hommes font une claie en deux heures environ.

Exécution du revêtement (*fig. 76 bis*).

Le revêtement peut se faire en même temps qu'on élève le parapet, ou après le remblai.

Lorsque le revêtement en claies se fait en même temps que le parapet, on plante la claie au pied du talus à revêtir, en lui donnant l'inclinaison que doit avoir celui-ci. Les piquets sont enfoncés à 0^m20 ou 0^m25 ; on tasse la terre en arrière et l'on continue le remblai. A mi-hauteur, on place trois harts de retraite, une au milieu et une à chaque extrémité. Si une claie ne suffit pas, on en place une seconde un peu en retraite au-dessus de la première, et fixée de la même manière ; les piquets auxquels sont fixées les harts de la dernière claie sont enfoncés à 0^m30 au-dessous de la plongée dans le massif, et toujours au delà du prisme d'éboulement.

Un atelier de deux hommes exécute 2 mètres carrés de ce revêtement en une heure.

Si le revêtement est exécuté après le remblai, on

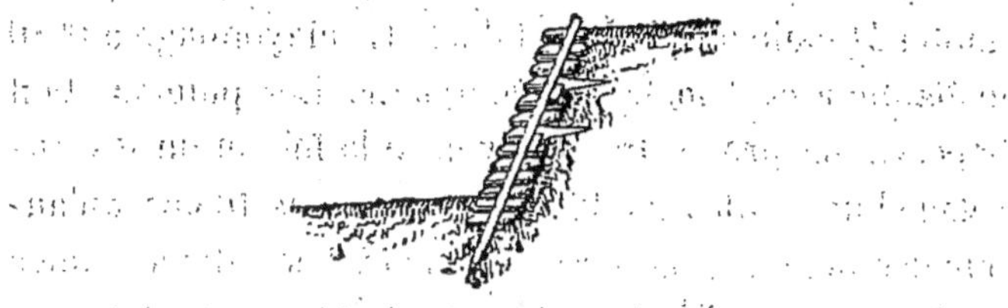

Figure 77.

maintient la claie contre le parapet par des harts qui

sont fixées à des piquets crochus enfoncés normalement dans le massif. Ces piquets sont espacés de mètre en mètre (*fig.* 77).

Clayonnage sur place.

Lorsque le clayonnage se fait sur place, on l'élève en même temps que le remblai. On place une succession de piquets au pied du talus, de manière qu'ils soient espacés entre eux d'environ 0^{m}40 et qu'ils aient l'inclinaison voulue; on clayonne directement, en ayant soin de fixer les divers piquets par des harts à d'autres piquets noyés dans le massif, afin de les maintenir dans la direction.

Trois hommes font environ 1^{m}50 de revêtement par heure.

Les clayons et piquets doivent être de bois durs, tels que chêne, noisetier, cerisier, etc.

Revêtement en gabions.

Le revêtement en gabions n'est guère employé que dans les travaux de siége. En fortification passagère, on ne s'en sert que pour les traverses et les magasins.

Les gabions sont des cylindres en clayonnage ressemblant à des paniers sans fond. Ils se confectionnent de la même manière que les claies, excepté que les piquets sont placés sur une circonférence au lieu d'être en ligne droite.

On emploie en France deux modèles de gabions :

Le gabion d'artillerie ayant 1 mètre de haut sur 0^{m}56

de diamètre intérieur, le gabion du génie ayant 0ᵐ80 de haut sur 0ᵐ65 de diamètre intérieur.

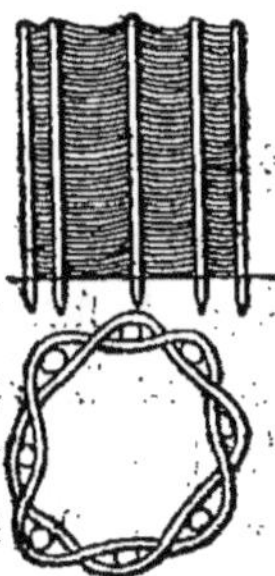

Figure 78.

Ces dimensions sont déterminées par l'emploi du gabion dans l'une et l'autre armes. Ainsi, l'artillerie ayant à faire souvent des revêtements de 1 mètre de hauteur, a donné 1 mètre de haut à son gabion. Dans le génie, on se préoccupe de donner une largeur qui permette de le remplir avec facilité, de là 0ᵐ65 de largeur. Dans l'un et l'autre cas, les dimensions sont réglées de telle sorte que le gabion soit porté par un homme.

Pour faire un gabion, il faut trois hommes munis d'une serpe, d'un maillet et d'un cercle directeur de 0ᵐ55 de diamètre, placé sur le sol aplani, et présentant huit crans aux sommets d'un octogone régulier (*fig.* 79).

Ces crans indiquent l'emplacement des piquets que l'on plante, quatre par le gros bout et quatre par le petit bout alternativement, de manière à leur faire dépasser le sol de 0ᵐ80. Le clayonnage se fait comme nous l'avons expliqué pour la claie ; seulement il faut qu'un homme se tienne à l'intérieur du gabion pour maintenir les piquets verticalement. Les clayons sont

maintenus par quatre harts attachées à des piquets situés aux extrémités de 2 diamètres perpendiculaires,

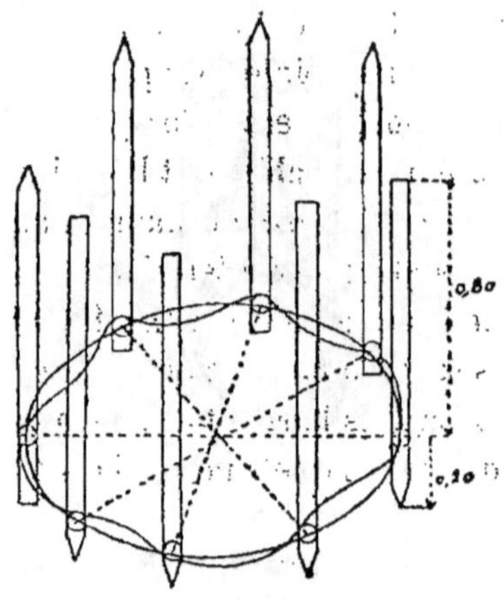

Figure 70.

puis on retourne le gabion, et l'on attache également
une hart à chacun des quatre autres piquets.

On peut économiser un homme en se servant d'un
cercle directeur composé de deux cerceaux maintenus
par des tasseaux et placé à mi-hauteur du gabion ; on
clayonne d'abord la partie supérieure, on retourne ensuite le gabion, on enlève le cercle directeur et l'on
achève le clayonnage. On a ainsi économisé l'homme
placé à l'intérieur du gabion dans la première méthode.
Un atelier de trois hommes fait un gabion en une heure
par la première méthode, deux hommes font un gabion en trois quarts d'heure par la seconde.

Exécution du revêtement.

Avec les gabions d'artillerie, et lorsqu'on ne dépasse
pas la hauteur de 1 mètre, on place les gabions l'un

près de l'autre, les pointes des piquets enfoncées dans le sol ; avec ceux du génie, ou lorsque la hauteur du talus à revêtir dépasse 1 mètre, les gabions sont encastrés un peu dans le sol, les pointes des piquets en l'air ; deux fascines sont enfoncées entre les pointes ; on remplit de terre l'intérieur des gabions et les joints. On met en retraite une seconde rangée de gabions au-dessus de la première, et l'on place, pour terminer, un rang de fascines qui forme la crête du talus (*fig.* 80 et 81).

Les gabions sont d'ailleurs maintenus contre la poussée des terres par des harts attachées aux piquets des gabions et à d'autres piquets noyés dans le massif.

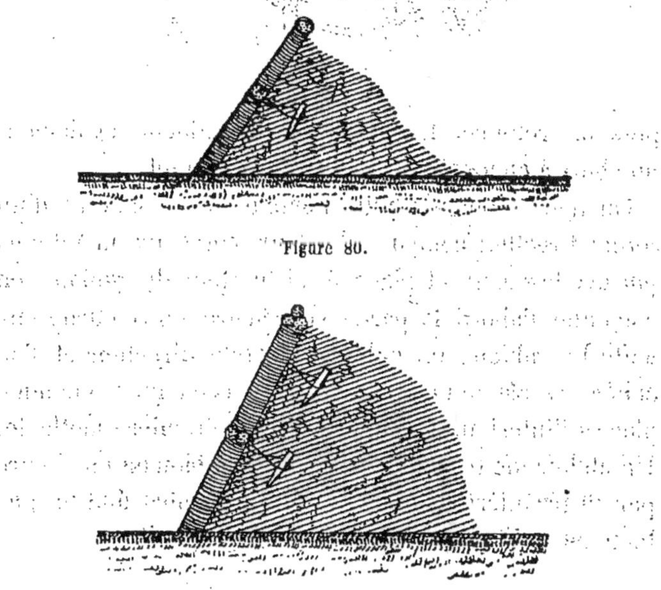

Figure 80.

Figure 81.

Quatre hommes dont deux posent et ancrent les gabions, et dont les deux autres les garnissent, placent environ 15 gabions en une heure, ce qui donne de 7 à 8 mètres carrés de revêtement.

L'artillerie emploie très-souvent les gabions pour revêtir les joues d'embrasures.

On peut s'en servir pour la construction rapide d'un retranchement ou d'une traverse.

On remplit de terre ou mieux de sable deux, trois rangées de gabions de 1^{m}60 à 1^{m}80 de hauteur, couronnées de fascines. Les terres sont prises dans une tran-

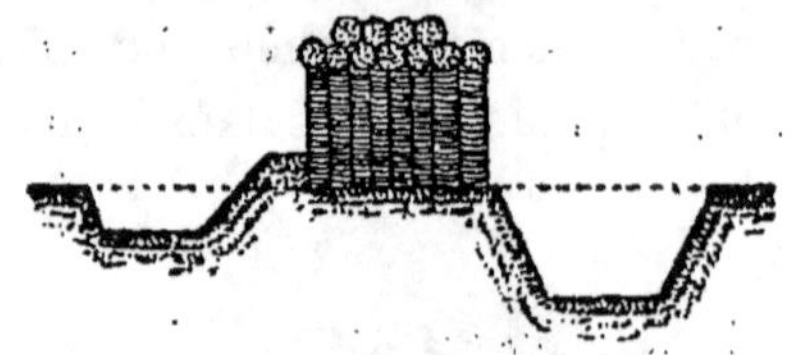

Figure 82.

chée creusée en avant. Pour être couvert à 2^{m}50, il suffirait de creuser en arrière une autre tranchée de 0^{m}50 de profondeur dont les terres serviraient à élever une banquette à 1^{m}30 au-dessous de la ligne de feu (*fig.* 82).

Des tonneaux remplis de terre peuvent remplacer les gabions et servir à la construction rapide d'un tel retranchement.

Pour élever une traverse, on établit deux rangées de gabions couronnés d'une rangée de fascines, et l'on met au-dessus deux autres rangées de petits gabions de 0^{m}80 de hauteur, également couronnés de fascines.

Revêtement en sacs à terre.

Les sacs sont en toile grossière, et doivent avoir, quand ils sont vides, 0^{m}65 de longueur sur 0^{m}33 de largeur. On les remplit de terre aux $\frac{2}{3}$, ce qui leur donne un poids de 20 à 25 kilogrammes, et les dimensions suivantes : 0^m55 de longueur, 0^m25 de largeur, 0^m15 de hauteur.

Pour former un revêtement, on place les sacs alternativement en boutisses et panneresses, en mettant la partie nouée vers l'intérieur du retranchement. Les rangs se placent comme nous l'avons indiqué pour les gazons, en enfonçant la première rangée de 0^m10 environ dans le sol, et mettant les rangées successives en retraite pour suivre la pente du talus. Il faut 15 sacs environ par mètre carré. On peut les placer par panneresses seulement, et il n'en faut plus que 12 dans ce cas par mètre carré.

Pour remplir les sacs on organise des ateliers de trois hommes, dont l'un tient le sac ouvert, le second le remplit de terre, et le troisième le ferme au moyen d'une ficelle.

Souvent les sacs seront remplis et posés en même temps. Six hommes devront remplir et poser 100 sacs en une heure, ce qui donnera 5 mètres carrés de revêtement.

Emploi.

On emploie les sacs à terre pour les réparations de talus, et pour ceux qui doivent être élevés rapidement, comme les joues d'embrasures, sur un champ de bataille, dans un siége, etc.

On peut obtenir, avec ce mode de revêtement, des pentes de $\frac{1}{4}$.

Revêtement en pisé.

Le pisé est une terre pétrie et damée. Pour faire le pisé, on choisit une terre végétale, ni trop argileuse, ni trop sablonneuse ; on fouille le sol à 0^m70 ou 1 mètre, et l'on débarrasse la terre, au moyen du râteau, des racines et des pierres plus grosses qu'une noix. Cette terre, relevée en tas, est mouillée à l'aide d'une pomme d'arrosoir de jardinier. Il faut qu'elle soit humectée de telle sorte qu'en en prenant une poignée elle puisse, étant jetée sur le tas, conserver la forme qu'on lui a donnée en la pressant dans la main. Cette terre pétrie et gâchée constitue un mortier auquel on donne le nom de pisé. On doit en préparer chaque jour la quantité nécessaire, et l'abriter en cas de pluie.

Exécution du revêtement.

On place de 2 mètres en 2 mètres de longs piquets suivant la pente du talus à construire, et à 0^m10 environ

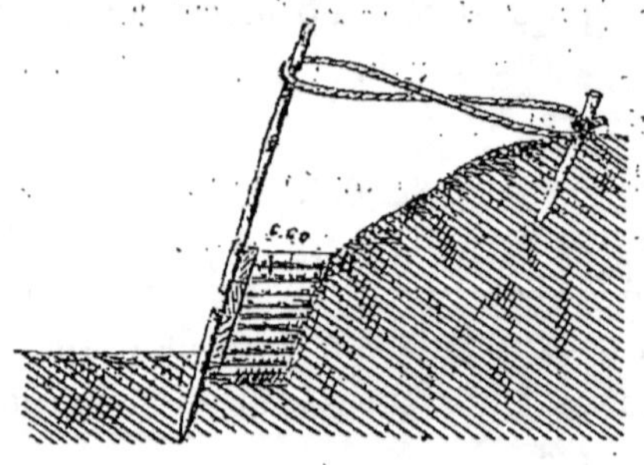

Figure 83.

de son parement ; ces piquets sont maintenus par des harts fixées à d'autres piquets enfoncés dans le massif.

On place ensuite contre les piquets directeurs de fortes planches ou madriers formant avec le remblai une espèce de coffre dans lequel se place le pisé par couches de 0ᵐ20 à 0ᵐ30 sur une épaisseur d'au moins 0ᵐ60. La première couche se place dans une petite fouille de 0ᵐ10 de profondeur. En même temps que se place chaque couche de pisé, on fait tomber du remblai la terre nécessaire pour qu'il y ait liaison complète entre le parement et le massif, et l'on dame fortement le tout ensemble (*fig.* 83).

Lorsqu'on ne prolonge pas les couches successives jusqu'à l'extrémité du talus, il faut avoir soin, à mesure qu'on s'élève, de les laisser en retraite les unes sur les autres.

Le talus achevé, on enlève le coffrage, et l'on sème de la graine de gazon ou de luzerne sur la surface du talus, en ayant soin de tenir cette surface légèrement humectée jusqu'à ce que l'herbe ait poussé. Après la maturité des graines, les herbes se dessèchent, et en retombant sur le talus, elles empêchent les eaux pluviales de le pénétrer et de le dégrader.

Le pisé résistera encore mieux si l'on peut l'arroser avec un lait de chaux.

On emploie le pisé pour le talus intérieur, les passages, rarement pour d'autres talus.

Revêtement en chiendent.

On choisit, autant que possible, des racines très-grandes. On en établit au pied du talus une couche de 0ᵐ12 à 0ᵐ45 d'épaisseur, les racines en dessous, c'est-à-dire dans le massif; on dame la terre par-dessus, puis

on fait un nouveau lit par-dessus, également surmonté
d'un lit de terre damée de 0ᵐ15 d'épaisseur, et ainsi de
suite, en arrosant au fur et à mesure. On recoupe ensuite le talus au louchet.

Revêtement en pierres sèches.

On se sert de ce revêtement pour les talus qui terminent les faces d'ouvrage, et pour la contrescarpe, à condition que la terre soit forte et ne donne que peu de
poussée. On évite l'emploi de la pierre pour les talus
exposés aux projectiles, car elle donnerait des éclats
dangereux pour les défenseurs.

Les pierres se posent par assises horizontales, la première assise enterrée à 0ᵐ10 ou 0ᵐ15 dans le sol. On
remplit l'intervalle des pierres par de la mousse, de la
terre, etc. La disposition des assises les unes au-dessus
des autres est semblable à celle des sacs à terre.

Deux maçons et trois manœuvres font 1 mètre de revêtement en une heure. Ce moyen est rarement employé en campagne. Il conviendrait surtout aux talus
intérieurs des abris.

Revêtement en charpente.

Ce revêtement est très-solide, mais exige des ouvriers
d'art, beaucoup de bois et de temps. L'officier de l'armée territoriale ne sera pas appelé à s'en servir. D'ailleurs, il n'est presque jamais employé en campagne, si
ce n'est pour quelques ouvrages construits en arrière
de l'armée, attendu qu'on a généralement pour soi dans

ce cas le temps et les moyens. Ces ouvrages appar-
tiennent à la fortification semi-permanente.

DÉFENSES ACCESSOIRES.

Définition.

On appelle défenses accessoires différents obstacles
créés pour embarrasser la marche d'une troupe qui se
porte à l'attaque d'un ouvrage, ou se dirige vers une
position militaire quelconque.

Règle générale, ces défenses doivent être soumises
au feu des défenseurs. Les principales sont :

Les palissades ;

Les palanques ;

Les petits piquets ;

Les abatis ;

Les chevaux de frise ;

Les chausse-trapes ;

Les trous de loup ;

Les haies de fil de fer ;

Les fougasses.

Palissades.

Les palissades sont des pièces de bois nommées *palis*,
provenant de corps d'arbres de 0^m30 à 0^m40 de diamètre
fendus en six ou huit pour obtenir des prismes triangulaires de 0^m15 à 0^m18 de longueur. Leur longueur est
de 2^m50 à 3^m50 : elles sont taillées en pointe, afin que
l'ennemi ne puisse poser le pied dessus, quelquefois

même on les garnit de clous pour le même objet. Les pointes ont une hauteur égale à une fois et demie leur largeur (*fig.* 84).

Les palis sont placés presque jointifs, espacés seulement de 0^m06 à 0^m08, pour qu'on ne puisse passer ni la main ni les jambes pour les escalader, ni un levier pour les abattre. Ils sont enterrés de 0^m80 à 1 mètre. On les maintient au moyen d'une pièce de bois nommée *liteau*, de 0^m08 à 0^m10 d'épaisseur sur 0^m10 à 0^m12 de largeur, sur laquelle on les arrête par des chevilles de bois nommées gournables.

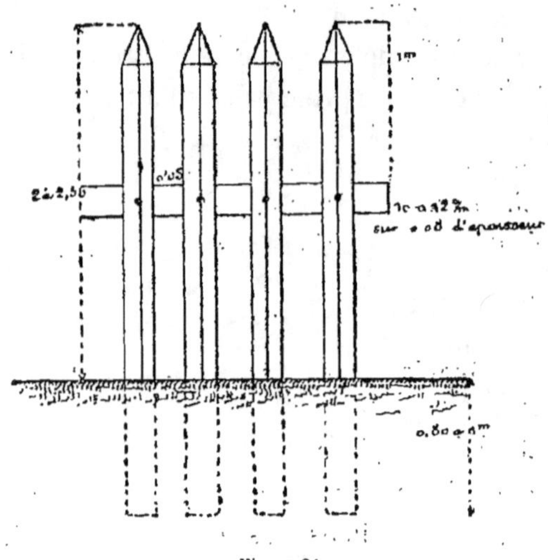

Figure 84.

Ces gournables sont enfoncées à coups de masse dans un trou commun fait avec une tarière dans la palissade et dans le liteau. On peut remplacer les gournables par des clous, mais seulement à défaut de gournables, car le fer en s'oxydant pourrit le bois. Il faut avoir soin de placer le liteau à 1 mètre au-dessous des pointes, pour qu'il ne puisse servir à enjamber la palissade.

Quand les palis sont ronds, ils ont de 0m18 à 0m25 de diamètre. Pour gagner du temps, il faudra donc tâcher de se procurer des troncs d'arbres de cette épaisseur, qu'on emploiera tels qu'ils sont en les taillant en pointes, et en les coupant à la longueur voulue. On aura soin aussi d'évider la partie qui devra recevoir le liteau, pour que celui-ci porte bien contre toutes les palissades. On compte quatre ou cinq palissades par mètre courant, ou mieux neuf à dix par 2 mètres courants.

Un atelier de quatre charpentiers doit faire dans la forêt 40 palissades par jour. Le bois étant abattu, quatre charpentiers feront 20 palissades par heure; un charpentier aidé de deux terrassiers en posera 40 par jour.

A défaut d'arbres, on peut encore employer les solives des planchers ou des traverses de chemins de fer.

Le bois de chêne est d'ailleurs celui qui convient le mieux.

Emplacement des palissades.

Les palissades se placent :

1° Au pied de la contrescarpe. Elles sont dans cette position très-bien abritées des feux de l'ennemi, et ne seront pas facilement détruites de loin par l'artillerie. L'espace compris entre les palissades et le talus peut être comblé par des fascines ou des sacs à terre, qui garantiront les assaillants des feux de flanc de l'ouvrage, et les palissades pourront être détruites par les sapeurs ennemis à l'aide de ce couvert. Cependant, on diminuera cet inconvénient en inclinant un peu la palissade vers le talus, et si les fossés sont flanqués, cette position sera l'une des meilleures (*fig*. 86) ;

2° Au pied de l'escarpe. Elles y seront facilement détruites par l'artillerie ennemie, et si le fossé n'est pas

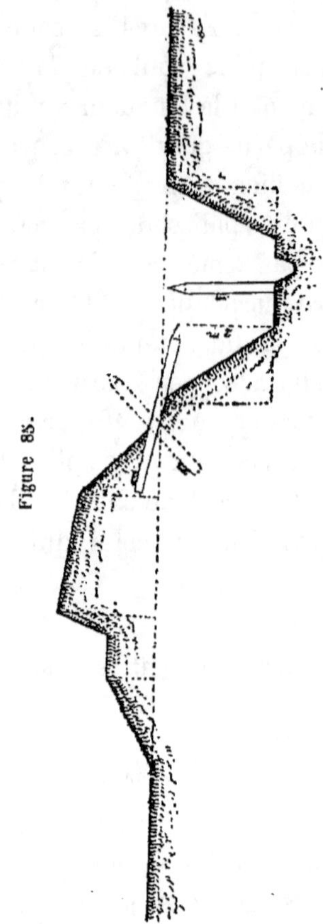

flanqué, elles y seront plus nuisibles qu'utiles en augmentant la masse de matériaux de nature à faciliter l'escalade, déjà répandus au pied du talus par l'éboulement des terres. En outre, les défenseurs du chemin couvert, s'il y en a un, seront exposés aux blessures résultant des éclats d'obus frappant derrière eux les palissades du pied de l'escarpe ;

3° Au milieu du fond du fossé, de manière à permettre le flanquement de la partie du fossé comprise entre elles et la contrescarpe. On creuse en avant des palissades un fossé de 1 mètre de profondeur, et on relève les terres en talus de leur côté. Les sapeurs ennemis auront alors de la peine à les détruire, car ils seront éloignés du pied de ces obstacles. Elles seront mieux défilées de l'artillerie ennemie que dans le cas précédent, sans pourtant échapper à ses coups. Ajoutons que dans certains cas, elles pourront servir de chevalets pour l'établissement d'un pont volant sur le fossé, si celui-ci n'est pas d'une largeur suffisante. Il faut alors éviter de leur donner cet emplacement, surtout si le fossé n'est pas flanqué (*fig.* 85) ;

4° En avant de la contrescarpe. Elles seront placées au pied du talus intérieur d'un glacis ou d'un avant-glacis, et inclinées. Dans cette position, qui est la meilleure, elles sont masquées des vues de l'ennemi et très-bien abritées de l'artillerie ; elles retiendront les assaillants sous le feu des remparts, et leur vue occasionnera dans les rangs ennemis un moment d'hésitation et de trouble très-favorable à la défense. Mais le temps joue un si grand rôle à la guerre, qu'on ne pourra pas toujours construire ce glacis ;

5° Sur la berme. Dans cette position, elles portent le nom de fraises. Elles sont inclinées vers le fossé sous un angle de 25 à 30° vers l'horizon, et ne doivent pas dépasser l'aplomb du pied de l'escarpe. Les pointes sont au moins à 2 mètres au-dessus du pied de l'escarpe.

Les fraises sont enfoncées à 1^{m}30 dans l'épaisseur du parapet, et maintenues par deux liteaux où *lambourdes*, l'un au-dessous à l'entrée en terre, l'autre en dessus à leur extrémité ; des chevilles en bois les fixent à ces liteaux. On compte au moins quatre fraises par mètre courant. On les pose vers les saillants abordables ou vers les angles morts ; aux angles, elles sont disposées en éventail (*fig.* 85).

Les fraises se placent en même temps que s'exécute le terrassement. Elles sont très-exposées aux coups de l'artillerie, même quand elles sont abritées par un glacis en avant. Mais elles ont cet avantage sur les palissades placées au pied de l'escarpe, qu'elles retiennent les terres du talus extérieur, et sont placées précisément aux points où doit s'effectuer le dernier effort des assaillants, qui se trouveront toujours gênés par celles d'entre elles que les obus auront épargnées ; or il en restera toujours, quels que soient les ravages de l'artillerie ennemie ; enfin, c'est au même moment que les défenseurs monteront sur la plongée pour opposer à leur tour une dernière résistance, et il est bon pour cet instant décisif de se ménager à tout hasard un obstacle qui puisse contribuer à briser l'élan de l'ennemi. Quoi qu'il en soit, comme il faut que les fraises soient placées en même temps que s'élève le parapet, ce qui retarde l'exécution de celui-ci, et qu'il est d'autres moyens plus avantageux qu'on doit e réserver et dont l'emploi n'apportera aucun retard à la construction de l'ouvrage, il est rare qu'on établisse des fraises, et, en effet, nous les voyons bien peu employées depuis cinquante ans ;

6° Sur la contrescarpe, inclinées vers le fossé. Les palissades portent encore le nom de fraises dans cette position. Ces fraises seront très-bien masquées aux coups de l'artillerie ennemie, surtout si elles sont abri-

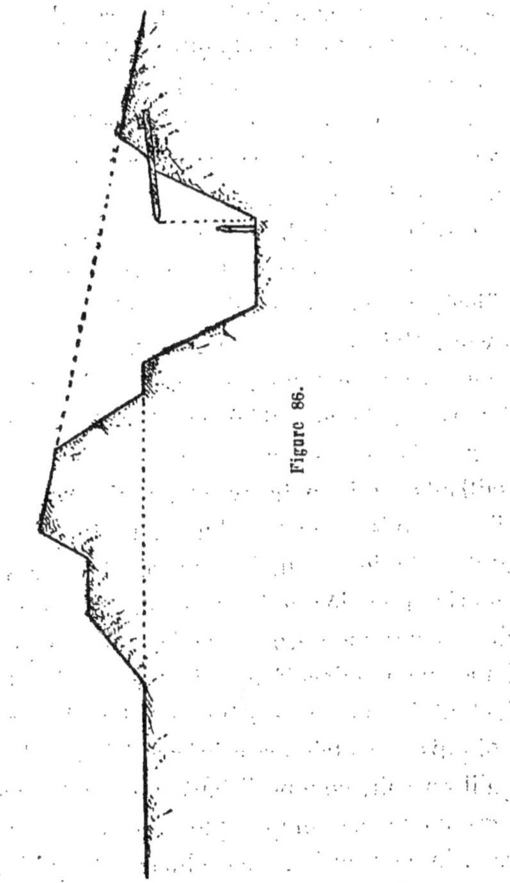

tées par un glacis. Si le fossé avait peu de profondeur, elles faciliteraient la descente; mais pour peu que le fossé ait une profondeur convenable, les soldats ennemis hésiteront à opérer cette descente, non-seulement à cause du danger de la chute, mais aussi à cause des dif- ficultés de la retraite en cas d'insuccès. D'ailleurs, on pourra encore augmenter les dangers de la descente en semant des chausse-trapes au pied de la contrescarpe, ou bien en y plantant des piquets. Enfin, n'oublions pas qu'au bord de la contrescarpe, l'assaillant est encore sous le feu des défenseurs, et non-seulement sous les feux directs du retranchement, mais encore, dans certains cas, sous les feux croisés des flancs et des faces, c'est donc encore là un bon emplacement pour les palissades (*fig.* 86) ;

7° Enfin, on emploiera encore les palissades, soit pour boucher l'intervalle entre les talus d'un passage et les barrières qui en assurent la fermeture de chaque côté, soit pour fermer la gorge d'un ouvrage. Elles ont dans ce dernier cas l'immense avantage de prémunir la défense contre un rapide mouvement tournant de l'ennemi, mais l'inconvénient de gêner les retours offensifs de la garnison en cas de prise du retranchement. Comme de deux maux il faut choisir le moindre, nous conseillons de fermer la gorge des ouvrages, non par des épaulements en terre, mais par des palissades que quelques obus des réserves pourront toujours détruire pour faciliter les retours offensifs avant que l'ennemi ait eu le temps de réparer le désordre inséparable d'une prise de vive force et de consolider la fermeture.

Palanques.

Les palanques sont de grosses palissades formées de pièces de bois équarries de 0^m20 à 0^m35 de côté, ou des troncs d'arbres de même diamètre ; elles ont une longueur de 3^m50 à 4 mètres, on les enterre d'environ 1 mètre.

Les palanques sont, comme on le voit, à l'épreuve de la balle (*fig.* 87).

Leur emploi.

On les emploie, soit pour fermer la gorge d'un ouvrage, soit pour former un retranchement. Dans le premier cas, nous leur préférons les palissades pour les motifs exposés ci-dessus; dans le second cas, des gabions ou tonneaux remplis de terre.

Quand on les emploie pour en former un retranchement, quel que soit le tracé adopté, l'ensemble porte également le nom de palanques. Si l'ennemi possède de l'artillerie, il faudra éviter ces sortes de retranchements, car les éclats de bois et d'obus auront bientôt tué, blessé, démoralisé les défenseurs. Elles convenaient parfaitement avec le boulet, qui n'y faisait qu'un trou, et auraient des effets désastreux avec l'obus à fusée percutante. Ainsi, on ne s'en servira comme retranchement que quand on n'aura pas à craindre l'artillerie. En voici la construction, pour ce cas particulier.

Les palanques enterrées de 1 mètre sont placées jointives. Dans le cas de pièces de bois équarries, on dispose de mètre en mètre, ou de trois en trois palanques, des créneaux A dans deux éléments contigus (*fig.* 87).

Hauteur intérieure des créneaux. 0^m30.
Largeur   — — 0^m08.

La partie supérieure CK est horizontale, la partie inférieure inclinée à $\frac{6}{1}$. Les joues ou parties latérales sont évasées au $\frac{1}{2}$ de l'intérieur à l'extérieur.

La hauteur du point H ou o (*fig.* 88) au-dessus du sol est de 2 mètres, pour que l'ennemi ne puisse pas emboucher les créneaux. La hauteur d'appui du créneau ne

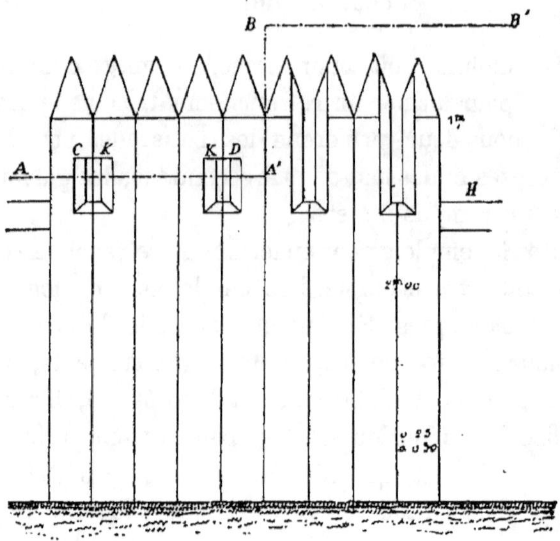

Figure 87.

devant être qu'à 1^{m}20, on construit intérieurement une banquette en madriers de 1 mètre de largeur, sur laquelle on arrive au moyen d'un gradin divisant en deux la hauteur de la banquette, ou mieux encore, on creusera en avant des palanques un fossé de 1^{m}50 à 2 mètres de profondeur, dont les terres pourront servir à l'établissement de la banquette.

On n'aura pas toujours le temps de construire des créneaux ; on se contentera souvent d'évider la partie supérieure de deux palanques contiguës, seulement ces créneaux découvriront la tête du soldat.

Quand on se servira de troncs d'arbres, on équarrira,

si on en a le temps, les parties qui doivent se juxtaposer ; dans le cas contraire, on disposera intérieurement

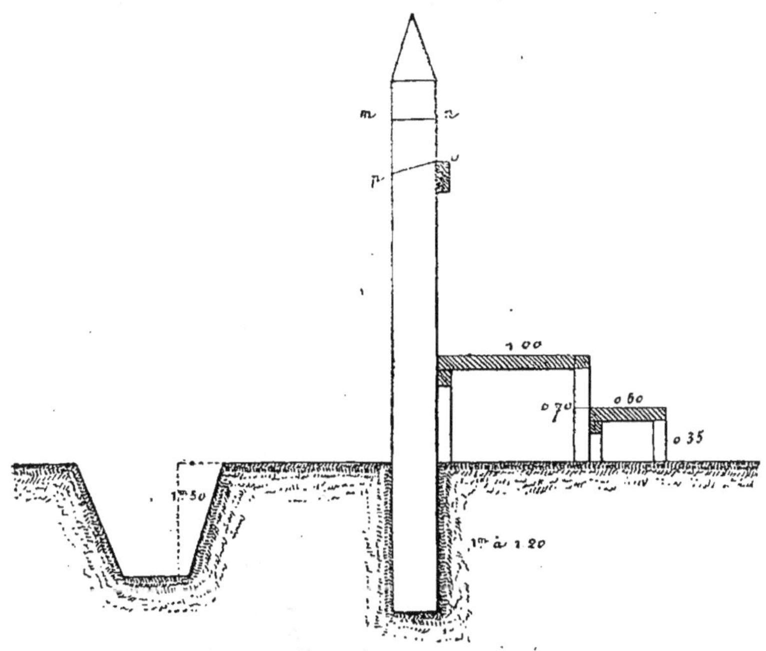

Figure 88.

de petites palissades rondes ou triangulaires entre les joints. Ces petites palissades sont arrêtées à la hauteur des créneaux qui se construisent en évidant la partie supérieure de deux rondins contigus (*fig.* 89 et 90).

Petits piquets ou piquets défensifs.

Ces piquets ont 0ᵐ05 à 0ᵐ06 de grosseur et une longueur de 0ᵐ50 à 0ᵐ80. Ils sont terminés en pointes, dépassant inégalement le sol de 0ᵐ20, 0ᵐ30, 0ᵐ50, et sont

espacés de 0ᵐ15 de manière qu'on ne puisse poser le
pied entre eux. On les plante assez profondément pour
qu'on ne puisse les arracher à la main. Une cheville

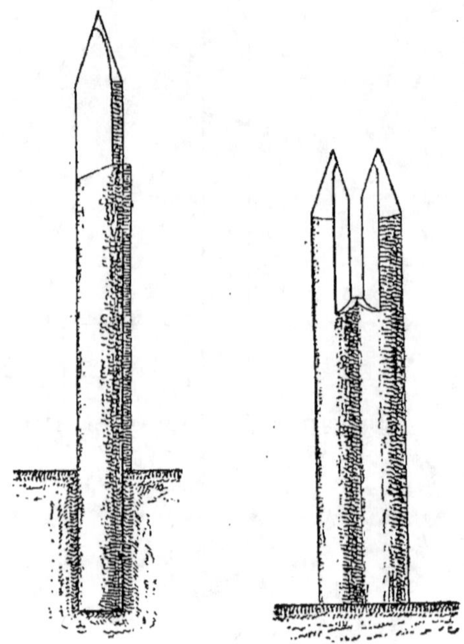

Figure 89.   Figure 90.

prépare les trous destinés à les recevoir; puis, on les
enfonce avec deux maillets dont l'un est percé d'un
trou conique qui permet de ménager la pointe du
piquet.

Emplacement.

Les petits piquets se placent dans les trous de loup
et dans leurs intervalles, dans les fossés sous les pointes

des fraises placées sur la contrescarpe, ou en avant des coffres flanquants, et sur le bord de la contrescarpe.

Dans ce dernier cas, on les plante sur une zone de 2 mètres et on les couvre d'un petit glacis, dont le plan est soumis aux feux du retranchement. Deux hommes font cinquante piquets par heure et mettent un temps égal à les enfoncer.

Abatis.

Les abatis sont des arbres de grosseur moyenne de 0^m28 à 0^m30 de diamètre, couchés sur le sol, à côté les uns des autres, de manière que les têtes soient tournées du côté de l'ennemi. On les débarrasse de leurs feuilles et de leurs menus branchages ; les grosses branches sont taillées en pointes : les branches doivent être entrelacées d'un arbre à l'autre et reliées par des harts ou des fils de fer. Les arbres sont fixés solidement au sol au moyen de piquets à crochets plantés de part et d'autre et reliés par des harts ou par des fils de fer.

Deux hommes munis de haches et de cognées peuvent abattre et élaguer par jour douze arbres de 0^m30 de diamètre. La poudre et la dynamite offrent un moyen d'abatage beaucoup plus expéditif. Dans un arbre de 0^m80 de diamètre on percera à la tarière deux trous formant un angle dont le sommet est au delà du centre de l'arbre; on y logera un peu plus d'une livre de dynamite. Par l'effet de l'explosion, l'angle de bois compris entre les deux trous est détruit et l'arbre renversé. On peut encore entourer l'arbre d'un saucisson de dynamite; il sera soulevé et jeté sur le sol ou fendu en longues éclisses dans le sens des fibres du bois. On renverse

un arbre au moyen de la poudre en plaçant au pied de
l'arbre un pétard contenant une charge de 18 kilogrammes de poudre, auquel on mettra le feu avec un
saucisson.

Emplacement.

Les abatis d'arbres sont placés :

1° En avant de la contrescarpe, sur un ou deux rangs,
sous la protection d'un petit glacis qui s'obtient en formant une tranchée en rampe jusqu'à 50 mètres au moins
en avant des fossés, pour que les éclats de bois ne puissent blesser les défenseurs du chemin couvert (*fig.* 91).

2° A la gorge d'un ouvrage de campagne.

3° Pour obstruer une route. Dans ce cas, si la route
est plantée d'arbres, on coupera ceux-ci à 1 mètre du sol,
non complétement, mais de la quantité nécessaire pour
que leur propre poids les fasse tomber dans un sens perpendiculaire à la direction de la route. Quand les têtes
des arbres ne se joignent pas bien, on en apporte d'autres
qu'on place dans les intervalles de manière à bien couvrir la chaussée.

4° Sur un champ de bataille, dans un chemin, sur le
front d'une position, sur la lisière d'un bois, etc., mais
toujours à 50 mètres au moins des défenseurs.

De fortes branches d'arbres suffiront souvent pour

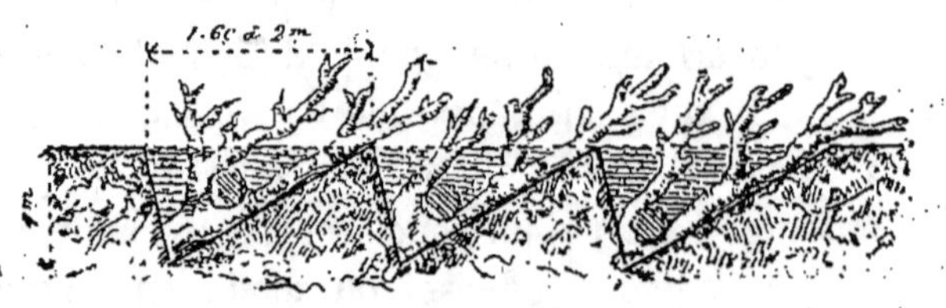

Figure 92.

produire de très-bons abatis. Quand on veut protéger l'approche d'un retranchement avec des abatis on creuse trois tranchées triangulaires à pente douce en avant, très-raide en arrière, et l'on y couche les branches qui doivent être taillées en pointes et dépouillées de leurs feuilles. Elles sont fixées au sol et reliées entre elles au moyen de piquets et de harts. La terre des tranchées est rejetée à 2 mètres en avant du premier rang, et sert à la construction d'un petit glacis ; sinon, on la rejettera au pied des branches et elle sera damée fortement (*fig.* 92).

On emploiera encore ces abatis pour retarder, embarrasser la descente du fossé. En conséquence, on creuse au pied de la contrescarpe une rigole de 0^m50 à 0^m60 de profondeur et de largeur, et l'on y appuie le gros bout des branches, qui sont couchées sur le talus et fixées par des piquets et des harts. On choisit, autant que possible, des branches ayant à peu près la profondeur du fossé.

Pour faire 140 à 150 mètres de semblable défense en dix ou douze heures, il faut employer, dit M. le capitaine du génie Maire :

4 hommes à faire la rigole,

8 hommes à dresser les abatis,

4 hommes à préparer les piquets à tête,

32 hommes à couper, préparer et appointer les branches, ce qui revient à dire qu'un homme en fait 3 mètres par jour.

Les abatis, nous n'avons pas besoin de le dire, sont d'un usage pour ainsi dire de chaque jour en campagne. Ils sont connus dès la plus haute antiquité. La victoire de Marathon, remportée sur les Perses par l'armée grecque sous les ordres de Miltiade, fut en grande partie le résultat de l'emploi judicieux des abatis.

Chevaux de frise.

Les chevaux de frise, ou chevaux espagnols, consistent en un corps d'arbre de 2 à 4 mètres de long, équarri

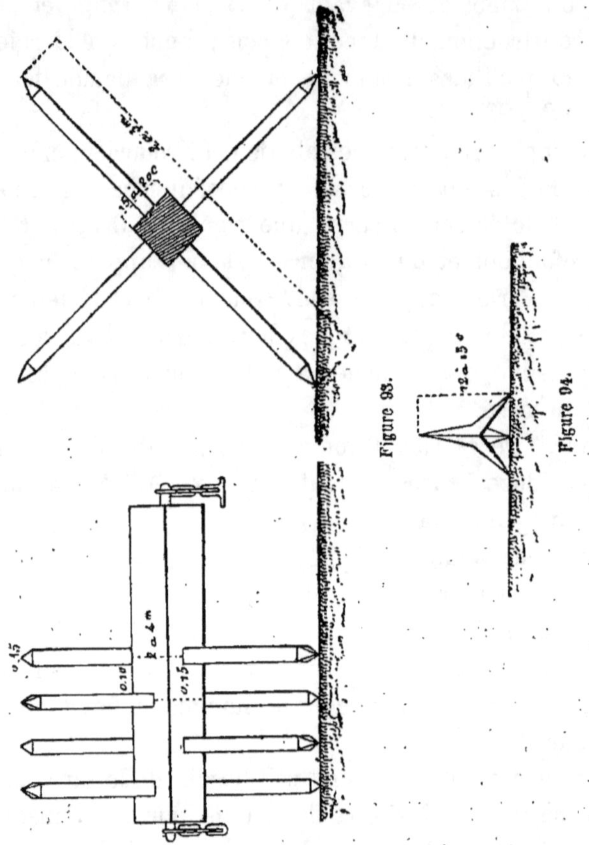

à 4, 6 ou 8 faces, traversé par des lances de bois de 2 à

3 mètres de longueur sur 0ᵐ05 de diamètre. Les faces du noyau ont 0ᵐ20 lorsqu'elles sont au nombre de 14, 0ᵐ15 quand il y en a 6, et 0ᵐ115 quand il y en a 8, ce qui est le cas le plus rare. Les lances sont ferrées à leurs extrémités, quand on le peut; elles sont placées perpendiculairement à l'axe du noyau dans des plans perpendiculaires entre eux, et écartées de 0ᵐ10 à 0ᵐ15. La longueur de 2ᵐ50 à 3 mètres permet le transport du cheval de frise; mais il faut les réunir les uns aux autres quand on les met en place; pour cela on met à chaque bout des chaînettes dont l'une est terminée par un T et l'autre par un anneau, ou bien on clouera les chaînettes de l'un sur le corps de l'autre (*fig. 93*).

En campagne, on remplace souvent l'arbre central par une fascine, et le cheval de frise n'a pas cette ré-gularité.

Emploi.

Le cheval de frise peut servir dans la plupart des circonstances où l'on fait usage des abatis; on les employait fréquemment jadis pour garantir un camp des attaques de la cavalerie. Leur construction est longue, ils sont facilement détruits par l'artillerie, malgré le glacis construit pour les abriter; aussi sont-ils peu employés en campagne depuis le commencement de ce siècle, si ce n'est comme barrière mobile pour fermer un passage ou la gorge d'un ouvrage, encore leur préfère-t-on des palissades. Ils seront bien placés au pied de la contrescarpe.

Le *bois étant débité*, il faut deux jours à un charpentier pour faire un cheval de frise.

Chausse-trapes.

Les chausse-trapes sont des clous à quatre pointes de 0ᵐ10 à 0ᵐ15 de longueur, et réunies de telle sorte que lorsque trois pointes reposent à terre, la quatrième est en l'air (*fig*. 94).

Pour faire une chausse-trape, prenez trois clous de 0ᵐ15 de longueur, forgez-les ensemble et soudez-les sur la moitié de leur longueur, écartez les trois parties libres de manière que les quatre pointes fassent entre elles des angles égaux.

Les chausse-trapes sont un obstacle excellent, surtout contre la cavalerie.

Emplacement.

On les sème aux abords des contrescarpes, dans les fossés, dans les gués de rivières, qui sont alors rendus à peu près impraticables.

Quand on ne peut faire ou se procurer des chausse-trapes, on les remplace par des herses de laboureur ou par des planches garnies de clous, que l'on cache sous une légère couche de terre.

Dans les gués, le courant a peu de prise sur les chausse-trapes, qui se maintiennent d'elles-mêmes en place, mais il n'en est pas de même des herses de laboureur, qu'il faut maintenir au fond de l'eau par des pierres ou des piquets.

Trous de loup.

Les trous de loup sont des excavations ayant la forme

d'un tronc de cône, disposées en quinconce sur trois rangs au moins.

Diamètre au niveau du sol, 2 mètres.

Diamètre au fond,   0^{m}70.

Profondeur,   1^{m}30.

Espacement des centres,   3 mètres.

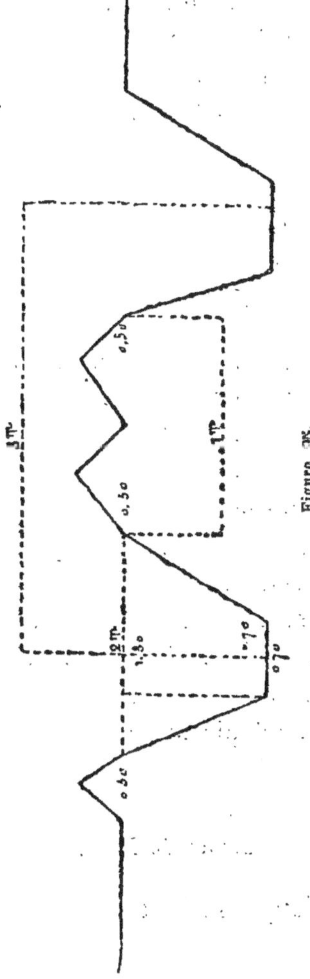

Figure 38.

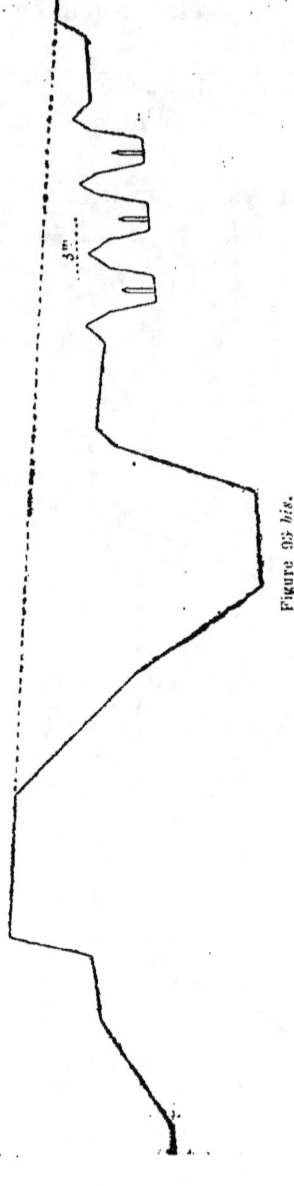

Figure 95 bis.

Les terres du déblai sont disposées dans les intervalles et relevées en talus aussi raides que possible, afin d'empêcher les soldats ennemis de s'engager dans l'intervalle de 1 mètre qui les sépare. Pour rendre la chute dangereuse et empêcher les tirailleurs ennemis de s'installer dans ces trous, on plante au fond un fort piquet de 0^m70 à 1 mètre de hauteur.

On trace les trous de loup au moyen d'un triangle équilatéral en cordes de 3 mètres de côté.

Après avoir tracé deux centres, les autres s'en déduisent en transportant le triangle de manière que deux

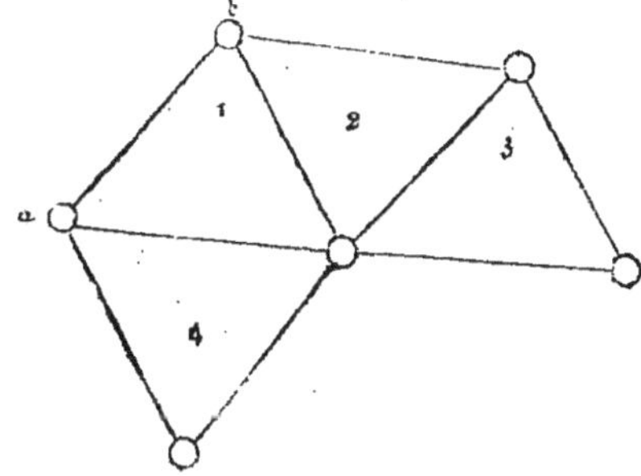

Figure 96.

sommets soient sur deux centres connus ; le troisième sommet donne un autre centre.

On ira plus vite avec un triangle équilatéral de 6 mètres de côté (*fig.* 96).

Les sommets et les milieux des côtés indiquent les centres des trous de loup. Placez ce triangle dans la direction voulue, indiquez avec des piquets les sommets et les milieux, faites tourner le triangle sur l'un de ses côtés, plantez de nouveaux piquets, faites encore tourner le triangle, et ainsi de suite. On obtient ainsi les centres de trois rangs de trous de loup. A partir des centres, on

trace des cercles ayant 1 mètre de rayon, ce qui donne
1 mètre d'intervalle entre chaque trou. Les terres sont

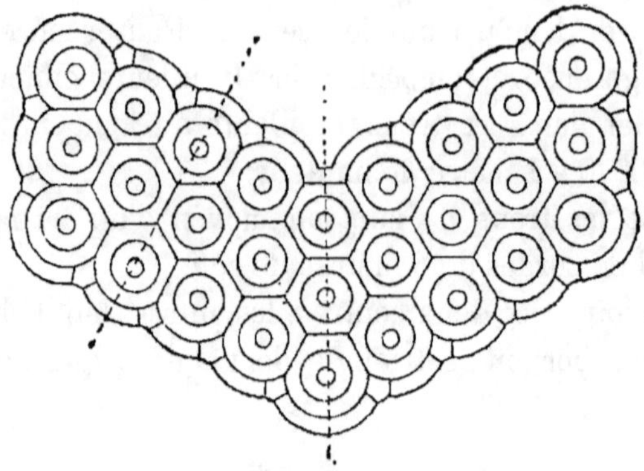

Figure 97.

relevées en arêtes vives entre les trous de loup, les talus
sont inclinés à 45 degrés et se coupent de manière que
leurs traces forment des hexagones réguliers.

Les trous de loup sont d'excellentes défenses accessoires ; ils se voient difficilement de loin, offrent peu de
prise au canon et n'exigent que des outils simples et
quelques piquets pour les construire. Cependant leur
construction méthodique est un peu longue. On les dispose en avant de la contrescarpe, vers les saillants, dans
les fossés, principalement aux angles morts. Ils doivent
se trouver sous le feu des défenseurs, sans quoi l'ennemi pourrait les franchir au moyen de claies et de fascines ; combinés avec des chausse-trapes, ils entraveront
sérieusement la marche de l'ennemi.

Ces trous de loup cubent à peu près 2 mètres, de sorte
qu'un homme peut en faire deux par jour ; les soldats
du génie en font de trois à quatre. Chaque homme est

muni d'une petite échelle de 1^m50 pour pouvoir sortir
du trou sans dégrader les talus ; on lui donne en outre
une tablette ou une planche pour traverser la ligne.

Haies de fils de fer (*fig.* 98).

Pour les construire, on plante des piquets en quinconce à 2 ou 3 mètres d'intervalle les uns des autres, et

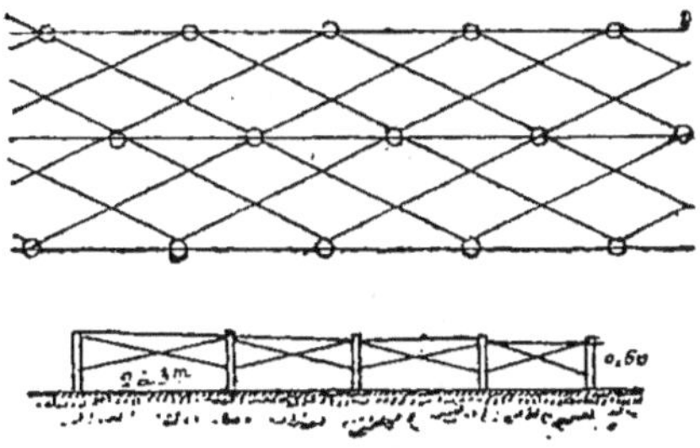

Figure 98.

de manière qu'ils soient à 0^m60 ou 0^m75 au-dessus du
sol ; on les réunit par des fils de fer, en joignant diago-
nalement les têtes de tous ces piquets. Ces haies sont
placées en avant de la contrescarpe, dans les fossés, et,
en général, en avant de tous les ouvrages. On les combine parfois avec les trous de loup, ce qui rend l'obstacle
presque infranchissable. Comme toute défense accessoire, ces haies doivent être sous le feu des défenseurs,
à 80 ou 100 mètres au plus des ouvrages, en avant de
la contrescarpe ; on peut les couvrir par un petit glacis.
Ce genre d'obstacle est rapidement établi, offre peu de
prise à l'artillerie, ne se distingue pas de loin et oppose
de grandes difficultés à l'infanterie, et à plus forte raison à la cavalerie.

Fougasses.

Les fougasses sont de petits fourneaux de mines employés en fortification passagère comme défense acces-

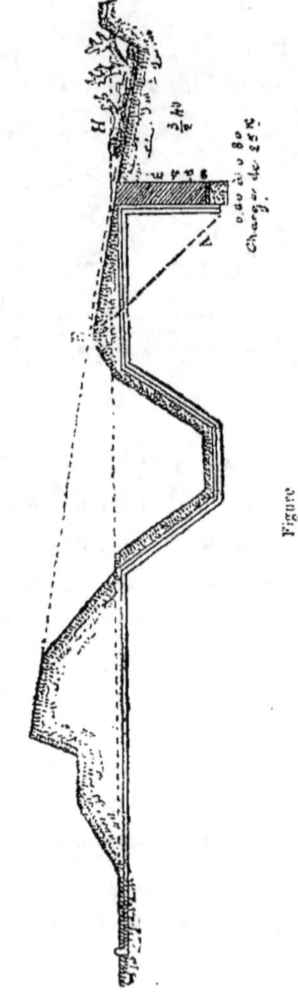

Figure

soire. On en distingue deux espèces, les fougasses ordinaires et les fougasses-pierriers.

Fougasses ordinaires.

Les fougasses ordinaires sont des puits de 2 à 4 mètres de profondeur, au fond desquels se place une
charge de poudre. Ces puits sont comblés ensuite, et on
a soin de faire disparaître toute trace qui puisse en ré-
véler l'existence (*fig.* 99).

Le diamètre du puits est de 0^m60 à 0^m80, la charge de
poudre de 20 à 25 kilogrammes; elle est renfermée dans
une boîte rectangulaire qu'on a soin de goudronner pour
éviter l'humidité. La formule $\frac{3}{5} h^3$ servira pour déterminer la charge de poudre, h indiquant la hauteur en mètres dans une terre ordinaire. Ou bien encore, multipliez
par lui-même le rayon d'explosion AE exprimé en pieds;
effacez le dernier chiffre à droite du produit; multipliez
le nombre restant par le rayon d'explosion, toujours
exprimé en pieds, et le produit fera connaître le nombre
de *livres* de poudre dont le fourneau doit être chargé.

Le feu se communique soit au moyen de l'électricité,
soit à l'aide du saucisson : en campagne, on aura bien
rarement à sa disposition les piles et matières nécessaires pour l'emploi du premier moyen. Quant au saucisson, c'est un petit cylindre en toile goudronnée, de
0^m02 de diamètre, rempli de poudre; on le placé dans un
petit canal rectangulaire en bois, appelé *auget*, de 0^m07
à 0^m08 de côté, et qui suit les parois verticales du puits,
reste à 0^m50 environ au-dessous du sol, et débouche à
l'endroit où l'on veut mettre le feu, ordinairement sur
le terre-plein, à 1 mètre du pied du talus de banquette.

Par l'effet de l'explosion, le sol est soulevé à une certaine hauteur, et il se forme une excavation qui porte le nom d'entonnoir EAH.

Pour mettre le feu au saucisson, on se sert d'un morceau d'amadou placé sur une feuille de papier maintenue sur le sol au moyen de pierres, et dont la base est trempée dans du pulvérin auquel communique le saucisson. On met le feu à la pointe du morceau d'amadou, et si l'on veut savoir à quel moment, à peu près, aura lieu l'explosion, on met le feu en même temps à un autre morceau d'amadou de même grosseur que le premier. Les mineurs appellent celui-ci *moine* et donnent le nom de *témoin* au second.

Les fougasses se placent ordinairement sur un rang à 10 ou 12 mètres en avant de la contrescarpe, pour ne pas la renverser par leur explosion. On les espace de manière que les entonnoirs se touchent ; pour cela, l'intervalle qui les sépare doit être double du rayon d'explosion. La difficulté est de déterminer l'explosion au moment précis du passage des troupes ennemies ; on y parvient avec l'électricité, très-rarement avec le saucisson ; cependant les fougasses inquiètent l'assaillant, leur effet moral est considérable, et à ce titre il convient de les employer.

Fougasses-pierriers.

Les fougasses-pierriers sont destinées à lancer des pierres, briques ou autres projectiles contre les colonnes assaillantes. Leur emploi est assez fréquent en campagne. On en distingue quatre espèces différentes :

Les fougasses en déblai ;

Les fougasses en remblai ;

Les fougasses rases ;

Les fougasses à feux rasants.

Fougasses en déblai (*fig.* 100).

On creuse une excavation de 1^m80 en forme conique ou pyramidale (afin d'imiter le plus possible une bouche à feu) ; l'axe de l'entonnoir est incliné à 45° et dirigé

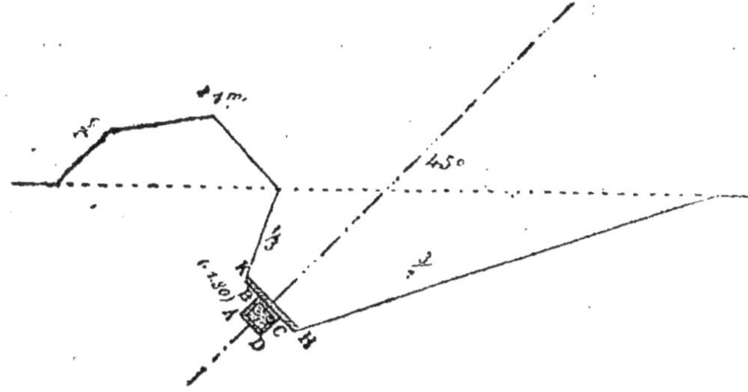

Figure 100.

vers le terrain que l'ennemi doit parcourir. On nomme fourneau la partie ABCD, dans laquelle on dispose une boîte goudronnée remplie de poudre ; au-dessus de la boîte on place un plateau KH en bois très-fort (en chène), perpendiculairement à l'axe ; sur ce plateau se placent les pierres. Le poids de chaque pierre ne doit pas dé-passer 2 à 3 kilogrammes. Pour $3^{m3}600$ de pierres on donne une charge de 25 kilogrammes de poudre. Douze ouvriers feront une telle fougasse en 9 ou 10 heures. La masse de pierres est projetée à une distance de 90 à 150 mètres.

Fougasse en remblai.

Dans cette fougasse, le sol n'est creusé qu'à une pro-fondeur de 1 mètre, mais on ajoute à la charge un remblai de forme sphérique, donnant une hauteur totale égale à celle de la fougasse précédente. On soutient les talus du remblai par un revêtement en claies ou fascinages. Douze hommes font cette fougasse en 6 heures. La base du remblai a un rayon de 4 mètres.

Fougasse rase.

Cette fougasse est analogue aux deux précédentes, mais comme elle se place dans les fossés aux angles morts, on incline l'axe à 22° 30', au lieu de 45°, afin que les projectiles soient plus rasants et ne blessent pas les défenseurs.

Charge, 7 kilogr. 700 de poudre.

Profondeur, 1^m30.

Volume de pierres, $0^{m3}600$ à $0^{m3}700$. Les pierres ne doivent pas être tassées, pour que l'explosion n'ait pas lieu verticalement.

Fougasse à feux rasants.

Cette fougasse sert à flanquer les fossés, et on les place dans ce but sur le talus de contrescarpe ; l'axe n'est incliné qu'à $\frac{1}{2}$ sur l'horizon et à $\frac{1}{6}$ sur la direction de l'escarpe prolongée, pour que les pierres ne soient pas lancées dans l'ouvrage.

Mines de projection.

On appelle ainsi les fougasses dans lesquelles les pierres sont remplacées par des bombes ou des barils de poudre. Leur construction réclame absolument le concours du génie militaire.

Fougasses instantanées.

D'après le capitaine Piron, du génie belge, on peut

réduire de beaucoup le temps employé à la construction
des fougasses-pierriers, tout en obtenant les mêmes ré-
sultats. Voici le moyen qu'il indique. Les fourneaux
sont établis à ras du sol, quels que soient les projectiles; pierres, briques ou bombes. « L'exécution de la

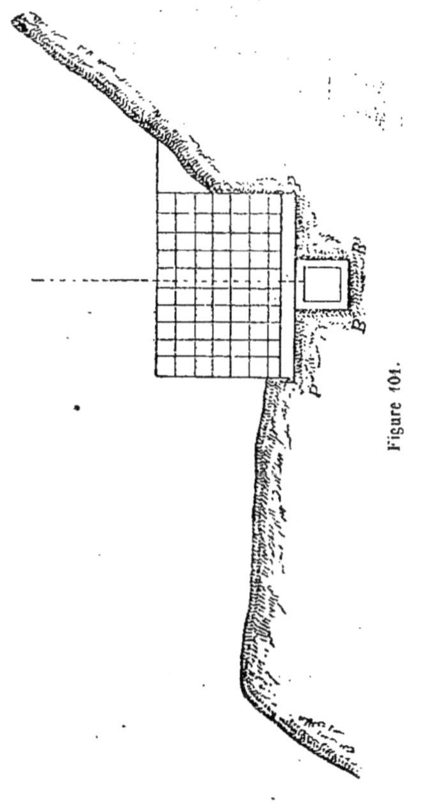

Figure 101.

mine consiste à incruster la charge de poudre dans un
talus, à placer le plateau sur cette charge soit en l'in-
crustant lui-même dans la terre, soit en l'appliquant

simplement sur le talus, s'il est bien dressé, et à disposer ensuite le chargement de projectiles d'une manière symétrique par rapport à la ligne de tir. La figure suivante montre la disposition qui concerne une fougasse de pavés. Le centre de la charge est sur la ligne de tir, qui passe par le milieu du plateau et lui est perpendiculaire. La boîte BB et le plateau PP sont incrustés dans le talus. Les projectiles sont disposés symétriquement autour de la ligne de tir ; l'ensemble a la forme d'un prisme droit (*fig.* 104).

Torpilles.

Les torpilles sont des espèces de mines éclatant sous le poids des hommes et des chevaux. Ces engins doivent être maniés par des hommes spéciaux, et leur établissement exige des précautions particulières ; l'on n'est pas d'accord sur les meilleurs moyens de déterminer l'explosion ; enfin, ils ont l'inconvénient grave d'empêcher les sorties des défenseurs. D'ailleurs leur emploi est plutôt du domaine maritime que de celui de l'armée de terre.

Défense par les eaux.

Nous renvoyons pour ce genre d'obstacle à la cinquième leçon.

CINQUIÈME LEÇON.

Sommaire. — Défenses naturelles. — Organisation défensive d'un bois, d'un mur, d'une ferme, d'un village, d'un cours d'eau. — Destruction des voies de communication et des ouvrages d'art par la poudre. Mise hors de service des voies ferrées, des télégraphes. — Embarquement des troupes au chemin de fer.

Défenses naturelles.

Nous ne nous sommes occupé jusqu'ici que de l'organisation défensive d'une position à l'aide de moyens artificiels, c'est-à-dire à l'aide d'obstacles élevés par la main des hommes. Mais l'art de l'ingénieur consiste encore à savoir organiser défensivement les obstacles naturels qu'une armée en campagne rencontre à chaque pas, et le talent d'un général en chef se révélera dans l'emploi judicieux de ces mêmes obstacles.

Parmi les défenses naturelles, on distingue les cours d'eau, marécages, ravins et escarpements, bois et forêts, haies, murs, jardins, fermes, villages et villes.

Cours d'eau.

Les cours d'eau opposent à la marche d'une armée un obstacle souvent périlleux, presque toujours défendable. Tous les généraux s'accordent à dire que le passage d'un fleuve en présence d'une armée ennemie est une opération des plus délicates.

Pour qu'un cours d'eau soit réellement un obstacle sérieux, il suffit qu'il ait 8 à 10 mètres de largeur et 1^{m}80 de profondeur.

Deux cas peuvent se présenter : 1° l'armée agit offensivement ; 2° elle est en retraite ou agit défensivement.

Armée offensive.

Toute armée qui a effectué le passage d'une rivière devra construire des ouvrages de fortification pour s'assurer la possession du point de passage en cas de retraite. Ces ouvrages portent le nom de têtes de pont. Quelques villes situées sur des cours d'eau, et dont la position est telle que l'armée ennemie les choisira généralement pour passer sur la rive opposée, constituent par elles-mêmes de véritables têtes de pont. Elles doivent être fortifiées avec soin.

Sans vouloir décrire la manière d'effectuer le passage d'une rivière, nous dirons qu'on choisit autant que possible pour point de passage un endroit où la rivière fait un coude, une courbe présentant sa convexité du côté de l'armée offensive, qui pourra diriger des feux convergents sur l'autre rive. En outre, la rive sur laquelle on opère est ordinairement plus élevée que l'autre, ce qui permet de dominer le terrain occupé par l'ennemi. Pen-

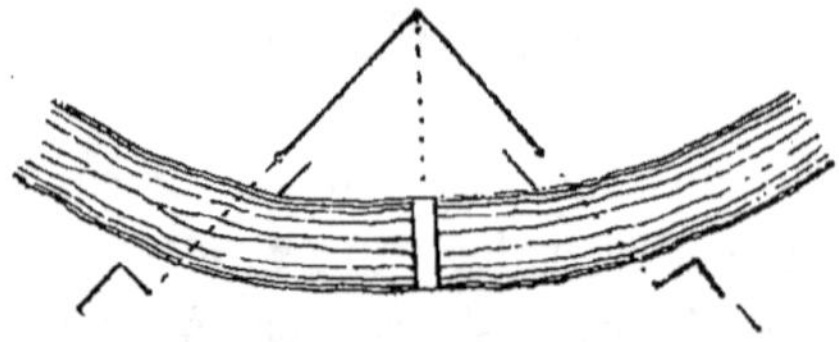

Figure 102.

dant que l'artillerie couvre d'obus et de mitraille la rive opposée, pour en éloigner les défenseurs, quelques troupes d'élite passent en bateaux et se déploient en tirail-

leurs; elles sont suivies de travailleurs et de troupes
du génie qui élèvent rapidement un retranchement;
pendant ce temps, les pontonniers jettent les ponts. Ce
seront souvent ces ponts qu'il s'agira de couvrir et de
conserver.

Petites têtes de pont.

Les têtes de pont sont de trois espèces : les petites,
moyennes et grandes, suivant l'importance du passage,
les forces dont on peut disposer pour la garde de l'ouvrage et le nombre de ponts à conserver.

Les petites têtes de pont se composent d'ouvrages
simples, car on n'a généralement qu'un pont à couvrir.
Ces ouvrages seront, en conséquence, le redan, la lunette et la queue d'aronde, et toujours ouverts à la
gorge.

Dans le cas d'une courbe prononcée, s'il n'y a qu'un

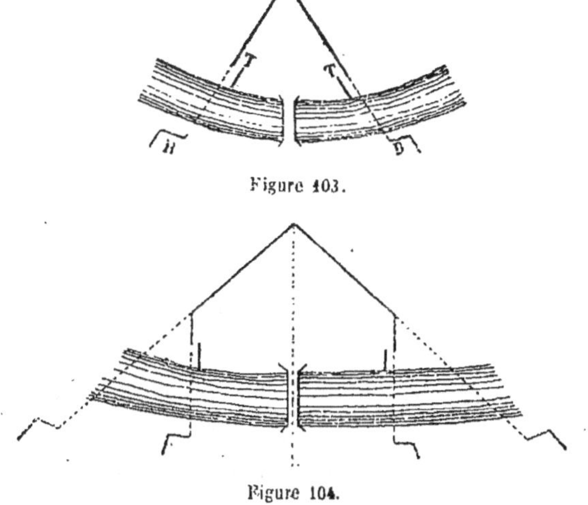

Figure 103.

Figure 104.

seul pont à couvrir, on emploiera le redan, dont les faces battront plus directement la rive ennemie ainsi que les abords de la gorge (*fig.* 102 et 103).

Si la rivière coule en ligne droite, ou à peu près en ligne droite, le redan ne battrait que très-obliquement la rive, et il vaudra mieux construire une lunette (*fig.* 104) dont les flancs seront à peu près perpendiculaires à la rive et dirigés de manière à donner le meilleur flanquement. La capacité de ces ouvrages dépendra de la force de la garnison chargée de les occuper et du rôle qu'elle devra jouer dans la défense de la rivière. Lorsqu'on voudra renfermer un grand espace dans la tête de pont et qu'on

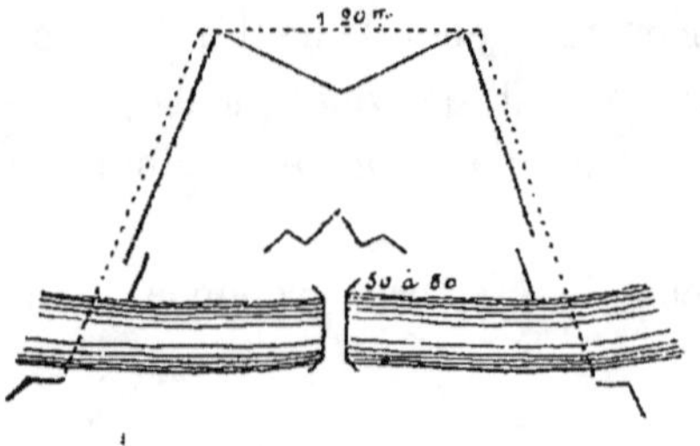

Figure 105.

pourra disposer d'un fort détachement, on emploiera la queue d'aronde (*fig.* 105).

Moyennes têtes de pont.

Dans les moyennes têtes de pont, il y a généralement deux ponts à couvrir ; on dispose d'une force plus considérable ; on emploie soit la queue d'aronde, soit, et le plus souvent, l'ouvrage à cornes, dont les longues branches sont dirigées à peu près perpendiculairement aux rives. On peut encore remplacer le front bastionné par une ligne à redans et courtines, ou par un très-grand redan dont on bastionne les deux faces (*fig.* 106 et 107).

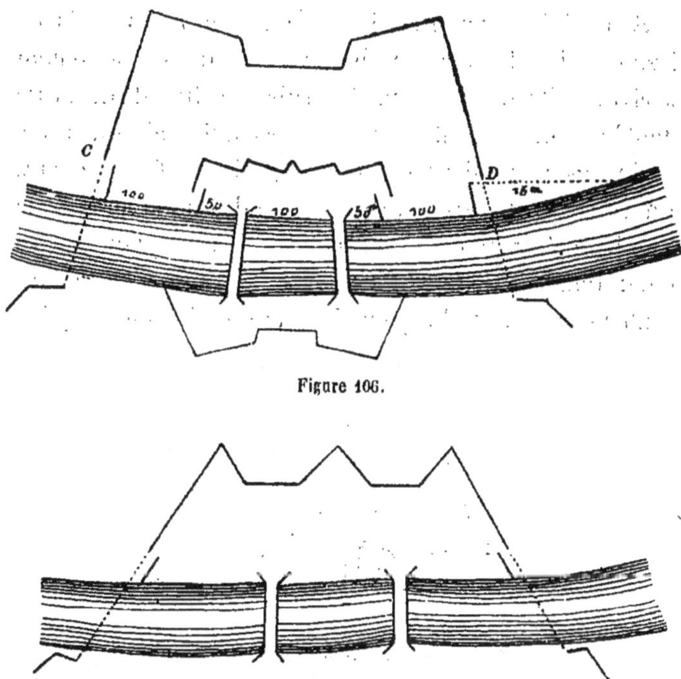

Figure 106.

Figure 107.

Grandes têtes de pont (*fig.* 109).

Dans les grandes têtes de pont, la rivière est très-large, les communications sont plus nombreuses, le passage est d'une très-grande importance. On emploie l'ouvrage à couronnes, composé, comme l'on sait, de plusieurs fronts bastionnés terminés par deux longues branches.

Réduits.

Toutes les têtes de pont ont des réduits soit en terre, soit en bois, mais mieux en terre. Ces réduits sont eux-mêmes ouverts ou fermés. Comme il s'agit de défendre un point très-important, qui, pour une armée en retraite, constitue un véritable défilé, les réduits seront généralement des ouvrages fermés, construits avec soin et d'une capacité en rapport avec l'importance de l'ouvrage principal. Ces réduits sont souvent construits les premiers, pendant l'établissement du pont ; on les perfectionne ensuite.

Toutes les têtes de pont sont soutenues en arrière par des batteries établies sur l'autre rive, et pouvant porter des feux dans les faces attenantes au rivage, c'est-à-dire qu'elles seront perpendiculaires à la direction de la face à protéger.

Lorsque le cours de la rivière est divisé par des îles, on ne devra pas manquer de profiter de ces dernières, tant pour la construction des ponts que pour l'établissement des batteries chargées de protéger les ouvrages.

Écartement des ponts.

Quand il n'y a qu'un pont, la distance de celui-ci à l'ouvrage doit être au moins de 50 mètres, afin que si deux troupes viennent à se rencontrer dans leurs mouvements, l'une puisse se serrer en colonne sur le côté du pont, pendant le passage de l'autre. Un régiment à trois bataillons de quatre compagnies à huit pelotons occupe, en effet, 50 mètres de profondeur, en colonne serrée par division.

L'écartement des ponts entre eux est d'au moins 100 mètres, pour les mêmes motifs. On suppose, dans ce cas, qu'on sera souvent obligé de masser une brigade

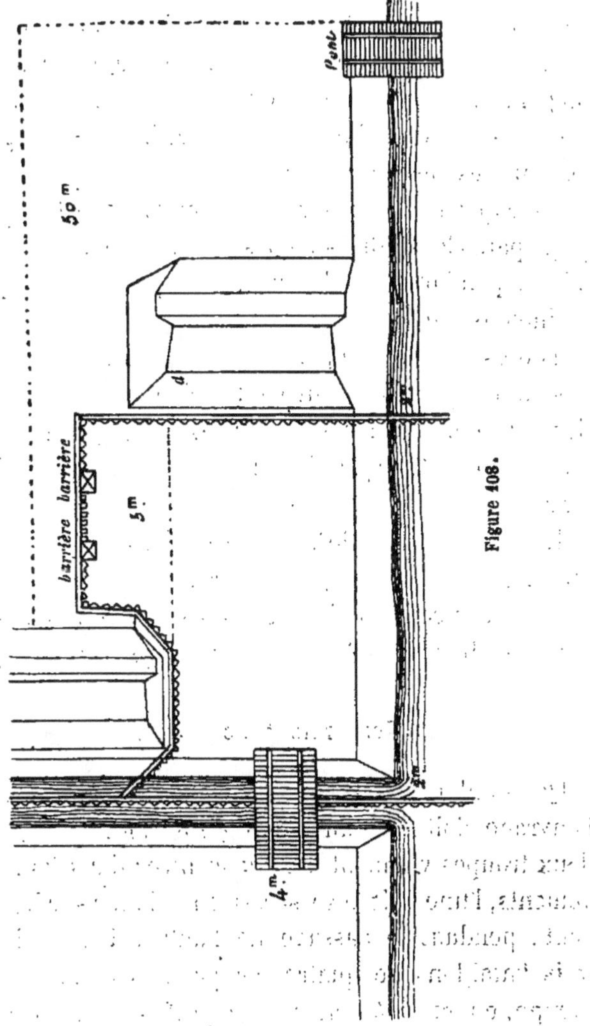

à la fois ou des troupes et des convois, en attendant

leur passage. Dans les grandes têtes de pont, il y a au moins 200 mètres de distance des ponts à l'ouvrage.

Passages *(fig.* 106 et 108).

On établit les passages dans les parties rentrantes C et D, près des rives, pour que les troupes, en se retirant devant l'ennemi, démasquent les feux de l'ouvrage qui doit les soutenir, et pour que les allées et venues de la garnison soient dérobées à la campagne. Ces coupures ont la même largeur que le pont lui-même. Dans les petites têtes de pont, des passages de 4 à 6 mètres suffisent. Dans les moyennes têtes de pont, on arrête les branches de l'ouvrage à 12 mètres de la berge, et dans les grandes à 15 mètres, tout en continuant le fossé jusqu'à la rivière, puis à 4, 5 ou 6 mètres en arrière, on établit une traverse. La traverse doit intercepter les coups de feu tirés d'un point pris sur la rive à 300 mètres de l'ouvrage et passant par le point *d* (*fig.*108). Pour communiquer avec la campagne, on établit sur la coupure un pont en bois, comme nous l'avons indiqué leçon IIIᵉ. Pour compléter les mesures de précaution, on établit un palissadement dans la rivière, dans le prolongement du fossé, jusqu'à ce qu'on ait au moins 2 mètres de profondeur (*fig.* 108).

Du côté de la rive amie, on garantit l'entrée du pont par un petit redan en palissades ou palanques prolongées jusqu'à 2 mètres dans la rivière.

Dans les grandes têtes de pont, les faces des bastions sont flanquées par des redans.

Enfin, comme les têtes de pont sont les ouvrages les plus importants de la fortification passagère, on fera

usage de toutes les défenses accessoires dont le secours
peut être utile pour augmenter la force défensive de

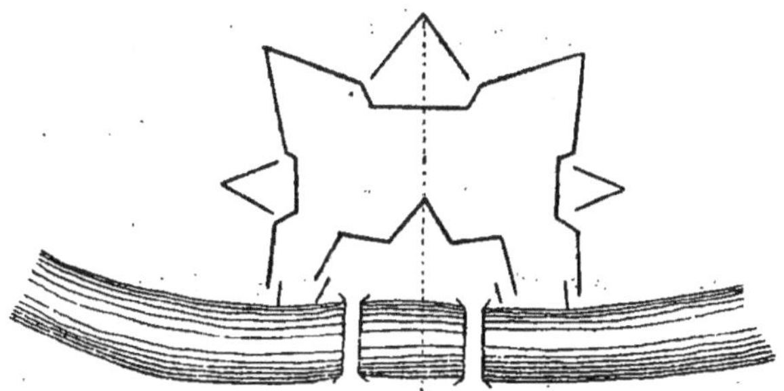

Figure 109.

l'ouvrage, abatis, trous de loup, chausse-trapes, fougasses, etc.

Estacades.

L'ennemi pouvant chercher à détruire les ponts, en
abandonnant à eux-mêmes des bateaux fortement chargés, ou bien des brûlots, il faut se précautionner contre
cette éventualité. Les brûlots ne sont autre chose que
des bateaux remplis de matières incendiaires ; ils portent un mât qui les arrête sous le pont. Pour mettre le
pont à l'abri de ces dangers, on construit, à 1,000 mètres en amont, des estacades. On veille à leur conserva-
tion au moyen de postes établis sur la rive et de postes
établis dans des bateaux munis d'ancres et de tout ce
qui peut être utile pour arrêter les corps flottants qui
pourraient briser les estacades.

Les estacades sont fixes ou flottantes. Une estacade
fixe se compose de pilots ou pieux enfoncés dans le lit
de la rivière, et reliés entre eux par des cordages ou des

chaînes. Une estacade flottante est formée de corps d'arbres flottants, réunis aussi par des câbles ou des chaînes.

L'estacade est placée obliquement dans la rivière, sous un angle de 22° avec le courant, pour présenter moins de résistance au choc des corps flottants.

Observation.

Les tetes de pont sont toujours défilées.

Défense par les eaux.

Les cours d'eau peuvent servir dans bien des cas pour couvrir une position ou un retranchement. Le cours d'eau est-il sur le flanc d'une position, on s'en servira pour inonder le fossé d'un retranchement ou le terrain en avant. Les inondations ne sont pas toujours avantageuses ; elles peuvent devenir plus nuisibles qu'utiles en immobilisant les défenseurs, ou en leur ôtant la possibilité de passer à volonté de la défensive à l'offensive. Mais on les emploiera avec avantage pour couvrir un point faible d'une ligne de bataille, un flanc par exemple, ce qui permettra de porter un plus grand nombre de forces sur les autres points. Il est impossible de déterminer d'une manière précise les cas où il conviendra de rejeter ou d'adopter l'emploi de ce moyen.

Quoi qu'il en soit, pour que les eaux présentent un obstacle réel, il faut qu'elles aient au moins 1^{m}80 de hauteur soit sur un terrain inondé, soit dans le fossé d'un retranchement. Si l'on ne peut atteindre cette hauteur, et que l'on soit forcé de se contenter de *blancs d'eau*, c'est-à-dire d'une inondation de 0ᵐ25 à 0ᵐ50, on creusera des criques, ou des trous de loup, on sèmera des chausse-trapes, on plantera des petits piquets, etc. Les criques sont de petits fossés dont la profondeur est calculée pour que le fond soit à 2 mètres au-dessous de la surface des eaux.

Pour amener les eaux dans le fossé d'un retranchement, il y a deux cas à considérer :

1° Le lit du ruisseau est plus élevé que la surface de l'eau dans le fossé ; dans ce cas on amènera l'eau dans le fossé au moyen d'une rigole.

2° Le lit du ruisseau est moins élevé que la surface de l'eau dans le fossé. Dans ce cas on établira une digue ou un barrage à proximité de l'ouvrage ; le niveau des eaux montant de cette manière, on amènera l'eau dans le fossé au moyen d'une rigole. La digue doit être défendue par un ouvrage, si elle n'est couverte par le retranchement lui-meme.

Lorsque le cours d'eau a une hauteur suffisante, on peut s'en servir comme d'un fossé lorsqu'il suit une direction parallèle à la ligne de bataille, en d'autres termes lorsqu'il se trouve sur le front d'une position. On pourra construire en arrière des retranchements appropriés au terrain. Approprier la fortification au terrain, tel est, en effet, le véritable talent de l'ingénieur, qui s'aidera, dans toutes les circonstances, de son expérience et de ses lumières. Nul tracé ne peut donc être recommandé d'avance exclusivement, pas plus le tracé polygonal, si vanté à l'étranger, que le tracé bastionné, si en faveur chez nous ; tout ce que l'on peut dire, c'est que certaines formes de retranchements, telles que les crémaillères, se plient, en général, mieux que d'autres aux exigences du terrain, et c'est ce que nous avons fait dans le courant de ce travail. On examinera, de même,

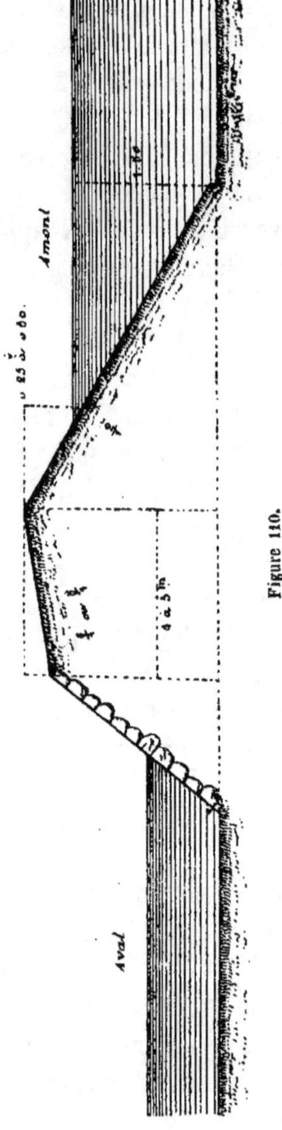

Figure 110.

lorsque le cours d'eau est sur le front de la ligne de bataille, s'il y a avantage à tendre des inondations au moyen de barrages établis dans les rivières et d'un système de digues. Une armée offensive n'a pas à songer à l'emploi de ce moyen.

Pour inonder un terrain traversé par un ruisseau, on établit, avons-nous dit, une ou plusieurs digues plus ou moins espacées entre elles, qui, opposant un obstacle à l'écoulement de l'eau, la forcent à s'élever en amont. Cette *digue de retenue* ou barrage se compose d'un parapet en terre assez épais pour résister à l'artillerie ennemie, soit au moins 4 mètres (*fig.* 111).

L'eau doit avoir en amont une profondeur de 1^m80, sur une largeur de 8 à 10 mètres au moins. Le talus d'aval est à $45°$, celui d'amont à $\frac{2}{1}$, afin que le clapotement de l'eau ne le détruise pas. La digue doit être construite avec soin pour que l'eau ne filtre pas. En conséquence, on débarrasse la terres des branchages, racines, cailloux, etc., on la dame avec force, et l'on établit dans le sol une petite fondation ou enracinement; il faut aussi avoir soin de débarrasser le terrain sur lequel se construira la digue de son gazon, de ses branchages, etc. Les terres sont prises dans le bassin d'inondation, en aval, et non pas en amont, car toute tranchée creusée en amont faciliterait les affouillements de l'eau.

Le sommet de la digue est légèrement incliné pour l'écoulement des eaux de pluies; il est de 0^m25 à 0^m50 au-dessus du niveau de l'eau en amont. Pour que ce niveau ne dépasse pas cette limite, et ne passe pas pardessus la digue, qu'elle dégraderait, on établit un déversoir, soit sur les côtés, soit au milieu de la digue. Ce déversoir s'obtient par l'abaissement du parapet à la hauteur du niveau que l'on veut conserver, et sur une longueur en rapport avec la quantité d'eau fournie par la source. Ce déversoir ou *radier* est solidement revêtu en gazons, fascines, etc., pour n'être pas dégradé par l'eau.

Quand une seule digue ne suffit pas pour obtenir le niveau de 1^m80, on en construit plusieurs, mais à une distance telle que leur hauteur ne dépasse pas la hauteur maximum des ouvrages de campagne, soit 4 mètres. Dans le cas contraire, c'est-à-dire que si, d'après la pente rapide du sol, on était obligé de trop rapprocher les digues pour obtenir 1^m80 de niveau d'eau, ou bien de leur donner plus de 4 mètres d'élévation, on se contenterait de blancs d'eau dans lesquels on sèmerait des chausse-trapes, et l'on creuserait des trous de loup en criques, comme nous l'avons dit.

Soit h la hauteur cherchée d'une digue, d la distance horizontale jusqu'à la digue immédiatement en amont,

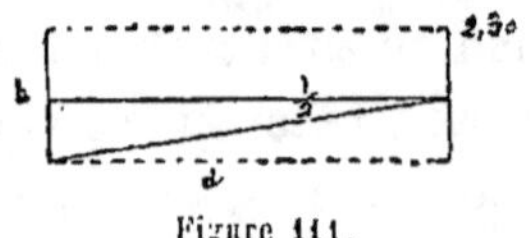

Figure 111.

$\frac{1}{p}$ la pente du cours d'eau, 1^m80 la hauteur qu'on veut laisser en aval, 0^m50 la hauteur de la digue au-dessus de l'eau en amont, on aura :

$$h = 1^m80 + 0^m50 + \frac{d}{p} \text{ ou } h = 2^m30 + \frac{d}{p} \text{ (}\textit{fig. } 111\text{).}$$

Cette formule donne la distance qui doit séparer les digues, la hauteur étant fixée, et vice versa.

Les digues sont habituellement couvertes par des redans. Quand la vallée est traversée par une route ou chemin de fer en remblai, on peut en profiter pour s'en

servir de digue. On profitera également des retenues de
longueur en rapport avec la quantité d'eau fournie par
la source. Ce dévasoir en aval est solidement revêtu
en gazons, fascines, etc., pour n'être pas dégradé par
l'eau.

Quand une seule digue ne suffit pas pour obtenir le
niveau de 1 m 50, il en faudra plusieurs, mais à une
distance telle que leur battillage ne dépasse pas la hauteur maximum des ouvrages de campagne, soit à une ou à ne-
très. Dans le cas contraire, c'est-à-dire que si, d'après
la pente rapide du sol, on était obligé de trop rapprocher les digues pour obtenir ce niveau d'eau, ou
bien de leur donner plus de naturel d'élévation, on se
contenterait de digues de blagos ou Pérrols en amenant
les chausse-trappes, et on pourrait en profiter des trous de loup
en arrière, comme on fait dans ...

Soit h la hauteur de chute d'une digue, d la distance
horizontale jusqu'à la nappe uniformément en amont.

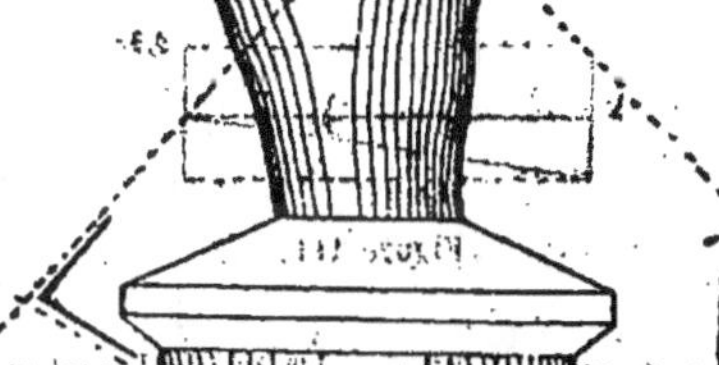

Figure 113.

à la pente en contre-bas, l'établira hauteur qu'on veut
laisser en aval, 0 m l'élévation de la digue au-dessus
de l'eau en amont, ...

$$h = 1^{m}50 - 0^{m} \ldots \quad \text{ou} \quad h = 1^{m}50 - \frac{d}{5} \quad \text{(fig. 111)}.$$

Cette formule donne ... distance qui doit séparer les
digues, la hauteur étant ... et vice versa.

Les digues sont habituellement couvertes par des redans. Quand la vallée est traversée par une route ou un
chemin de fer en remblai, on peut en profiter pour son

moulins pour faire couler l'eau sur un passage et le rendre plus difficile.

Marécages.

Un corps de troupes placé derrière un marécage se trouve dans d'excellentes conditions défensives. Les marécages sont généralement impraticables à l'artillerie, à la cavalerie et à de fortes colonnes d'infanterie. En tous cas, des ouvrages élevés aux débouchés en rendent le passage très-difficile. On coupera les routes qui traversent le marais, on inondera le terrain en avant, si c'est possible, on garnira les abords de chausse-trapes, de trous de loup, et l'on enfilera toutes les chaussées au moyen de feux d'artillerie disposés en arrière. Des abatis, des barrages seront également très-utilement employés.

Ravins, escarpements, chemins creux.

Les ravins peuvent servir de fossé, les escarpements peuvent servir d'escarpe. On les fait battre par des ouvrages ou faces d'ouvrages. Il faut avoir soin de tracer ses retranchements de manière à bien découvrir le pied des escarpements et le fond des ravins ; on sera quelquefois obligé, pour cela, de construire une face en retour sur l'ouvrage principal.

Les chemins creux seront utilisés comme les ravins, et comme ceux-ci, ils peuvent servir à relier un système d'ouvrages par des communications cachées à l'ennemi, comme l'ont fait les Prussiens au siége de Paris en 1870-71, les Anglais à Torrès-Vedras, etc.

Forêts et bois.

Les forêts sont d'une grande utilité pour la défense d'un terrain. A la lisière, on construit des tranchées-abris ou d'autres ouvrages plus solides si c'est nécessaire ; ces ouvrages sont précédés d'abatis, de haies de fil de fer ; les routes sont barrées au moyen de coupures formant parapet et garnies d'artillerie; en avant et comme première ligne de défense on dispose des abatis, sur les flancs de la route des haies de fil de fer, et encore des abatis ; les différentes routes pourront être reliées les unes aux autres de cette manière ; cette ligne établie dans l'intérieur de la forêt sera découverte en avant à 3 ou 400 mètres; et pour découvrir cet espace on aura recours à la hache, au feu, à la poudre, à la dynamite, en ayant soin, si l'on emploie le feu, de circonscrire la part du feu, en isolant par des abatages la partie à découvrir.

Les clairières sont utilisées de la même manière et formeront autant de postes retranchés.

En 1792, Dumouriez, par une rapide marche de flanc, alla occuper les défilés de l'Argonne qu'il qualifia de Thermopyles de la France. Ces défilés, et la forêt, furent organisés défensivement, et les Prussiens furent repoussés partout. Cependant, un des lieutenants de Dumouriez, chargé de la défense du défilé de la Croix-au-Bois, négligea de prendre les précautions que nous venons d'indiquer. Ce défilé fut forcé, et Dumouriez, tourné, dut battre en retraite, mais après un retard de quinze jours apporté au mouvement offensif des Prussiens par la force de sa position, et ce retard sauva la France.

Haies.

Dans une guerre de partisans, dans un combat de tirailleurs, les haies jouent un grand rôle. Sont-elles en avant de la ligne qu'on se propose d'occuper, il faut chercher à les détruire ; sont-elles à proximité, il faut les garnir de tirailleurs. Ceux-ci à travers le feuillage aperçoivent très-bien l'ennemi et distinguent tous ses mouvements ; ils tireront donc en ajustant d'autant mieux que leurs armes seront appuyées.

L'ennemi au contraire sera forcé de tirer au hasard sur un ennemi invisible. On pourra creuser derrière la haie une tranchée, dont les terres massées contre la haie arreteront les balles ; les défenseurs seront parfaitement abrités dans la tranchée ; ils pourront, si la tranchée est assez profonde, appuyer leurs fusils sur la levée de terre, en recoupant la haie, et arrangeant le point d'appui de manière à découvrir le terrain en avant, mais pas de manière à se découvrir eux-mêmes. Avec du temps, on creusera également un fossé en avant, et l'on formera en arrière un parapet ordinaire avec sa banquette ; la haie tient ainsi lieu de palissade sur la berme, avec cet avantage sur les palissades que le boulet la traverse sans lui faire de grands dégâts.

Une haie servira encore à relier entre elles des redoutes ou des tranchées-abris.

Murs.

Les murs n'ont ni assez de solidité, ni assez d'épaisseur pour résister à l'artillerie ; c'est donc contre les attaques de l'infanterie qu'il faut se contenter de les employer. Ils rendront dans ce cas de très-grands services. Remarquons, en outre, que pour pratiquer dans un mur une brèche de largeur suffisante, l'artillerie devra concentrer son feu sur un point, ce qui demandera d'autant plus de temps que l'obus généralement n'y fera qu'un trou.

Les murs de clôture ont rarement plus de 2^m50 d'élévation ; leur épaisseur varie de 0^m30 à 0^m40.

On y perce des créneaux de mètre en mètre, ou tout au moins à 0^m65 de distance en distance ; les créneaux sont à 1^m10 ou 1^m20 du sol. Ils sont, autant que possible, évasés à l'intérieur, de manière que le tireur embrasse un plus vaste champ de tir.

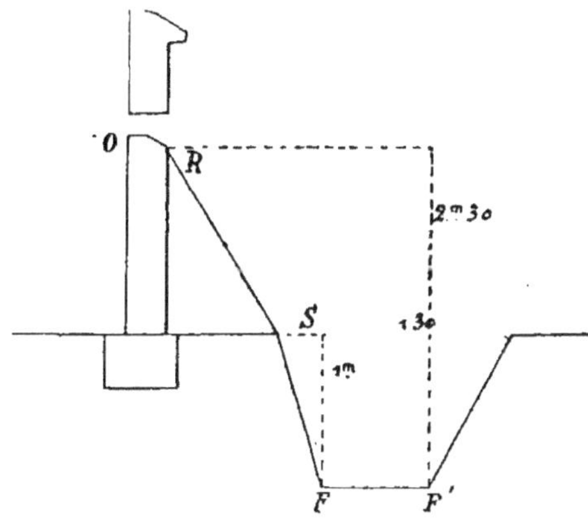

Figure 113.

Quand on le peut, on incline le fond du créneau de 0^m10 de l'intérieur à l'extérieur, pour que les coups de fusil atteignent aussi près que possible du pied du mur.

Le point O (*fig.* 113) n'étant qu'à 1^m30 au-dessus du sol pourrait être embouché par les assaillants ; quand on en aura le temps, il sera facile d'éviter cet inconvénient en creusant, à 1 mètre du pied du mur, un petit fossé de

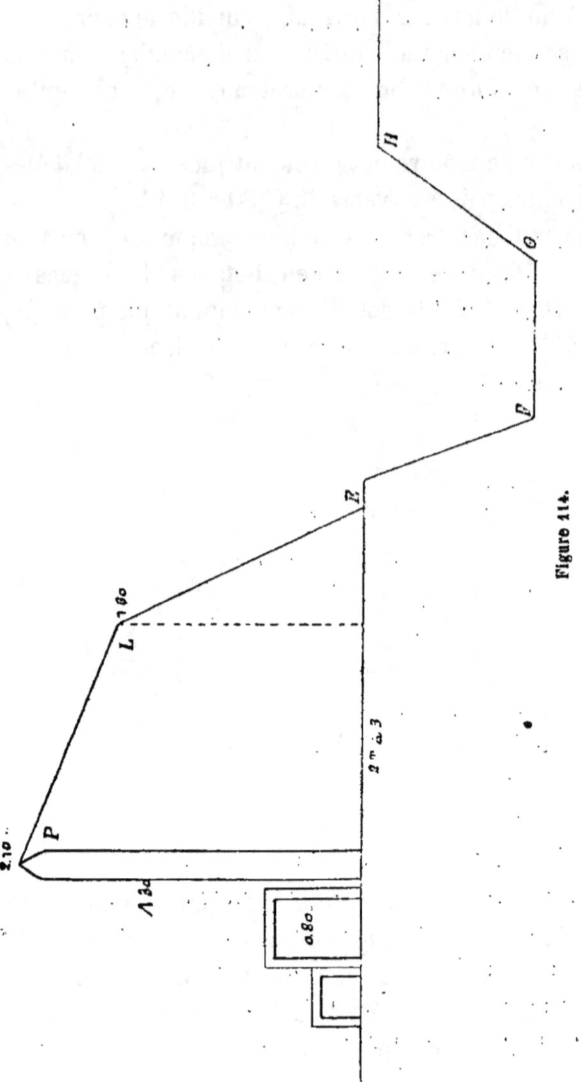

Figure 114.

1 mètre de profondeur sur 1ᵐ50 de largeur. L'assaillant aux points F et F' étant à 2 mètres du point O ne pourra emboucher le créneau. On supprimera l'angle mort du pied du mur en relevant les terres extraites du fossé contre le parement extérieur du mur, afin que le talus RSF soit à peu près dans le prolongement de OR. En outre, on donnera de cette manière plus de solidité au mur (*fig.* 113).

Si le mur a une élévation suffisante, on peut remplacer cette disposition par la suivante : On perce les créneaux à 2 mètres au-dessus du sol, et l'on élève à l'intérieur une banquette, soit avec de la terre, soit avec des planches. Mais le pied du mur n'est plus battu directement, et, pour corriger ce défaut, qui peut, d'ailleurs, disparaître s'il existe d'autres murs ou parapets en retour, on peut creuser d'autres créneaux dans les intervalles des premiers, à ras du sol ; une tranchée de 1 mètre à 1ᵐ30 de profondeur, creusée en arrière à 0ᵐ30 environ du pied du mur, permettra de garnir ces créneaux de défenseurs. Par ce moyen on aura deux étages de feux, et il sera difficile à une troupe ennemie composée seulement d'infanterie de forcer cette position.

Quand on craint l'artillerie, on peut appliquer une épaisseur de 2 à 3 mètres de terre contre le parement extérieur du mur. PL est la plongée inclinée à $\frac{6}{1}$, LE le talus extérieur est à 45° (*fig.* 114).

Les terres du parapet proviennent du fossé EFGH, creusé en avant, et que l'on élargit ou approfondit suivant la quantité de terre dont on a besoin pour amener le parapet au point P. On construit à l'intérieur du mur une banquette en terre, ou en planches échafaudées à 1ᵐ30 au-dessous du point P, sur lequel les défenseurs appuieront leurs armes pour tirer. Il est clair qu'ils seront moins couverts que dans les deux premières dispositions examinées ci-dessus.

Enfin, si le mur n'avait pas une hauteur suffisante pour y percer des créneaux, on l'entaille à la partie supérieure, ou mieux on construit dans cette partie des créneaux au moyen de sacs à terre disposés en boutisses et panneresses.

Il faut, en général, se ménager dans les murs de clôture des passages sur les côtés les moins exposés pour qu'on puisse effectuer une retraite que les circonstances peuvent rendre nécessaire.

Les créneaux se percent avec le pic à roc ou le marteau de maçon, ou simplement avec une pioche de terrassier. L'ouverture peut être régularisée ensuite avec du plâtre et des petites pierres. Mais il vaut mieux placer dans les ouvertures grossières, qu'on aura pratiquées dans le mur, des planches ayant les dimensions des créneaux, et boucher les joints et les vides avec un mortier de terre grasse.

Hâtons-nous d'ajouter qu'on aura rarement le temps d'employer tous les moyens que nous venons d'indiquer, et que malheureusement, alors même qu'on en a le temps, on ne se donne pas souvent la peine de les employer.

Maison isolée.

La première chose à faire dans l'organisation défensive d'une maison, c'est de barricader les portes, de boucher les fenêtres du rez-de-chaussée et de percer des créneaux. Avec du temps et des moyens,

on perfectionne l'organisation défensive d'une maison
isolée de la manière suivante (*fig.* 115) :

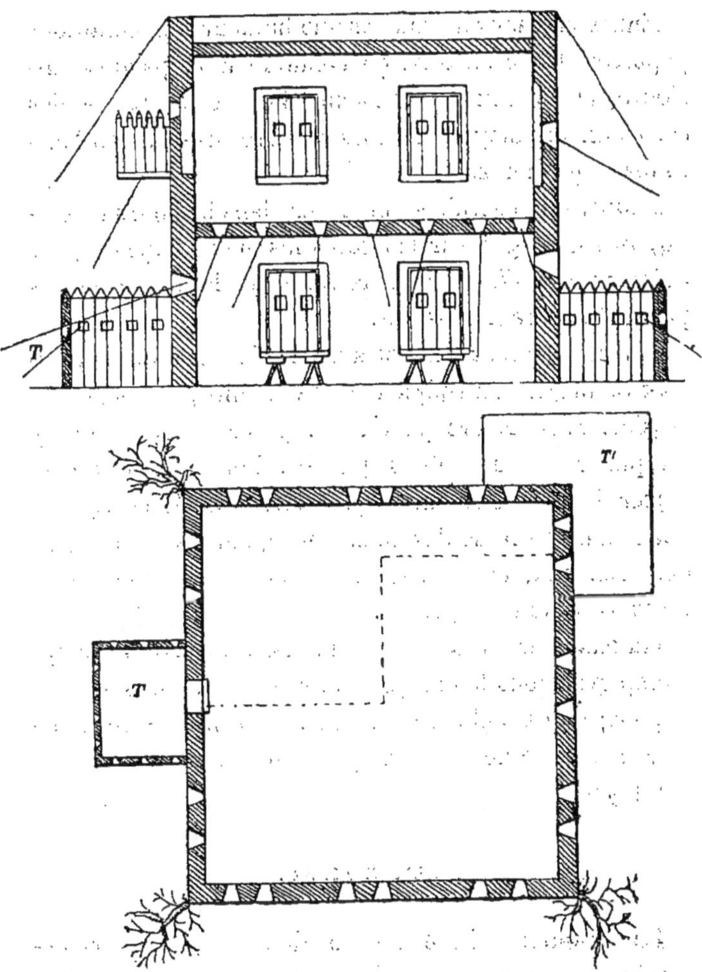

Figure 115.

Rez-de-chaussée.

On bouche toutes les issues du rez-de-chaussée, à l'exception d'une pour se ménager la possibilité de s'échapper au besoin. Les matériaux employés seront la maçonnerie de pierres ou de briques, avec un mortier de terre grasse à défaut du mortier ordinaire. A défaut de maçonnerie, on emploiera le bois. Après avoir coupé les madriers ou planches de la longueur voulue, on les applique sur les fenêtres et portes ; ils sont placés verticalement et jointifs ; on les maintient à l'aide de traverses clouées aux châssis des fenêtres ou scellées dans les ébrasements des fenêtres. Ces madriers doivent être assez épais pour résister à la pénétration de la balle. De même, on double les ventaux de la porte avec des madriers pour les rendre impénétrables à la balle. On perce des créneaux à travers les madriers et les volets des fenêtres et les ventaux de la porte. Ces créneaux doivent être à 2 mètres au-dessus du sol extérieur, pour que l'ennemi ne puisse pas les emboucher. On établira donc à l'intérieur une banquette avec des planches, des tables, des bancs, tous les matériaux qu'on aura sous la main.

Pour garantir l'issue réservée des tentatives que l'ennemi pourrait faire pour l'enfoncer, on l'entoure d'un tambour T en palanques percées de créneaux.

On peut en construire un autre à un angle en T', de manière à embrasser dans ce tambour une ou deux croisées. Ces palanques donnent du flanquement.

Si les créneaux percés soit dans les murs, soit dans les cloisons en madriers, ne peuvent être situés à 2 mètres au-dessus du sol, on se contentera de l'élévation de 1 mètre, et l'on creusera en avant du mur un fossé de 1 mètre comme celui dont nous avons parlé à propos du mur de clôture. De même, on peut creuser une petite tranchée intérieure et placer, comme nous l'avons également dit, des créneaux à ras du sol ou à 0^m40 au-dessus, dans les intervalles des premiers. Ces créneaux, espacés de 1 mètre à 1^m50, sont perpendiculaires aux murs, excepté aux angles, où on oblique leur direction pour diminuer le secteur privé de feux.

Des abatis seront très-utiles aux angles.

S'il y a plusieurs pièces, on perce des créneaux dans les murs de refend ou dans les cloisons ; on se ménage de faibles communications entre les pièces, ayant bien soin de préparer à l'avance les moyens de les barricader pour le cas où l'ennemi aurait forcé la porte d'entrée; on pourra ainsi les défendre successivement.

Si la maison a un étage, on coupe l'escalier pour que l'ennemi, maître du rez-de-chaussée, ne puisse s'en servir. La communication est rétablie au moyen d'une échelle. Quelquefois, on se contentera de barricader l'escalier; on le bouchera en haut au moyen de madriers percés de créneaux ; on se ménagera d'autres vues sur l'escalier au moyen de créneaux pratiqués dans les murs.

Premier étage.

La défense des étages réalise les conditions suivantes dans l'ordre que nous indiquons :

Défendre les abords de la maison ; donner des feux aux pieds de la maison, en donner à l'intérieur.

On commencera donc comme au rez-de-chaussée par fermer toutes les ouvertures, jusqu'à 1^{m}80 environ au-dessus du plancher, pour mettre les défenseurs à couvert des projectiles ; on emploiera également pour cela des madriers ou fortes planches impénétrables à la balle ; on les double au besoin pour obtenir cette impénétrabilité. On se ménage quelques créneaux dans ces madriers. S'il y a un balcon, on le garnit de matelas, ou bien l'on se couvre encore avec des madriers. On pratique ensuite des créneaux dans les murs de face et de pignon à 1 mètre au-dessus du plancher ; ils seront placés au milieu des intervalles de ceux du rez-de-chaussée, afin que l'ennemi ne puisse dresser des échelles entre deux créneaux ; comme au rez-de-chaussée, vers les angles ils ont une direction oblique.

Il faut ensuite songer à garnir de feux l'intérieur de la maison au rez-de-chaussée et le pied des murs à l'extérieur. Pour cela, il faut pratiquer de petites ouvertures ou des trappes de 0^{m}15 à 0^{m}20 de largeur au-dessus des portes du rez-de-chaussée dans le plancher de l'étage ; ce moyen, qui est excellent, permet d'avoir une action constante sur l'assaillant parvenu au rez-de-chaussée.

Pour flanquer le pied des murs, on a les deux tambours dont nous avons parlé, T et T', puis il faut chercher à obtenir un bon flanquement au moyen de feux verticaux. S'il y a un balcon, on perce le plancher du balcon, après s'être couvert de madriers ou de matelas. Ces ouvertures ne sont autre chose que les mâchicoulis des forteresses du moyen âge. On peut encore établir des mâchicoulis sur le pourtour de l'étage, à condition, toutefois, de ne pas compromettre la solidité de la maison. On les placera donc dans les parties correspondant aux fenêtres qui ont moins de poids à supporter, et leur largeur dépendra de la solidité du bâtiment ; ils n'ont pas plus de 0^m25 à 0^m30 de hauteur, les joues sont évasées.

On peut, s'il n'y a pas de balcon, construire des balcons-mâchicoulis de la manière suivante. On place sur

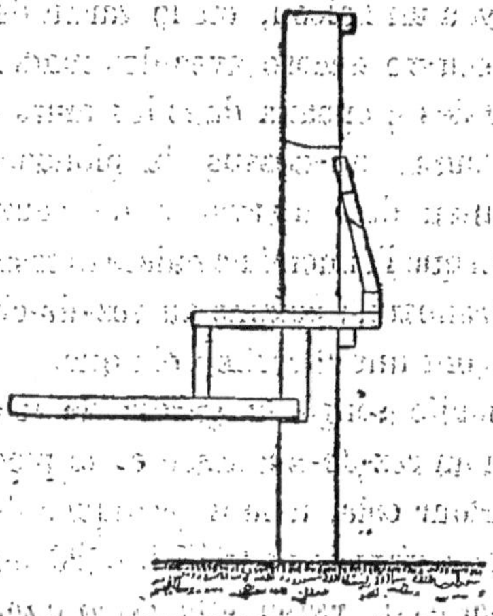

Figure 116.

l'appui d'une fenêtre trois ou quatre poutrelles horizontales perpendiculairement au mur et le dépassant de 0^m20 à 0^m30. Elles reposent à l'intérieur sur des montants fixés au plancher et reliés entre eux par une traverse (*fig.* 116).

Un petit plancher établi sur ces poutrelles à l'intérieur supporte les défenseurs. Sur les extrémités extérieures de ces poutrelles, on place une autre poutrelle de 0^m15 d'équarrissage environ, horizontale, parallèle au mur, et laissant entre elle et lui une fente de 0^m10 à 0^m15 qui forme le mâchicoulis. Les défenseurs seront abrités devant et de côté par des madriers placés contre la poutrelle extérieure, et appuyés par leurs extrémités supérieures contre le mur au-dessus de la fenêtre. On pourra établir ces balcons-mâchicoulis au-dessus des portes du rez-de-chaussée et sur les faces qui n'ont pas de flanquements horizontaux.

Pour se défendre de chambre en chambre au 1er étage, en emploiera les mêmes moyens qu'au rez-de-chaussée. Si le nombre des défenseurs est trop faible pour la maison, on s'isole de la partie qu'on ne peut défendre, en coupant les planchers en avant des portes sur une largeur de 2 mètres.

La défense des étages supérieurs s'organise de la même manière. La toiture est ordinairement démolie, parce qu'elle est faite en matériaux combustibles ; d'ailleurs les bois, tuiles etc., servent à l'organisation de la défense. Pour éviter le feu, on recouvre l'étage supérieur d'une couche de terre ou de fumier, on y place des baquets pleins d'eau ; la solidité du bâtiment est maintenue par des supports. On dispose une réserve pour secourir le point menacé. Autant que possible, on mettra deux hommes à chaque créneau.

Enfin, s'il y a dans le voisinage une maison qui puisse gêner, on l'abat ou on la brûle.

Ferme, ou groupes de maisons.

Une ferme se compose, en général, soit de plusieurs corps de bâtiments réunis autour d'une cour rectangulaire, soit d'un groupe de maisons, granges, écuries, hangars, disposés autour du bâtiment principal ; tout auprès se trouvent des vergers, jardins ou prairies entourées de haies ou de murs, enfin une ou plusieurs routes y aboutissent.

La première chose que doit faire un chef de détachement chargé de la défense d'une ferme, c'est de reconnaître la position dans son ensemble, d'en apprécier la valeur militaire et de se rendre un compte exact du parti qu'il pourra en retirer en raison de la force dont il dispose. Il fera déblayer à 400 ou 500 mètres le terrain environnant, en abattant les arbres, qui, d'ailleurs, lui seront utiles pour les autres travaux, et en supprimant tous les couverts dont l'ennemi pourrait profiter pour tirer à l'abri sur les défenseurs de la ferme; il supprimera de même tout bâtiment dont la défense lui semblerait impossible d'après le nombre d'hommes sous ses ordres.

La reconnaissance du terrain extérieur lui permettra encore de juger s'il lui est possible d'organiser deux enceintes dont l'une serait composée des haies, murs de clôture entourant les vergers, jardins ou prairies dépendant de la ferme, l'autre des bâtiments qui la composent. Si l'ensemble de la position est trop vaste pour le nombre d'hommes dont il dispose, il fera détruire de la première enceinte tout ce qui pourrait gêner les feux de la seconde. Si celle-ci est trop étendue, il n'en conservera que ce qui pourra être défendu.

En même temps que se fait cette reconnaissance extérieure, le chef du détachement envoie un officier avec un certain nombre d'hommes dans l'intérieur de la ferme, avec ordre de démolir les toitures, de débarrasser les greniers de toute matière inflammable, comme le foin, la paille, le menu bois, qu'il remplace par du fumier, ou de la terre, de manière à diminuer les chances

d'incendie, et à rendre moins dangereux les éclats
d'obus; il faut avoir soin de ne pas amasser une sur-
charge qui soit de nature à compromettre la solidité des
bâtiments. D'autres escouades de travailleurs rempliront
des baquets d'eau dans les cours et dans les étages
supérieurs, et rassembleront tous les objets qui peuvent
servir à la défense, tels que tonneaux, sacs, bois de
chauffage, voitures, meubles, etc.

On organisera ensuite la défense proprement dite.
Nous supposerons qu'on puisse former deux enceintes.

La première se composera, comme nous l'avons dit,
des haies et murs de clôture en avant. Ces obstacles
s'organisent comme nous l'avons montré; s'il y a des
solutions de continuité, on construit, dans les intervalles,
des retranchements en terre, en palanques ou palissades. On cherche à se procurer un flanquement aussi
complet que possible au moyen de redans ou de tambours en palanques, là où le tracé des obstacles naturels ne se brise pas en saillants et rentrants. Les
obstacles qui se dirigent du centre à la circonférence de
l'enceinte gênent les communications : on s'en débarrasse. Les endroits où les routes traversent cette enceinte
sont des endroits faibles : on y construira un parapet au
moyen d'une coupure pratiquée sur la route; derrière
cet épaulement on place de l'artillerie, s'il y en a; sinon,
on construit une barricade avec fossé; des tonneaux
remplis de terre, des voitures dont on enlève les roues
et qu'on remplit de terre ou de fumier, etc., et surtout la
terre, seront les matériaux employés; on se gardera
d'employer la pierre, qui donne des éclats dangereux.

En avant, on emploiera les défenses accessoire dont on
pourra disposer, abatis d'arbres sur les routes ou che-

mins importants, chausse-trapes, haies de fils de fer, etc.;
aux abords de l'enceinte, etc. Autant que possible les
coupures, batteries ou barricades de la 1re enceinte sont
en dedans de celle-ci, afin d'en recevoir les feux flanquants.

La deuxième enceinte sera formée des murs de la
cour et de ceux des bâtiments dont l'ensemble constitue
la ferme. Souvent ces bâtiments sont rangés autour
d'une cour rectangulaire, leur projection horizontale
affecte la forme d'une redoute. S'il y a des interruptions
de continuité dans cette enceinte, on rétablit la continuité par des parapets en terre, palanques, palissades,
gabions ou tonneaux remplis de terre, et précédés d'un
fossé. Organisez cette enceinte comme une maison isolée,
rappelez-vous qu'il faut flanquer les abords, organiser
des coups de feu sur les rez-de-chaussées et les portes
d'entrée, établir des communications entre les différents
corps de bâtiments avec faculté de les intercepter le cas
échéant, et partagez votre troupe en autant de fractions
qu'il y a de postes à défendre, plus une réserve variant
du tiers au sixième. Cette réserve sera confiée à un officier énergique et ayant la confiance du soldat; faites
choix d'un reduit; c'est là que sera votre réserve. L'officier qui la commandera dirigera ses renforts là où il les
jugera nécessaires, sans quitter lui-même son poste, à
moins qu'il n'en reçoive l'ordre du commandant en chef;
qu'il ne reçoive d'ordre que de celui-ci, et se tienne soigneusement en garde contre les obsessions souvent exa-
gérées de tel ou tel poste; son devoir, cependant, est de
se maintenir en relations constantes, pendant le combat,
avec les différents points de l'enceinte, et souvent un
coup de vigueur de sa part exercé à propos rétablira

l'équilibre là où il aura été rompu tout à coup. Dans l'expédition de l'Atlas, en 1830, le général Clausel, après s'être emparé de Blidah, y laissa une garnison composée d'un régiment d'infanterie et de quelques pièces d'artillerie ; ces faibles forces ayant été attaquées par une nuée d'Arabes se défendirent avec la dernière énergie, mais elles allaient succomber sous le nombre, et déjà la ville était tombée presque tout entière au pouvoir de l'ennemi, lorsqu'une compagnie de grenadiers soigneusement tenue en réserve, sortant par une des portes restées libres, revient par un détour, tambour en tête, attaquer les Arabes à dos par la porte d'Alger ; croyant à l'apparition subite de renforts importants, les Arabes se dispersent, tandis que nos troupes les attaquant dans ce mouvement d'épouvante en font un horrible carnage et reprennent possession de la ville. A Arcole, l'apparition de 50 guides sous le commandement du chef d'escadrons Hercule, qui exécute à propos une charge à grand renfort de trompettes sur le flanc de la colonne autrichienne chargée de la défense du pont, détermine la retraite de cette colonne et l'obstacle est franchi.

Dans la défense d'une ferme, d'un groupe de maisons, d'un village, la réserve a donc un rôle très-important à remplir ; mais il faut la ménager pour l'instant décisif, et lui choisir un chef résolu, ayant la confiance du soldat et possédant à un haut degré l'esprit d'initiative.

En règle générale, évitez de vous retrancher au point de vous enfermer vous-même dans une position ; l'art de la défense consiste bien plutôt dans le choix des obstacles que dans la multiplicité de ces obstacles. L'énergie, l'intelligence du chef et son expérience féront le reste. Il faut donc se ménager la possibilité d'une retraite pour le cas où l'on aura épuisé tous les moyens de résistance. Généralement, une seule communication suffira ; elle sera établie dans une partie flanquée, protégée, du reste, comme nous l'avons expliqué dans le cas d'une maison isolée. L'artillerie, s'il y en a, effectuera sa retraite par un passage ménagé dans la première enceinte, sur un pont volant, qu'on détruira au dernier moment ; passages et ponts seront situés dans les rentrants et flanqués ; l'artillerie, qu'on doit bien plutôt placer en dehors des ouvrages, se retirera au moment de la défense approchée, si elle a été installée dans l'enceinte. Dans le cas d'une position isolée, elle subira le sort de la garnison.

En résumé, dans la défense d'une ferme ou d'un groupe de maisons, organisez tous les obstacles possibles sur les pas de l'ennemi, couvrez-vous de votre mieux tout en vous ménageant la faculté de tirer le meilleur parti de vos fusils et de vos pièces, mais évitez de tomber au pouvoir de l'ennemi, tout en vous défendant jusqu'à la dernière extrémité. C'est en cela que consiste l'art de la défense, qui exige avant tout du cœur et de la présence d'esprit.

Village.

« L'abus des fortifications, qui procède d'une trop grande défiance dans la puissance offensive des troupes, est pour le moins aussi dangereux que l'abus contraire, qui prend sa source dans une excessive témérité.

« L'armée qui dédaignerait aujourd'hui le secours de la pelle et de la pioche ferait des pertes énormes, et celle qui s'immobiliserait derrière des ouvrages de fortification

verrait, comme le dit M. Vial, l'ennemi défiler hors de
portée pour venir l'attaquer, soit sur ses flancs, soit par
derrière. » Ainsi s'exprime M. le colonel Brialmont dans
sa fortification improvisée. Ces réflexions sont parfaite-
tement justes, mais leur application appartient au général en chef, car elles sont du domaine de la stratégie.
Nous n'avons, nous, à considérer une position qu'au
point de vue de la défensive, et, tout en gardant, autant
que possible, nos communications avec le reste de
l'armée, nous appliquerons à la défense du poste qui
nous est confié tout le temps dont nous disposerons et
tous les moyens en notre pouvoir. Sur un champ de bataille, par exemple, la résistance à outrance d'un village peut sauver l'armée, une résistance de cette nature pourra même dans certaines circonstances faire le
salut d'une nation. Supposez notre armée battue à la
frontière, et l'ennemi dans la nécessité de traverser un
village situé sur sa ligne d'opérations, village qu'on aurait négligé de fortifier en temps de paix. L'armée ennemie pourra y être arrêtée assez longtemps, grâce à
vos bonnes dispositions défensives et à l'énergie de votre
défense, pour que notre armée ait le temps de se re-
faire, et pour que nos réserves aient le temps d'accou-
rir. Supposez à Soissons une résistance convenable aux
troupes de Blücher en 1814, l'armée française anéan-
tissait l'armée de Silésie, et le destin de la campagne
était changé. Au surplus, nous allons résumer les dispositions à prendre pour la défense d'un village ; on en
fera l'application partielle ou totale suivant le temps et
les moyens dont on disposera.

Il faut commencer par faire la reconnaissance du village, voir le parti qu'on peut en tirer, et choisir un ré-

duit ; ce peut être l'église, la mairie, une halle ; ou bien, s'il existe des hauteurs accessibles importantes, une redoute ou un fortin sur ces hauteurs. En règle générale le réduit doit être isolé. La reconnaissance devra être accompagnée d'un levé à vue. Elle porte :

1° *Sur le terrain extérieur.* — S'attacher à bien reconnaître les communications extérieures et les débouchés ; examiner toutes les positions favorables à l'ennemi, et décider soit la destruction, soit l'occupation de ces positions. Examiner, en outre, s'il est possible ou avantageux de construire deux enceintes : la première composée de fossés, de haies, de murs, d'abatis et défenses accessoires ; la deuxième, des bâtiments du village ; indiquer l'emplacement et le tracé des ouvrages de campagne à élever. On aura souvent à prescrire la construction de lunettes, redans, tenailles ou queues d'aronde, aux points où les routes coupent la première enceinte ; les abords de ces ouvrages seront protégés par des abatis. Les fossés et chemins creux parallèles au village seront comblés ou aplanis, de manière que la vue puisse y plonger. Les routes latérales seront entravées ou détruites. S'il y a un cours d'eau, examiner s'il est utile de tendre une inondation.

L'artillerie sera généralement bien placée sur les saillants de la première enceinte, de manière à battre tout le terrain en avant.

Le tiers de vos troupes défendra la première enceinte : ce premier tiers aura lui-même sa réserve ; nommez un commandant de la première enceinte, un commandant de la seconde ; donnez encore un chef à la réserve générale ; vous surveillerez l'ensemble de la défense.

2° *Défense intérieure.* — Abattez les édifices ou con-

structions situés entre les deux enceintes ; reliez entre
elles les différentes parties de la seconde enceinte où il
existe des solutions de continuité ; employez des terras-
sements de préférence aux palanques ; ouvrez des communications pour la circulation intérieure des troupes.

Puis, si l'assiette du village le permet, organisez chaque quartier comme une ferme isolée, en formant deux
enceintes, complétées, s'il le faut, par des palanques ou
palissades. Les murs extérieurs seront crénelés, organisés comme nous l'avons indiqué page 190. Les maisons sur les rues seront crénelées. Les rues seront cou-
pées de fossés et barricades ; les barricades seront
placées de préférence un peu en arrière des premières
maisons de manière à en être flanquées, et surtout dans
les coudes ; entre vos barricades ménagez-vous des passages, en brisant chaque barricade sur la moitié de sa longueur ; les plus importantes auront des barrières mobiles
en chevaux de frise ou palissades ; elles seront précé-
dées d'un fossé qu'on passera au moyen de quelques
poutrelles faciles à enlever. Prenez les précautions ordinaires contre l'incendie, et supprimez tout bâtiment
de chaume. Le réduit, si c'est un bâtiment du village,
doit être isolé et organisé avec double enceinte, comme
une ferme. Vos réserves seront disposées sur la place,
ou près du réduit. Des troupes de soutien seront établies aux différents carrefours.

Si le village est situé en avant d'une ligne de bataille,
et à portée d'être soutenu, il ne faut pas détruire les
voies de communication en arrière, mais bien plutôt en
ouvrir d'autres. Mais après avoir organisé la défense
des trois côtés du village exposés à l'ennemi, il faut
se barricader, et s'organiser soigneusement en arrière,

car l'ennemi cherchera souvent à tourner le village. Ayez donc un tiers de votre troupe comme réserve générale pour parer à ce danger.

DESTRUCTION DES VOIES DE COMMUNICATION ET DES OUVRAGES D'ART PAR LA POUDRE.

Destruction d'une route.

Lorsqu'une route se trouve au même niveau que le terrain environnant, elle est dite à *niveau ;* quand elle est plus basse, on la dit en *tranchée ;* plus haute, on la dit en *remblai* ou en *chaussée ;* elle est dite encore *à flanc de coteau* quand elle traverse un terrain en pente, sur le flanc d'une colline; la route allant, par exemple, du village d'Argenteuil à celui de Sannois, est sur certains points, à *flanc de coteau.* Dans ce cas, l'un des côtés est en remblai, l'autre en tranchée.

On distingue dans une route :

1° *La chaussée.* — C'est la partie centrale ou le corps de la route. — Selon qu'elle se compose de pierres cassées, de sable ou de terre, on dit qu'elle est empierrée, sablée ou en terre. — Pour le passage de l'artillerie, une route ne peut avoir, sans inconvénient, moins de 3 mètres de largeur. Cependant, on trouvera beaucoup de routes, en France et à l'étranger, servant à l'exploitation des fermages, aux communications des parties cultivées du terrain soit avec un établissement agricole, soit avec une route principale. Ce chemin d'exploitation, qui donne passage aux voitures, n'a souvent pas plus de 2^{m}50 de largeur ; il ne peut avoir moins de 2^{m}20 pour une seule voiture. Nos chemins vicinaux ont de 4 à 6 mètres de largeur. Ils permettent habituellement le passage de deux voitures.

2° *Les banquettes ou accotements.* — Ces banquettes sont destinées aux piétons. — Nos routes françaises n'en ont qu'aux environs des grandes villes.

3° *Les fossés ou cunettes.* — Ce sont les excavations latérales destinées à l'écoulement des eaux, de chaque côté des banquettes.

Pour rendre une route impraticable, on emploiera des abatis, on détruira les ponts, on fera des coupures, on inondera la route, etc.

Quand la route est à niveau, on creusera des tranchées de distance en distance ; les terres provenant de ces excavations peuvent être employées, soit pour des épaulements placés sur les côtés de la route, soit pour des barrages. Mais il vaudra mieux, si l'on se trouve à proximité de terrains marécageux, y jeter les terres du déblai, pour qu'elles ne puissent servir à recombler les excavations.

Dans le voisinage d'une rivière ou d'un ruisseau, on pourra tendre des inondations au moyen de petites digues, comme nous l'avons indiqué.

Dans les routes en remblai, on pratique des coupures aussi larges que possible, et on choisit de même le voisinage de terrains marécageux ou d'un cours d'eau.

Sur les routes en tranchée, on cherche à combler la tranchée en faisant ébouler les talus sur la chaussée, en rapportant des terres, en faisant sauter, au moyen de la poudre, un bloc de rocher, ou en détachant les parties revêtues des talus avec le pic ou simplement la pioche.

14

Pour les routes à flanc de coteau, on fait ébouler le talus en déblai pour encombrer le côté en tranchée, et l'on fait ébouler les talus en remblai de manière que les terres descendent dans la vallée.

Tous les moyens ci-dessus peuvent être combinés avec les défenses accessoires. Généralement on choisira les abatis, surtout si la route est bordée d'arbres (moyen indiqué page 155-3°).

Destruction des ponts.

Quant aux ouvrages d'art, on emploiera le feu ou la poudre pour les détruire.

Il suffit d'incendier un pont en bois pour le détruire complétement. Le feu peut se mettre au moyen de fascines, de bottes de paille suspendues à des fils de fer dans les intervalles des poutres sous le tablier. Pour activer la combustion, on peut répandre sur le tablier du bitume, de la poix, du pétrole ou autre matière inflammable, et pratiquer des trous dans le tablier pour établir des courants d'air.

Pour détruire un ouvrage d'art au moyen de la poudre, il y a deux cas à considérer :

1° L'ouvrage est en bois ;
2° L'ouvrage est en maçonnerie.

Pour détruire un pont en bois au moyen de la poudre il suffit de suspendre des barils de poudre sous quelquesunes de ses travées.

300 kilogrammes de poudre, placés dans une caisse en plomb, au fond d'une rivière de 2^m30 de profondeur, sous un pont de chevalet, en ont enlevé trois travées;

placés sur le tablier, ils n'ont brisé qu'un chevalet sans détruire le passago.

Règle générale, si la charge de poudre est de 100 kilogrammes, il suffit de la mettre sur le tablier à détruire ; si elle est moindre, il vaut mieux la mettre sous ce tablier.

Lorsqu'il s'agit d'un ouvrage en maçonnerie, pont, aqueduc, on fait sauter une ou deux piles. Lorsque les piles ont de 1^{m}30 à 1^{m}60 d'épaisseur, on établit dans l'une d'elles des fourneaux de 50 à 60 kilogrammes, et on compasse leurs feux au moyen de saucissons posés sur un madrier soutenu par des crampons (*fig.* 117).

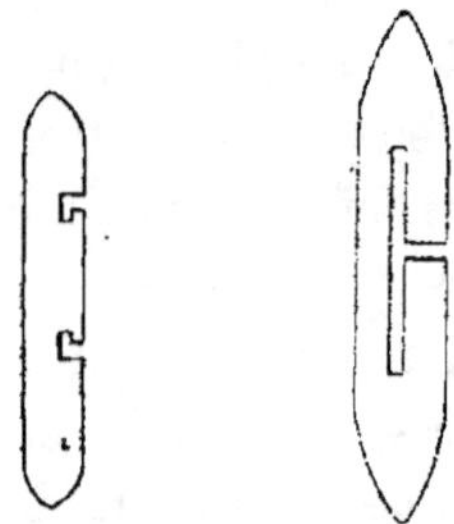

Figures 117.

Si la pile a 2 à 3 mètres d'épaisseur, les fourneaux doivent être chargés de 150 à 200 kilogrammes de poudre. Faute de temps, on peut se borner à creuser, suivant la direction de la clef de voûte, une tranchée de 0^{m}50 de profondeur, dans laquelle on met 150 à 200 kilogrammes de poudre. On a rompu ainsi des voûtes en plein cintre de 8 mètres de portée et de 1^{m}30 d'épaisseur à la clef.

On peut encore creuser, au milieu de l'arche, une tranchée en croix jusqu'à l'extrados et mettre dans chaque branche 75 kilogrammes de poudre, pour une épaisseur de voûte de 1 mètre ; on recouvre cette poudre de madriers chargés de terre (*fig.* 118).

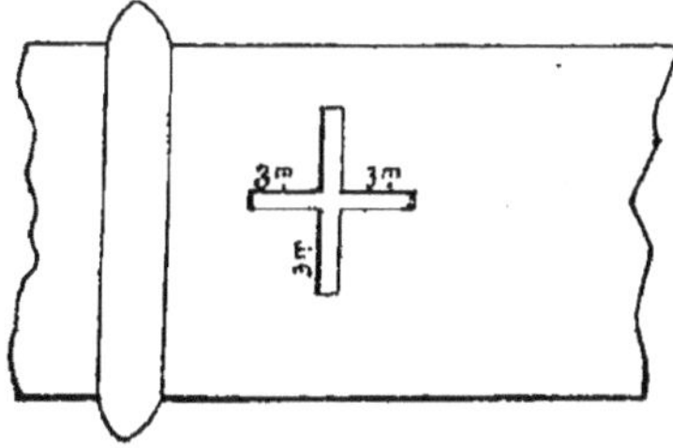

Figure 118.

L'intrados est la partie *abc* d'une arche ; l'extrados est la partie *a'b'c'* ; le tablier repose sur l'extrados ou

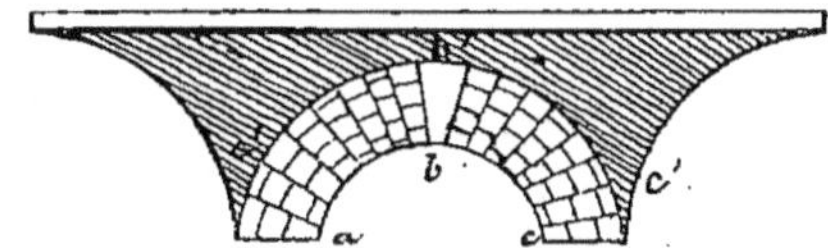

Figure 119.

sur un remblayage supporté par l'extrados. La pierre *b'b* au sommet de l'intrados est la clef de voûte.

On peut aussi suspendre à l'intrados, au moyen de cordes, un auget contenant de la poudre, ou simplement des barils ; ou encore, répartir la poudre en tas sur la voûte ; trois tas de 100 kilogrammes chacun crèveront une voûte de 2 mètres d'épaisseur à la clef.

Quand on a peu de poudre, on creuse deux tranchées suivant la direction des reins RR' jusqu'à l'extrados (*fig.* 120) ; puis, au fond de chacune, on établit deux ou trois fourneaux de 12 à 15 kilogrammes chacun, et on les recouvre de bois, de terre et de pierres enlevées au parapet.

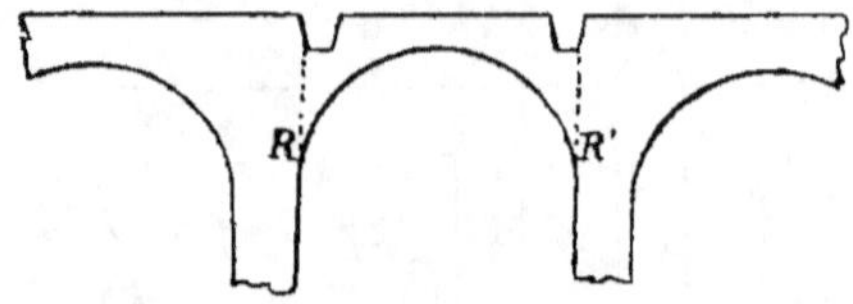

Figure 120.

Renverser un mur non terrassé.

Dans le cas d'une épaisseur de mur de 0ᵐ60 à 0ᵐ90, appuyer un ou deux barils de poudre auxquels on met le feu, ou bien établir un fourneau de 12 à 15 kilogrammes de poudre. On aura une brèche de 1ᵐ50 environ. On peut encore établir des sacs de poudre de 10 à 15 kilogrammes espacés de 1ᵐ50 d'axe en axe ; l'explosion déterminera de larges brèches. Il faut avoir soin de contre-butter les sacs.

Pour les murs de 1ᵐ50 à 2 mètres d'épaisseur, établir un ou deux fourneaux sous les fondations, dépassant le milieu de l'épaisseur des murs.

Renverser un mur terrassé.

Dans le cas d'un mur terrassé, le plus simple est d'avoir recours au canon.

Renverser une porte.

Placer un sac de poudre de 25 à 30 kilogrammes sur un petit banc ; après l'avoir contre-butté avec quelques sacs à terre, huit ou dix environ, mettez le feu au moyen du saucisson.

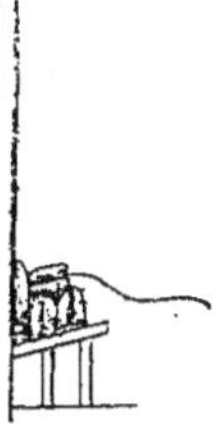

Figure 121.

On peut encore creuser au pied un petit fourneau, y jeter un sac de 20 kilogrammes de poudre, le bourrer de sacs à terre et mettre le feu.

Renverser un palissadement.

Un homme en une minute et demie creuse un trou de 0^m50 de profondeur, y jette un sac de 10 kilogrammes de poudre, remblaye, dame la terre avec ses pieds et met le feu ; ou bien, il appuie un sac de 20 kilogrammes contre la palissade, et le contre-butte avec 4 sacs à terre.

On renverse par ces moyens 4 à 5 palissades.

Renverser une fraise.

Placer un sac de poudre sous la fraise, et le contre-butter par des sacs à terre soutenus par un plateau.

Moyens pour mettre le feu aux poudres.

On se sert :

1° Du cordeau porte-feu, renfermant trois mèches à étoupilles, tressées ensemble.

La mèche à étoupille est une réunion de plusieurs brins de coton imbibés et recouverts d'une composition propre à mettre le feu. Voici la manière de faire les étoupilles. On fait tremper cinq brins de coton fin pendant quinze heures dans du vinaigre fort, et bouillir pendant un quart d'heure dans de l'eau salpêtrée ; ou bien on les fait tremper pendant·dix heures dans de bonne eau-de-vie contenant en dissolution 1 once de camphre par pinte ; ensuite ces brins sont enduits d'une pâte de pulvérin humectée d'eau-de-vie contenant en dissolution 1 once 1/2 de gomme arabique ou de colle forte par pinte. On conserve les étoupilles enveloppées dans du papier, par 10 paquets de 10 chaque.

2° Du saucisson, dont nous avons donné la description avec le moine et le témoin.

3° D'une traînée de poudre.

4° De l'électricité.

MISE HORS DE SERVICE DES VOIES FERRÉES, DES TÉLÉGRAPHES.

Dans la mise hors de service d'une voie ferrée, deux cas sont à examiner :

1° La voie ne doit être mise que temporairement hors de service, attendu qu'on peut soi-même être dans le cas de se servir du chemin de fer dans un temps peu éloigné.

2° La voie doit être rendue impraticable pour un temps indéterminé.

Dans un cas comme dans l'autre, il importe de connaître certains détails de construction pour n'être pas exposé soit à des tâtonnements, soit à l'application de moyens erronés.

La voie se compose d'une bande de terrain sur laquelle on établit une couche de gravier ou pierraille de 0ᵐ25 d'épaisseur, qui porte le nom de *ballast*. — Dans le ballast sont enterrés à 0ᵐ05, dans une direction perpendiculaire à la voie, et à 1 mètre de distance d'axe en axe, des madriers en chêne ou en hêtre qui portent le nom de *traverses*. C'est sur ces madriers (qu'on emploiera souvent comme palissades) que reposent les rails, dont l'écartement intérieur constant est de 1ᵐ44, soit 1ᵐ50 d'axe en axe. Cet écartement s'obtient au moyen du gabarit. Le gabarit est le même pour toute l'Europe, excepté pour la Russie et l'Espagne.

Cela posé, il y a deux types de rails :

1° Le type à *base plate* ou rail du système Vignolles.

2° Le type à *double tête* ou rail à double champignon, à base arrondie.

Système Vignolles.

Le rail du système Vignolles est une bande de fer de 6 mètres de longueur du poids de 216 kilogrammes.

Ce rail est à base plate. La partie supérieure s'appelle le *champignon*, la partie inférieure reposant sur les traverses porte le nom de *patin* (*fig.* 120).

Traverses. — On appelle *traverses de joint* les traverses T, T' placées à la jonction de deux rails ; elles sont plus larges que les autres ; les traverses I et I', qui sont placées sous le milieu de chaque rail, se nomment traverses *intermédiaires* ; enfin, les traverses O, O', placées à droite et à gauche des traverses intermédiaires

et des traverses de joint, sont les traverses ordinaires
(*fig*. 120).

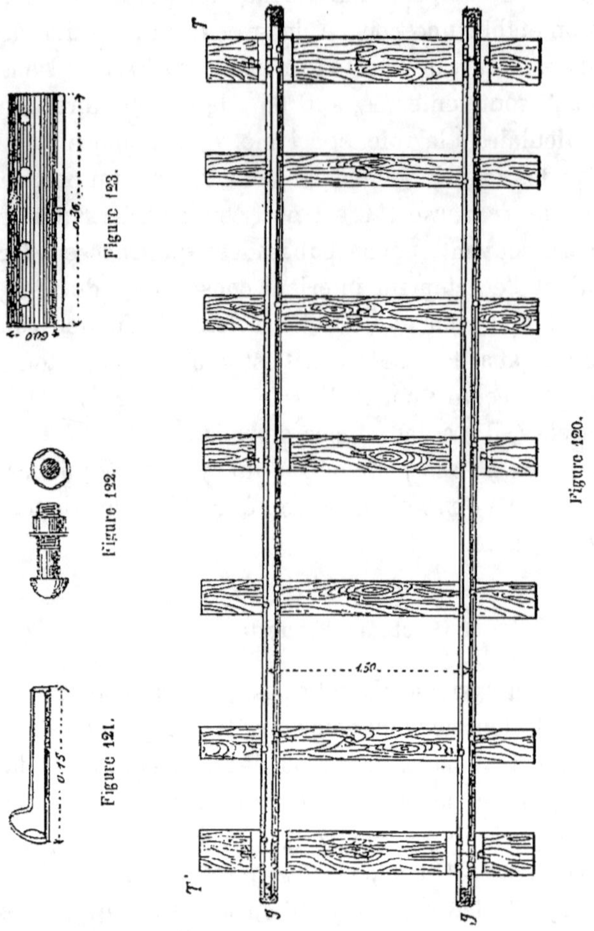

Platines de fond. — Ce sont des plaques en fer P,
qui n'existent que sur les traverses de joint et les traverses intermédiaires ; elles ont deux rebords entre
lesquels est maintenue la base du rail (*fig*. 120).

Crampons. — Les crampons ou tire-fond sont des clous à tête recourbée qui servent à fixer les rails sur toutes les traverses (*fig.* 121).

Les tire-fond sont inclinés l'un vers l'autre, leur tête pince le patin du rail; elle est légèrement enterrée dans le ballast (*fig.* 120).

Eclisses. — Les éclisses (*fig.* 123) sont deux plates-bandes de fer servant à réunir deux rails consécutifs. Les éclisses sont percées de quatre trous correspondant aux trous qui se trouvent à l'extrémité de chaque rail. On place une éclisse de chaque côté de deux rails consécutifs à leur point de jonction. On engage dans le trou commun au rail et à l'éclisse un boulon, terminé d'un côté par une tête ronde, de l'autre par un pas de vis sur lequel on visse un écrou (*fig.* 122).

Système à double champignon.

Le type à double champignon comprend deux systèmes de voie, suivant que les rails sont assemblés au

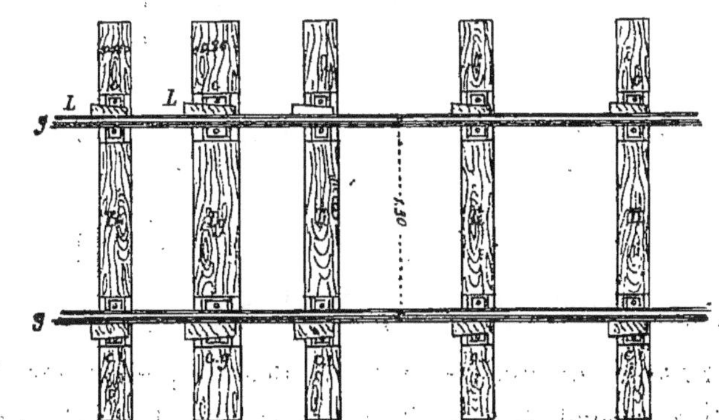

Figure 124.

moyen de *coussinets* ou au moyen d'éclisses. Les rails

sont en fer à base arrondie, de 4^m50 à 6 mètres de longueur. Leur écartement est le même que celui du système Vignolles. Il y a également des traverses de joint
et des traverses intermédiaires.

Coussinets. — Les coussinets en fonte comprennent
une *sole* ou *base* (*fig.* 125), d'où partent deux joues embrassant le rail. Le rail est serré contre la joue externe
au moyen de coins en bois L. Les coussinets de joint
sont plus grands que les coussinets intermédiaires;
es uns et les autres sont fixés aux traverses avec des
clous (*fig.* 126).

Eclisses. — Dans le système à éclisses, le joint de
deux rails consécutifs est renforcé par deux éclisses
(*fig.* 127). Les éclisses sont fixées aux traverses de joint

Figure 125.   Figure 126.   Figure 127.

par des crampons et réunissent les bouts des rails au
moyen de boulons semblables à ceux du système précédent.

Il ne nous reste plus qu'à faire connaître la manière
de mettre hors de service les voies de chacun de ces
systèmes.

Mise hors de service provisoire.

Pour mettre temporairement une voie hors de service, le moyen le plus simple et le moins apparent consiste à altérer légèrement, en un point de la ligne, l'é-
cartement des rails, soit en desserrant les boulons des

éclisses, soit en forçant les crampons à coups de masse (système Vignolles). Dans le système à double champignon, il suffit de chasser les coins à coups de masse ; on met ensuite les traverses à découvert ; puis des hommes, au moyen de leviers en bois, ou de barres de fer, se placent d'un même côté de la voie, introduisent les leviers sous la jonction des rails, soulèvent le système tout entier et le renversent sur la voie. Ou bien, couper les traverses à coup de hache, et si le système est à champignons et à coussinets, enlever un rail de distance en distance. Enfouir ensuite profondément les rails, où les jeter dans un cours d'eau, ou bien, les soulever à hauteur d'épaule et les laisser retomber sur un tronc d'arbre ou des blocs de pierre. Quand on a du temps, trois ou quatre heures suffisent. Le meilleur moyen de mettre la voie hors de service en conservant le matériel est de démonter régulièrement une certaine longueur de voie, 200 mètres par exemple, et de charger le matériel au fur et à mesure sur des wagons. On peut charger 24 rails sur un wagon, il faut de 4 à 6 hommes pour en porter un.

Moyens pour rendre une voie ferrée impraticable.

Lorsqu'on veut rendre une voie ferrée impraticable pour un temps indéterminé, le mieux, si on le peut, est de détruire les ouvrages d'art au moyen de la poudre, comme nous l'avons indiqué. Mais cette opération incombe plus spécialement aux troupes du génie. Voici des procédés plus à portée des troupes d'infanterie ou de partisans, que nous extrayons du *Manuel du sapeur d'infanterie* publié par le ministère de la guerre italien et traduit par MM. Percin, Grillon et de Lort-Sérignan:

1° Déformer à coups de pioche le plus grand nombre possible de traverses ;

2° Enlever au moyen de leviers une certaine longueur de rails, avec les traverses y attenantes, les amonceler et y mettre le feu. De cette manière, si les traverses ne brûlent pas complétement, elles se carbonisent et les rails sont bientôt faussés et hors de service ;

3° Enlever le plus grand nombre de rails possible (dans le système à champignons) et les recourber comme il a été dit ;

4° Frapper fortement les crampons avec la tête de la pioche pour en faire sauter la tête, la tige restant engagée dans la traverse ;

5° Briser ou endommager sensiblement les coussinets, boulons, etc., avec le même instrument ou avec des pinces, des masses, etc., réquisitionnées aux environs ;

6° Couper la plate-forme même de la voie, la bouleverser, l'inonder, la barrer avec les obstacles indiqués ;

7° Incendier les ponts de bois au moyen de fascines ou de bottes de paille enduites de pétrole ou de goudron ; ou bien fendre à coups de pioche et scier les longerons, détacher un certain nombre de rails sur les ponts métalliques ;

8° Obstruer en divers points l'intérieur des tunnels en faisant ébouler à coups de pioche, sur la voie, les puits établis pendant la construction, ou les puits d'aérage ;

9° Enfin, enlever ou détruire les pièces principales des appareils existant dans les stations, tels que aiguilles, contre-aiguilles, les leviers et les tiges de transmission des changements de voies, les rails et contre-rails des traversées de voies, les signaux, les réservoirs à eau, les machines, les appareils télégraphiques, etc., etc.

Pour mettre une locomotive hors de service, le moyen le plus expéditif est de donner un coup de hache dans le conduit à vapeur placé sur le côté de la machine.

Télégraphes.

Pour interrompre les communications d'une ligne télégraphique, il suffit d'abattre les poteaux et de couper les fils. Dans les stations, on s'emparera des appareils, on brisera les piles. Pour interrompre momentanément la transmission des dépêches, il suffit de diviser le courant au moyen d'un fil de terre. On peut cacher le point où a lieu cette interruption, ce qui pourra obliger à des recherches plus ou moins longues. Le procédé consiste à forer un poteau ordinaire et à faire passer dans le trou un fil de terre communiquant avec la branche des isoloirs et celle-ci avec le fil.

ORGANISATION INTÉRIEURE DES OUVRAGES.

Sommaire. — Construction du profil en talus. — De la barbette. — Des plates-formes. — Des embrasures. — Des réduits.

Construction d'un profil en talus.

Dans la figure que nous avons donnée de la redoute (*fig.* 32), les terres sont soutenues à droite et à gauche du passage par des talus inclinés à $\frac{1}{1}$. Nous avons représenté les derniers coups de feu dangereux de part et d'autre de l'axe du passage ; on voit, d'après leur direction, que la traverse à construire occuperait plus d'espace que n'en comporte l'écartement des deux faces opposées de la redoute. Nous avons indiqué, page 107, un premier moyen de réduire la longueur de la traverse : c'est en construisant deux petites traverses en T et T' (*fig.* 59 *bis*) ; un second moyen consiste à diminuer l'ouverture du passage tout en conservant, comme dans les exemples ci-dessus, une largeur de 3 mètres à couvrir . Pour cela, il suffit de donner aux talus une pente plus raide que $\frac{1}{1}$, soit $\frac{2}{3}$, sauf à les revêtir par l'un des moyens indiqués dans notre 4e leçon. Il faut dès lors savoir construire graphiquement un profil en talus. Reportons-nous aux préliminaires de ce cours.

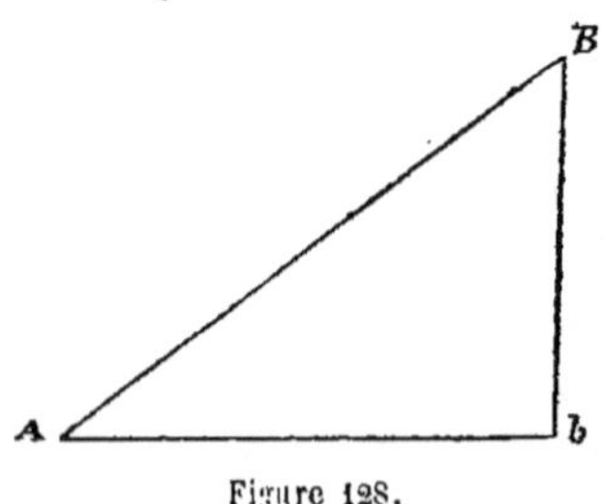

Figure 128.

Nous ayons vu que si une ligne AB (*fig.*) est incli-
née à $\frac{1}{1}$, on a Ab = Bb ; mais si AB est inclinée aux $\frac{2}{3}$,
Ab = $\frac{2}{3}$ de Bb ; car soit 2^{m}50 la cote de B ; on a la proportion $2:3::x:2.50$; autrement dit, pour une base de 2, la
hauteur étant 3, quelle sera la base pour une hauteur
de 2.50? De la proportion précédente on conclut que
$x=\frac{2}{3}\times 2.50$. Or, le plan d'un profil en talus peut être
considéré comme formé d'une suite d'horizontales parallèles à la trace de ce plan. L'horizontale du profil en
talus cotée 2^{m}50 rencontrera l'horizontale 2^{m}50 de l'ouvrage en un point appartenant à la fois à la ligne de feu
et au profil en talus ; or, ce point est l'un de ceux qu'i
s'agit de déterminer *en projection* sur le plan horizontal
de repère. Quelle sera sa distance à l'horizontale du
profil en talus cotée O, c'est-à-dire à la trace ou intersection de ce profil avec le sol? Nous venons de dire
que cette distance sera de 2^{m}50 pour un plan incliné à
$\frac{1}{1}$, des $\frac{2}{3}$ de 2^{m}50 pour un plan aux $\frac{2}{3}$; elle sera de même
de $\frac{1}{3}$, $\frac{1}{2}$ de 2^{m}50 pour une inclinaison du tiers, de la
moitié, et ainsi de suite. De même, l'intersection de
l'horizontale du profil en talus cotée 2 mètres rencontrera l'horizontale ou crête extérieure de l'ouvrage cotée
également 2 mètres, je suppose, en un point dont la projection sera à 2 mètres de la trace du profil en talus,
pour l'inclinaison de $\frac{1}{1}$, et à $\frac{2}{3}$ de 2 mètres si l'inclinaison
est $\frac{2}{3}$, etc.

Il suit de là que la construction de l'échelle de pente
d'un plan ne peut offrir aucune difficulté. La ligne de
plus grande pente d'un plan est perpendiculaire à sa
trace. (*Voir* nos Préliminaires.) Cette ligne sera donc
perpendiculaire à toutes les horizontales du plan, puisque celles-ci sont parallèles à sa trace. Ainsi, étant

donnée la trace du plan, on lui élèvera une perpendiculaire à partir du point de rencontre des deux lignes, on
portera sur la perpendiculaire des distances de 2^{m}50,
2 mètres, 1^{m}20, etc., si la pente est de $\frac{1}{1}$, ou de la moitié,
des $\frac{2}{3}$, etc. de ces quantités, si la pente est de $\frac{1}{2}$, de $\frac{2}{3}$,
on mènera par les points obtenus des parallèles à la
trace du plan, et l'on aura les horizontales cherchées.
Celles-ci couperont les horizontales de *même cote* de
la face d'ouvrage en des points qui appartiendront à
la fois au plan incliné et aux lignes du retranchement ;
en les joignant deux à deux, on aura les intersections
du profil en talus et des plans du retranchement. Prenons un exemple : traçons (page 31, Ire leçon) à l'échelle
de 0,0025 pour 1 mètre (*fig.* 129) une face d'ouvrage sur
les données suivantes : relief $=$ 2^{m}50 ; épaisseur du parapet $=$ 3 mètres ; berme $=$ 0^{m}50 ; profondeur du fossé
$=$ 3 mètres ; plongée à $\frac{6}{1}$; banquette $=$ 1^{m}20. Les
dimensions du fossé, d'après le calcul basé sur une
terre de consistance moyenne, seront : largeur supérieure
$=$ 5^{m}63 ; largeur au fond $=$ 2^{m}01.

Supposons qu'on veuille construire à l'extrémité d'une
face d'ouvrage tracée sur ces données un profil en talus
incliné aux $\frac{2}{3}$ (*fig.* 129).

Le pied du profil en talus peut avoir une direction
perpendiculaire à la ligne de feu ou à une direction
quelconque ; soit *od* le pied de ce talus limité aux points
o, *h*, *k* et *d* représentant les bords supérieurs de la contrescarpe et de l'escarpe, et les pieds des talus extérieurs
et de banquette. En un point *g* de *od* prolongée, élevons une perpendiculaire à *od ;* ce sera la projection de
la ligne de plus grande pente du profil en talus, sur
laquelle, à partir du point *g*, nous porterons des lon-

gueurs égales aux $\frac{2}{3}$ de 1ᵐ20, de 2 mètres, de 2ᵐ50 et de 3 mètres, ce qui nous donnera l'échelle de pente du

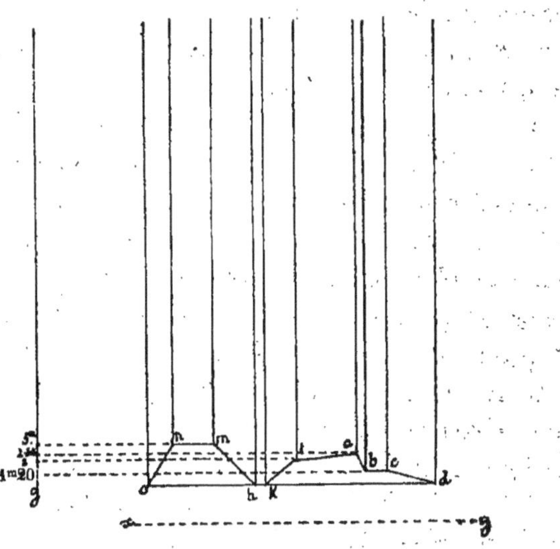

Figure 129.

plan. Par les points de division, menons des parallèles à *od*; la parallèle 1ᵐ20 coupera les arêtes de la banquette aux points *b* et *c*; la ligne *bc* sera la banquette du profil; joignant *cd*, on aura le talus de banquette; l'horizontale 2ᵐ50 coupera la ligne de feu au point *a*; joignant *ab*, on aura le talus intérieur; l'horizontale 2 mètres coupera la crête extérieure au point *i*; joignant *ia* et *ki*, on aura la plongée et le talus extérieur; enfin, l'horizontale (— 3 mètres) du profil en talus du fossé, supposé incliné aussi aux $\frac{2}{3}$, coupera les pieds de l'escarpe et de la contrescarpe aux points *m* et *n*; la ligne *mn* sera le fond du fossé, *on* et *mh* seront les talus de contrescarpe et d'escarpe.

Si le pied du talus n'est pas donné, on se donne sa

direction xy, ainsi que l'extrémité de la ligne de feu a'; du point a comme centre, avec un rayon égal aux $\frac{2}{3}$ de 2^m50, on décrit un arc de cercle auquel on mène une tangente parallèle à xy; on a le pied du talus limité aux mêmes points que précédemment. La construction s'achève de même.

On peut arriver au même résultat en décrivant successivement du point a des arcs de cercle ayant pour rayon des longueurs égales aux $\frac{2}{3}$ de la différence de niveau de la ligne de feu et des autres arêtes de l'ouvrage, et en menant par les points obtenus des tangentes parallèles à od; ces tangentes couperont les arêtes du retranchement aux points i, b, c, etc., qu'on joindra deux à deux.

D'après ce qui précède, on pourra modifier les détails du passage et de la traverse de la redoute (*fig.* 32) dans ce qu'ils ont de défectueux.

Armement d'un ouvrage en artillerie.

L'infanterie tire par-dessus les crêtes; quant à l'artillerie, elle tire soit par-dessus les crêtes, soit au moyen d'ouvertures pratiquées dans la masse couvrante. Dans le premier cas, le tir est dit *à barbette*, dans le second il est dit *à embrasures*. On évitera, autant que possible, de placer de l'artillerie dans un ouvrage de campagne; on disposera les pièces dans les intervalles des ouvrages ou en arrière; elles tireront par-dessus le retranchement. L'artillerie conservera, de cette manière, toute sa mobilité, n'attirera pas sur les défenseurs le feu des pièces ennemies, et ne sera point exposée à tomber aux mains des assaillants si le retranchement est emporté.

La portée des bouches à feu de campagne permettra désormais de les disposer comme nous venons de le dire. Cependant, dans des cas exceptionnels, il se peut qu'on veuille armer d'artillerie un retranchement de campagne; nous allons, en conséquence, donner la construction des barbettes et embrasures.

Faisons connaître tout d'abord les termes dont on se sert en artillerie pour les différents tirs qu'exécutent les batteries.

On tire *à toute volée*, lorsqu'on emploie la plus forte charge que comporte le calibre de la pièce, et sous la plus grande élévation qu'elle puisse avoir sur son affût.

On tire le canon de *but en blanc*, lorsque l'objet qu'on veut atteindre se trouve au point où la trajectoire coupe la ligne de mire pour la seconde fois. Ce tir s'exécute sans le secours de la hausse.

On tire le canon *à ricochet*, lorsqu'on fait arriver son projectile sur les points les plus près de l'objet qu'on veut battre, et que ce projectile le parcourt ensuite en bondissant. Ce tir s'exécute sous un angle de chute déterminé.

On tire le canon de *plein fouet*, lorsque le boulet frappe ou parcourt l'objet qu'on veut battre suivant la direction de sa trajectoire, c'est-à-dire sans bonds ou ricochets.

Relativement à la direction des feux, on emploie les expressions suivantes, qui s'appliquent soit aux batteries, soit au tir qu'elles exécutent; ainsi, on appelle :

Batterie directe, celle qui bat perpendiculairement une face d'ouvrage ou le front d'une troupe;

Batterie d'écharpe, celle dont la direction du tir fait

un angle de 20° au plus avec la direction d'une face d'ouvrage ou une ligne de troupes ;

Batterie de revers, celle qui bat les banquettes d'un retranchement en atteignant les défenseurs à dos ;

Batterie d'enfilade, celle dont les projectiles parcourent la longueur de quelque partie d'ouvrage ou de tranchée ou du front d'une troupe. On dit encore d'une batterie ainsi placée qu'elle bat une troupe *en flanc*, si elle tire sur une troupe ; qu'elle bat ou prend en *rouage* une batterie ou un ouvrage de fortification.

Enfin, on appelle batterie *à redans* celle dont l'épaulement est dirigé suivant plusieurs lignes formant entre elles des angles rentrants et saillants.

Quand on ne connaît pas bien la position d'une troupe ennemie, on exécute le tir *à balayer*, c'est-à-dire qu'on tire d'abord en deçà, puis on allonge son tir de manière à dépasser le but, pour le raccourcir ensuite et l'allonger de nouveau.

Construction d'une barbette.

Les barbettes se construisent soit sur les faces d'ouvrage, soit aux saillants.

Pour construire une barbette sur une face d'ouvrage dont AB est la ligne de feu (*fig.*130), on élève jusqu'à 0ᵐ80 au-dessous de AB une plate-forme en terre bien damée sur laquelle devra reposer la pièce. Les pièces de campagne s'élèvent sur leurs affûts à environ 0ᵐ80 du sol ; c'est cette hauteur qui détermine la différence du niveau entre la plate-forme et la crête ; on l'appelle *hauteur de genouillère*. On prolonge la plate-forme dans l'inté-

rieur de l'ouvrage, de manière qu'elle ait 7 mètres de
profondeur ; sa largeur est de 5 mètres, soit 2^m50 à droite

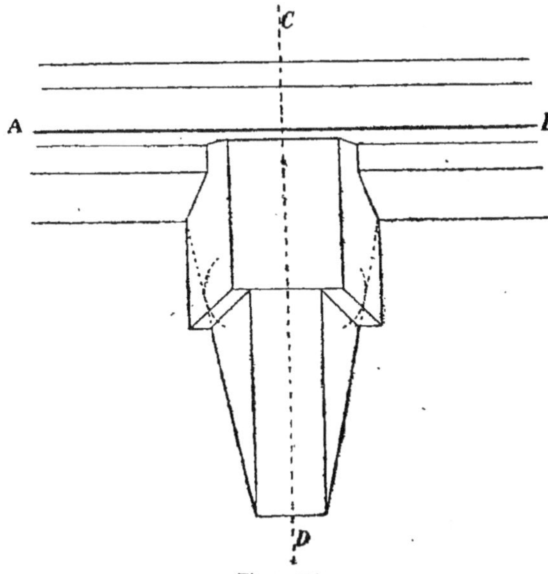

Figure 130.

et à gauche de la bissectrice CD. Les talus qui soutiennent la plate-forme sont à $\frac{4}{1}$. Une rampe inclinée à 6 ou
$\frac{8}{1}$, et dans tous les cas pas plus raide que $\frac{4}{1}$, est établie
soit perpendiculairement à la ligne de feu dans le pro-
longement de la barbette, soit parallèlement à la face de
l'ouvrage ; cette dernière disposition a, sur la première,
l'avantage d'occuper moins de place dans le terre-plein.
La largeur de la rampe est toujours d'au moins 3 mè-
tres, sa longueur d'environ 10 à la pente de $\frac{6}{1}$. La figure
ci-dessus est construite à l'échelle de 0,003 pour 1 mètre ; il sera facile, d'après les détails dans lesquels nous
sommes entrés pour la construction des profils en talus,
de construire ceux de la barbette et de la rampe, et de

raccorder les uns aux autres. On remarquera que la
barbette est à 1ᵐ70 au-dessus du terre-plein; les talus
de la rampe comme ceux de la barbette sont à $\frac{1}{1}$. On
pourra construire, comme exercice, une rampe parallèle à la face de l'ouvrage.

Barbette au saillant (*fig.* 131).

Pour établir une barbette au saillant d'un ouvrage, on
établit un pan coupé de 3ᵐ30 de largeur. Pour cela, en

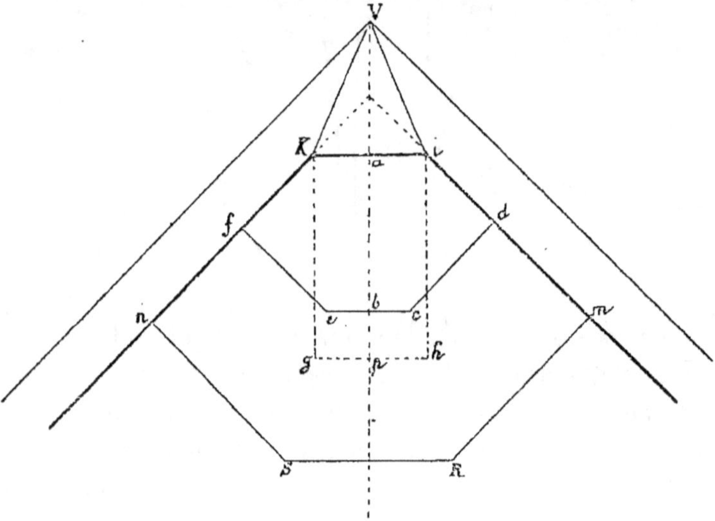

Figure 131.

un point quelconque *p* de la capitale, on mène à celle-ci
une perpendiculaire *gh* égale à 3ᵐ30, et par les points *g*
et *h* on mène des parallèles à la capitale. Ces parallèles
coupent les faces en K et I, points qui limitent sur chacune d'elles le pan coupé. On prend *ab* = 7 mètres, et
de chaque côté du point *b* une longueur *bc* et *be* égale

à 1ᵐ50, dans une direction perpendiculaire à la capitale ; des points *c* et *e*, ainsi obtenus, on abaisse les perpendiculaires *cd* et *ef* sur les faces. L'espace *KidcefK* est la plate-forme nécessaire pour une pièce. On y établira une couche de terre bien damée jusqu'à 0ᵐ80 au-dessous de la ligne de feu. S'il doit y avoir d'autres pièces, on prendra 5 mètres de crête à partir des points *d* et *f ;* par les points *m* et *n*, ainsi obtenus, on mène des parallèles à *dc* et à *fe*, égales à 7 mètres, et l'on joint leurs extrémités S et R, ce qui donne la plate-forme de trois pièces. Cette plate-forme est soutenue comme dans le cas précédent ; la rampe a également la même inclinaison et la même largeur.

Pour raccorder le pan coupé avec les faces, on peut, soit joindre l'intersection des crêtes extérieures V aux extrémités *K* et *i* du pan coupé, soit mener par la crête *Ki* une plongée à $\frac{6}{1}$, dont on construit les intersections avec les anciennes plongées et les talus extérieurs. Nous ferons observer que les barbettes font partie de la fortification, et sont généralement construites en même temps qu'elle, surtout aux saillants.

Plates-formes ; leur objet.

Quel que soit le soin avec lequel on dame les terres de la barbette, il est impossible d'empêcher que les roues ne creusent des sillons par l'effet du recul et par suite des manœuvres qu'exige le service de la pièce. C'est pourquoi on place sous celle-ci un plancher portant également le nom de plate-forme.

Tout d'abord, afin que les roues et la flèche de l'affût ne forment pas d'ornières, on place trois poutrelles appelées *gîtes* perpendiculairement au retranchement, une sous la crosse de l'affût, et les deux autres à $0^{m}75$ ou $0^{m}80$ de celle-ci sous les roues ; les gîtes ont $4^{m}35$ de longueur, $0^{m}13$ d'équarrissage, et sont enterrés de toute leur épaisseur dans le sol. Pour empêcher que les roues ne détruisent le pied du talus intérieur, on place contre celui-ci une pièce de bois de $2^{m}25$ à $2^{m}50$ de longueur et de $0^{m}21$ d'équarrissage, appelée *heurtoir*, puis on recouvre les poutrelles ou gîtes de 14 à 16 madriers de $3^{m}25$ de longueur, de $0^{m}065$ d'épaisseur et d'une largeur basée sur la longueur des gîtes (ordinairement $0^{m}34$), de sorte que la plate-forme se trouve avoir $4^{m}75$ de longueur sur $3^{m}25$ de largeur. On emploie 5 piquets, 2 pour maintenir le heurtoir et 3 pour les gîtes.

La plate-forme des mortiers est placée en arrière du parapet à une distance égale à la hauteur de ce parapet. Il y a trois gîtes recouverts de 11 à 12 madriers suivant le calibre du mortier. L'écartement des gîtes est de $0^{m}65$ d'axe en axe ; les madriers dépassent le sol de $0^{m}05$. La largeur de la plate-forme est de 2 mètres à $2^{m}50$.

La figure 132, construite à l'échelle de 0,005 pour 1 mètre, fait voir une barbette et sa plate-forme établies au saillant d'un ouvrage ; la rampe est dirigée en capitale.

Plate-forme volante ou d'urgence.

Quand on n'a pas les matériaux nécessaires pour constituer une plate-forme entière, on établit une plate-forme d'urgence. La plate-forme se compose d'un heurtoir de $2^{m}50$ de longueur et de $0^{m}21$ d'équarrissage, et de 3 gîtes espacés de $1^{m}10$; le premier se place à $0^{m}40$

du heurtoir ; ces gîtes ont 2^{m}10 de longueur et 0^{m}13 d'é-
quarrissage. Sous chaque roue, on place un madrier
de 3 mètres de longueur et de 0^{m}27 à 0^{m}28 d'équarrissage ;
sous la crosse de l'affût, on place deux madriers de 1^{m}60
de longueur reposant sur un autre madrier de 0^{m}80 à
1 mètre de longueur. Le tout est maintenu par 20 piquets.

Construction des embrasures.

Dans le tir à barbette les canonniers ne sont couverts
qu'à 0^{m}80, mais les pièces en barbette offrent un but
moins facile au pointage des batteries ennemies que les
pièces à embrasures ; il est rare aujourd'hui que celles-
ci ne soient pas démontées et les embrasures boule-
versées après dix à douze coups. On emploiera donc
fort peu désormais le tir à embrasures, d'autant mieux
que pour couvrir les servants d'une pièce en barbette,
on peut construire de petites traverses ou bonnettes à
droite et à gauche, creuser des rigoles entre les pièces,
et se servir dans l'artillerie de place de pièces montées
sur des affûts élevés. Quoi qu'il en soit, voici la construction de l'embrasure (*fig.* 133 et 134) :

Une embrasure peut être droite ou oblique. Pour
construire une embrasure droite, on mène la directrice
AB, représentant l'axe de la pièce, perpendiculairement
à la face du retranchement à 0^{m}80 au-dessus de la banquette ou au-dessus du sol quand l'embrasure est pratiquée dans un simple épaulement. Par un point c pris
dans le plan vertical de la directrice et sur le talus intérieur, on mène une horizontale dd'' égale à 0^{m}25 de
chaque côté de la directrice ; on achève de limiter l'ouverture de l'embrasure à l'intérieur en menant des

points *d* et *d'* les lignes *ds*, *d's'* perpendiculaires à la
ligne de feu. Pour obtenir le fond de l'embrasure, on

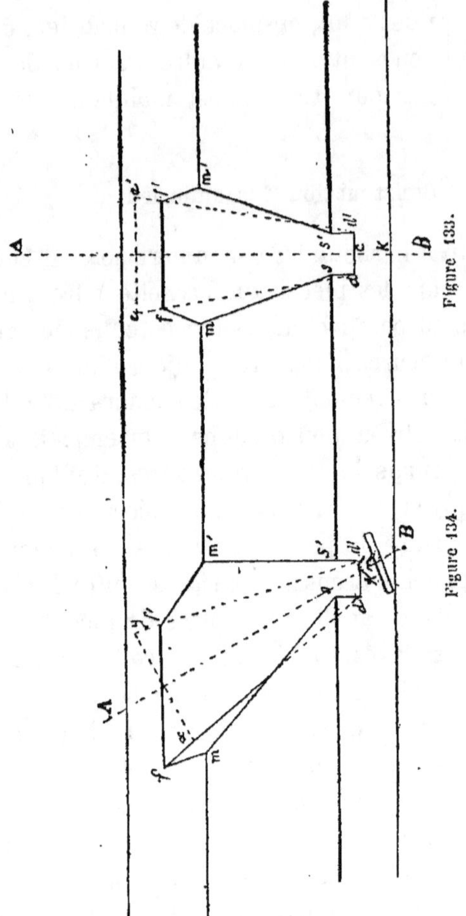

porte à partir du point K une longueur de 5 à 6 mètres,
dépendante, du reste, de l'épaisseur de la masse couvrante, à l'extrémité de laquelle on mène l'horizontale
ee' que l'on prend égale à 1ᵐ50 de part et d'autre de la

directrice; on joint les points e et $é'$ à d, d', et l'on a ainsi limité les *joues* de l'embrasure. Le plan $ee'dd'$ est incliné à $\frac{20}{1}$; son intersection avec le talus extérieur donne l'ouverture extérieure ff'.

Pour construire les joues, on porte sur la crête extérieure, à partir de la ligne de, une longueur égale au tiers de la hauteur de cette crête au-dessus du fond de l'embrasure, puis on joint le point m ainsi obtenu aux points f et s; la surface $fmsd$ forme la joue gauche de l'embrasure; on obtiendra de la même manière la joue droite $f'm's'd'$. Ces surfaces ne sont pas des surfaces planes; elles sont dites surfaces gauches; d'après la construction ci-dessus, elles sont inclinées à $\frac{1}{3}$.

La plate-forme est établie comme celle de la barbette.

Dans la construction de l'embrasure oblique, l'axe est dirigé suivant le but à battre, et c'est à partir du heurtoir établi perpendiculairement à l'axe que l'on compte 7 mètres de plate-forme nécessaires pour le recul. La ligne dd' n'est plus à 0^m80 du sol, car la volée de la pièce qui s'en écarte beaucoup ne pourrait s'incliner suffisamment. On fait passer le plan du fond de l'embrasure par le point K situé contre le heurtoir et élevé à 0^m80 au-dessus de la plate-forme, en l'inclinant à $\frac{20}{1}$, et en dirigeant les horizontales de ce plan perpendiculaires à l'axe; on détermine ainsi l'horizontale xy, sur laquelle on prend 1^m50 à droite et à gauche de la directrice, ce qui donne une longueur totale de 3 mètres égale à la moitié de la longueur de la directrice; l'intersection de ce plan avec les talus intérieur et extérieur donne les ouvertures intérieure et extérieure; les lignes ds, $d's'$ sont toujours perpendiculaires à la ligne de feu. Joignant dx et $d'y$, les intersections de ces lignes avec l'intersection f et f' du plan à $\frac{20}{1}$ et du talus extérieur limitent complétement le fond de l'embrasure. Le reste de la construction s'achève comme pour l'embrasure droite.

Des réduits.

On nomme réduit un ouvrage intérieur jouant en fortification à peu près le même rôle que la réserve en tactique. Les réduits servent à opposer une dernière résistance à l'assaillant.

Les réduits sont en terre ou en bois. Les réduits en terre sont employés, en général, pour les ouvrages trèsspacieux ; ils constituent un second ouvrage dont le tracé et la forme sont empruntés aux tracés et aux formes ordinaires de la fortification de campagne. Nous n'avons donc à parler que des réduits en bois.

Ces réduits sont en palanques ou en blockhaus. Leurs parties fortes doivent être opposées aux parties faibles de l'ouvrage. Dans un fort bastionné, par exemple, si le réduit est une redoute, ses faces seront perpendiculaires aux capitales des bastions.

Le réduit doit avoir un léger commandement sur l'ouvrage principal, de telle sorte qu'il ne soit pas vu de l'extérieur, ni plongé par l'assaillant maître de l'ouvrage. Il ne pourra donc avoir un commandement de plus de 0^m60.

Blockhaus (*fig.* 135).

Nous avons parlé des palanques, il nous reste à donner la construction du blockhaus. Noos ferons observer que le blockhaus ne sert pas seulement de réduit, mais on l'emploie encore comme ouvrage isolé ; peu utilisé en Europe, par suite de la puissance des artilleries européennes, il est d'un usage très-fréquent, au contraire, en Afrique.

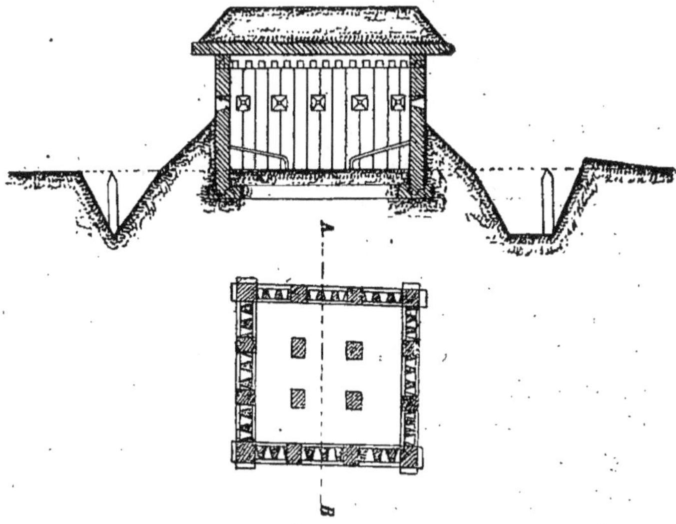

Figures 135.

Le blockhaus, ainsi que son nom l'indique, est une maison en bois percée de créneaux.

Le blockhaus le plus simple est une maison rectangulaire de 3 mètres de largeur, et d'une longueur proportionnée au nombre d'hommes chargés de la défense. On sait qu'il faut 1ᵐ50 par homme.

Quand le blockhaus renferme un lit de camp on lui donne 5 mètres de largeur, et 8 mètres au moins quand il doit renfermer de l'artillerie.

Les murs se composent de pièces de bois de 0ᵐ30 à 0ᵐ33 d'équarrissage, posées verticalement et jointives. Ces pièces de bois sont enterrées de 1 mètre au moins dans le sol et reposent sur une *semelle*, de même équarrissage qu'elles, par un tenon reçu dans une rainure creusée à la partie supérieure de la semelle, avec une largeur et une profondeur égales au tiers de l'équarrissage. Les montants sont reçus de la même manière à leur partie supérieure, dans une pièce de bois creusée à sa face inférieure de la même manière que la semelle, et qui porte le nom de *chapeau*. La hauteur du chapeau au-dessus du sol est de 2^m50 à 3 mètres. Sur le chapeau se placent les poutrelles de recouvrement, débordant les parois de 0^m80 pour que les projectiles dans leur trajectoire courbe ne tombent pas sur les parois. Dans le sens de la largeur, de mètre en mètre, on distribue des pièces plus fortes, assemblées par entailles sur les chapeaux, afin de maintenir la même distance entre les murs. Sur cet assemblage, on pose des madriers perpendiculairement à ces poutrelles, qui achèvent de compléter le ciel du blockhaus. Le ciel du blockhaus est recouvert d'un remblai de terre d'au moins 1 mètre d'épaisseur et fortement damé. On lui donne une légère inclinaison pour l'écoulement des eaux.

Tout autour des murs on établit un terrassement ayant fossé, plongée et talus extérieur, s'élevant à 1^m80 au-dessus du sol; l'épaisseur du parapet varie de 1 à 2 mètres. Le terrassement s'élève jusqu'à la hauteur des créneaux percés dans les murs du blockhaus et en est le prolongement.

Les créneaux ont 0^m40 de largeur à l'intérieur, et de 0^m06 à 0^m08 à l'extérieur, ce qui permet d'embrasser un plus vaste champ de tir. Le fond des créneaux est incliné à $\frac{6}{1}$; pour les construire, on entaille par moitié deux pièces de bois contiguës. A l'intérieur est établie une banquette en terre de 0^m50 de hauteur et de largeur. Le fossé est de forme triangulaire, en général ; sa profondeur est de 1ᵐ80. On place au fond du fossé une rangée de palissades qu'on appointe soigneusement, et qui ne peut dépasser le bord du fossé. Les coups de feu partant des créneaux doivent venir frapper le palissadement à 0ᵐ50 ou 0ᵐ60 au plus au-dessus de son pied.

L'entrée du blockhaus est fermée au moyen d'une porte qui s'ouvre de dehors en dedans, pour que la garnison ne puisse être enfermée dans le blockaus. Une coupure est pratiquée dans le parapet et un pont léger est jeté sur le fossé. La porte est formée de madriers à l'épreuve de la balle et percée de créneaux ; elle a 0ᵐ70 à 0ᵐ80 de largeur et 1ᵐ80 de hauteur.

Tel est le blockhaus ordinaire. On lui donne une plus grande force de résistance en formant les murs au moyen de deux rangées de pièces de bois écartées de 1ᵐ50, dans l'intervalle desquelles on met de la terre fortement damée.

Quand on n'a pas à craindre l'artillerie, on construit des blockhaus à étage. Le rez-de-chaussée est établi comme nous venons de le dire ; l'étage est en surplomb sur le rez-de chaussée, de manière à avoir des mâchicoulis. L'entrée n'est plus au rez-de-chaussée, mais à l'étage. On y monte par une échelle.

Quand on construit un blockhaus on numérote toutes les pièces, afin de pouvoir transporter et remonter promptement le blockhaus.

On les établit quelquefois en forme de croix pour obtenir du flanquement. Nous croyons inutile d'ajouter que la construction du blockhaus, en général, surtout de ceux en forme de croix, exige le concours des hommes du métier et l'emploi d'ouvriers d'art que l'on n'a pas toujours à sa disposition.

RÈGLES GÉNÉRALES POUR LES TRANSPORTS MILITAIRES PAR LES VOIES FERRÉES.

Les dispositions relatives à l'embarquement des troupes en chemin de fer se trouvent contenues dans le *règlement général pour les transports militaires par chemins de fer*, du 30 août 1874. Nous allons résumer ces dispositions en nous renfermant, autant que possible, dans les limites du programme des examens de la réserve de l'armée active et de l'armée territoriale.

Les transports militaires se divisent en :

Transports ordinaires,

Transports stratégiques.

Transports stratégiques.

Les transports stratégiques sont ceux qui ont pour objet les déplacements par grandes masses de troupes et de matériel. Le gouvernement peut requérir, dans ce cas, tous les moyens de transport dont dispose une compagnie. Pour les six grandes compagnies, le prix des transports militaires est doublé en cas de réquisition totale, et s'élève par conséquent du *quart* à la *moitié* des taxes normales.

Nous ne dirons rien de plus des transports stratégiques qui sont ordonnés par le ministre de la guerre et les généraux en chef, et rentrent dans les combinaisons militaires de la campagne.

Nous n'avons à nous occuper que des transports ordinaires.

16

Transports ordinaires.

Les transports ordinaires comprennent :

Le transport des troupes, du matériel et des approvisionnements par les trains ordinaires ou par trains spéciaux.

Les transports des corps de troupes ou des détachements ne peuvent être ordonnés que par le ministre et les commandants de corps d'armée. Ces autorités peuvent toutefois déléguer leur pouvoir à un ou plusieurs de leurs subordonnés.

En ce qui concerne le *matériel sans troupes*, les transports ne sont exécutés qu'en vertu *d'ordres de transport* délivrés directement par le ministre ou par les fonctionnaires chargés du service des transports dans chaque place, ou par leurs suppléants légaux.

Dans le cas de transports d'une importance exceptionnelle, le ministre peut charger la *commission militaire supérieure des chemins de fer* de se concerter avec les compagnies intéressées pour les mesures à prendre.

Trains spéciaux.

Lorsque le ministre juge nécessaire d'ordonner directement un transport, son chef d'état-major envoie au siége de la compagnie une *demande de trains*. La compagnie soumet immédiatement au ministre un *modèle d'itinéraire*. Cette pièce est transmise aux commandants de corps d'armée chargés de l'exécution.

Le fonctionnaire de l'intendance chargé du service de marche, après avoir constaté l'effectif des hommes et des chevaux, le poids du matériel et des bagages, etc., établit *le bon* ou *les bons* de chemin de fer indiquant le nombre d'officiers, de sous-officiers ou de soldats, de voitures, de chevaux, etc., à transporter, ainsi que la classe en raison du grade.

Les officiers supérieurs voyagent en 1re classe;

Les officiers inférieurs en 2e classe;

La troupe en 3e classe.

Cependant, dans les trains ordinaires, si les officiers inférieurs ne sont pas en nombre suffisant pour occuper un compartiment de 2e classe, il leur est attribué sur le bon des places de 1re classe.

Lorsque c'est le général commandant le corps d'armée qui ordonne le transport, la *demande* de trains est envoyée par ses ordres aux compagnies, qui remettent en échange le *modèle d'itinéraire*, et le transport se fait comme dans le cas précédent.

Trains ordinaires de l'exploitation.

Lorsque le transport se fait par les trains ordinaires de l'exploitation, le soin de prévenir la gare de départ incombe au chef de corps. A cet effet, aussitôt que celui-ci a reçu l'ordre de mouvement, il envoie à la gare de départ, vingt-quatre heures avant le départ, un avis de *transport*, que la gare lui retourne avec la mention du train qui emmènera le détachement. Le chef de corps en rend compte à l'autorité qui a ordonné le mouvement, afin qu'elle puisse donner aux autorités militaires intéressées avis des heures de départ, de passage et d'arrivée. Le fonctionnaire chargé du service de marche au point de départ, ayant été avisé de cette manière du mouvement de la troupe, délivre au chef de cette troupe *la feuille de route* du détachement et *les bons de chemins de fer,* le tout après une revue d'effectif. En cas d'urgence, ou en cas d'absence de ce fonctionnaire, le chef du détachement remet aux chefs de gare copie de l'ordre de mouvement dont il est porteur et un bon de chemin de fer signé de lui.

Transport des militaires isolés.

Les militaires isolés voyagent au quart du tarif. Toutes les fois que les circonstances le permettent, par exemple à la libération d'une classe, les hommes isolés sont groupés sous les ordres d'un ou de plusieurs sous-officiers qui les conduisent à la gare et les maintiennent en bon ordre jusqu'au départ.

Transport des détachements.

Tout détachement est pourvu d'une feuille de route collective et d'un bon de chemin de fer. Hors le cas d'urgence, l'expédition de tout détachement de plus de 50 hommes, ainsi que de tout détachement ayant des chevaux et des voitures, doit être demandée à la gare de départ, par l'envoi, 24 heures d'avance, d'un *avis de transport.*

Un détachement ne peut être scindé en route par les compagnies pour être réparti dans des trains différents.

La troupe pénètre en bon ordre dans les gares et se forme régulièrement sur le quai d'embarquement vis-à-vis des wagons où elle doit prendre place.

Traversée de Paris.

Le transbordement d'une gare à une autre pour la traversée de Paris s'effectue gratuitement par des omnibus empruntés à la gare d'arrivée, pour des détachements de *20 hommes et au-dessous*, sans matériel ni chevaux, et par train spécial, pour les détachements de plus de 20 hommes, ou avec matériel et chevaux. On doit se baser sur un intervalle de quatre heures entre l'heure de l'arrivée à Paris par une ligne, et celle du départ de Paris par une autre ligne, pour tenir compte des retards possibles.

Le chef de détachement, malgré la gratuité du transbordement, doit être muni d'un *bon de chemin de fer* délivré par la ligne de ceinture avertie 24 heures d'avance.

Transport du matériel.

Tout transport de matériel donne lieu à un ordre *de transport* et à l'établissement *d'une lettre de voiture*. Nous n'avons pas à nous occuper de ces sortes de transports.

EMBARQUEMENT DES TROUPES EN CHEMIN DE FER.

Transport des troupes d'infanterie.

1. — *Envoi à l'avance à la gare de départ d'un officier préposé au chargement.*

Aussitôt que le commandant d'une troupe a reçu l'ordre de mouvement accompagné de l'itinéraire, il envoie un officier (dit préposé au chargement) à la gare de départ pour se mettre en rapport avec le chef de gare et prendre connaissance des dispositions de détail arrêtées pour l'embarquement et le voyage.

Cet officier porte principalement son attention sur les points ci-après :

Trains par lesquels on doit faire partir le logement, s'il est nécessaire de l'envoyer à l'avance ;

Abords des gares et accès des quais ou trottoirs désignés pour l'embarquement des hommes, des chevaux, des voitures et des bagages ;

Étendue et dispositions des emplacements où le corps peut se former pour faire les préparatifs d'embarquement ;

Mesures et dispositions de police à prendre pour maintenir l'ordre et faire observer les consignes et défenses ;

Nombre d'auxiliaires militaires qu'il pourrait y avoir lieu d'adjoindre aux hommes d'équipe pour le chargement des bagages.

2. — *Ordres à donner par le chef de corps.*

D'après le rapport de l'officier préposé au chargement, le chef de corps ou commandant du détachement donne des ordres pour la mise en marche de la troupe, en se conformant à celles des prescriptions de l'ordonnance du 2 novembre 1833 sur le service intérieur des corps de troupe (titre : *Des routes*) qui ne se trouvent pas en opposition avec le présent règlement.

Ces ordres concernent spécialement :

1° La composition du logement, s'il y a lieu de l'envoyer, et l'indication du train par lequel il doit partir, afin de précéder la troupe au lieu de destination ;

2° Les mesures à prendre pour assurer la subsistance de la troupe et la nourriture des chevaux le jour du départ et pendant la route, en tenant compte des haltes indiquées par l'itinéraire ;

(On doit faire remplir les petits bidons pendant la saison des chaleurs avec un mélange d'eau et d'eau-de-vie.)

3° La tenue pour la route ;

4° La composition du détachement qui devra, avec le vaguemestre et les auxiliaires de corvée, accompagner les bagages à la gare, et celle d'une garde de police spéciale placée, autant que possible, sous le commandement d'un officier ;

5° Le transport des bagages à la gare.

OBSERVATION. — Le transport des bagages, leur transbordement d'une gare à une autre, s'il y a lieu, et leur enlèvement à destination, sont effectués sur bon du sous-intendant, à défaut de voitures appartenant à l'administration militaire locale. A Paris, ce service est assuré soit par le train des équipages, soit par l'entreprise civile, qui le remplace au besoin.

S'il arrive que, faute de temps, ces dispositions ne puissent être observées, afin d'éviter que la troupe ne parte par la voie ferrée sans ses bagages, le transport desdits bagages de la caserne à la gare et d'une gare à une autre peut être effectué par l'entreprise du camionnage de la ligne, sur bon signé du chef de détachement, qui indique la nature et le poids des bagages.

La dépense accidentelle de ce transport est comprise dans les factures de transport de troupes établies par les compagnies de chemin de fer.

3. — *Tenue.*

Les officiers et la troupe sont en tenue de route.

Les sacs doivent être complétement paquetés et garnis de tous les effets de campement dont la troupe est pourvue.

Les hommes peuvent être autorisés à faire usage des couvertures si l'état de la température l'exige.

4. — *Arrivée à la gare de l'officier préposé au chargement et au déchargement des bagages.*

Le jour du départ, l'officier préposé au chargement, accompagné d'un sous-officier désigné pour lui être adjoint, du détachement des bagages et de la garde de police, précède d'une demi-heure la troupe à la gare.

Le détachement des bagages se compose des voitures régimentaires, des auxiliaires à joindre aux hommes d'équipe et des chevaux des officiers, le tout sous la conduite du vaguemestre.

5. — *Reconnaissance du train.*

L'officier préposé au chargement, aidé du sous-officier adjoint, procède à la reconnaissance du train.

Il prend note de l'affectation et de la contenance de chaque wagon, dans l'ordre où ils sont placés à partir de la tête du train.

6. — *Devoirs du sous-officier adjoint à l'officier préposé au chargement.*

Le sous-officier adjoint numérote au fur et à mesure, à la craie, chacun des wagons et trucs, en suivant, pour les hommes, les chevaux et le matériel, une série distincte de numéros. Il inscrit, en même temps, en regard des numéros d'ordre, la contenance de chaque wagon en hommes et en chevaux.

Ces inscriptions se font :

1° Pour les wagons à voyageurs, sur le grand marche-pied entre les portières, pour que les chiffres ne soient pas effacés par les pieds des hommes ;

2° Pour les wagons à chevaux, sur le grand côté, à la place réservée à cet effet.

7. — *Garde de police. — Drapeau. — Caisse du corps.*

La garde de police est commandée par un officier. Elle comprend un sergent, un caporal, un clairon et quinze soldats.

Elle prend sous son escorte les sous-officiers punis de la prison et les caporaux et soldats punis du cachot (1),

_____

(1) Article 345 de l'ordonnance du 2 novembre 1833 (Troupes d'infanterie).

et se rend à la gare en même temps que le détachement des bagages.

La garde de police, avec les hommes punis placés sous sa garde, doit être placée dans le wagon qui précède ou qui suit celui des officiers.

L'officier qui commande cette garde monte dans le wagon des officiers.

Le drapeau est placé soit dans le wagon du chef de corps, soit dans celui des officiers, sous la garde du porte-drapeau.

La caisse du corps est placée dans un des wagons contenant les bagages ; dans ce cas, ce wagon est plombé en présence du commandant du détachement ou fermé à clef ; la clef est remise à cet officier.

Le transport de ladite caisse s'effectue sans responsabilité pour les compagnies de chemin de fer, mais sans donner lieu à la perception d'aucune taxe au profit de ces dernières.

8. — *Contenance des wagons.*

Les soldats de toutes armes non équipés occupent dans les compartiments des wagons à voyageurs le même nombre de places que les voyageurs civils.

Quand les soldats d'infanterie voyagent équipés et armés dans des wagons à voyageurs, il leur est accordé :

Dix places pour neuf hommes, lorsque le trajet à parcourir n'est pas supérieur à 150 kilomètres, et dix places pour huit hommes dans les trajets supérieurs à 150 kilomètres.

Les places laissées vides sont utilisées pour le rangement des sacs et ustensiles de campement.

Dans les wagons à marchandises aménagés pour le

transport des hommes, le chiffre de contenance inscrit sur les parois du wagon est applicable sans réduction aux hommes d'infanterie, les sacs et ustensiles de campement sont rangés sous les planches qui servent de banquettes et dans l'espace libre au milieu du wagon.

9. — *Accessoires pour l'embarquement.*

La reconnaissance du train doit s'étendre à tous les accessoires nécessaires pour l'embarquement : escabeaux pour les hommes quand ils doivent voyager dans les wagons à marchandises, ponts volants pour les chevaux et le matériel. L'officier préposé au chargement doit s'assurer que ces accessoires sont en nombre suffisant et en bon état.

10. — *Embarquement des bagages et des chevaux.*

A l'arrivée à la gare du détachement des bagages, l'officier préposé au chargement dirige le vaguemestre avec son convoi sur le point où doit s'opérer l'embarquement des voitures, des bagages et des chevaux.

Cette opération se fait par les soins des employés du chemin de fer, avec l'aide des auxiliaires de la troupe, sous la surveillance du vaguemestre.

Les règles spéciales à la cavalerie indiquent la manière d'embarquer les chevaux et les soins à leur donner pendant la route.

Les voitures régimentaires sont placées sur des trucs, à raison de deux par truc ; le chargement fait, le vaguemestre s'assure qu'elles sont solidement calées et amarrées.

11. — *Arrivée de la troupe à la gare.*

La troupe doit arriver au point désigné pour l'embarquement trois quarts d'heure avant le départ.

Ce délai doit être observé avec la plus grande rigueur.

A l'arrivée de la troupe, l'officier préposé au chargement remet au commandant un état indiquant, dans l'ordre des numéros, la destination et la contenance des wagons et des trucs.

12. — *Formation et fractionnement de la troupe.*

En arrivant à la gare, le commandant forme la troupe en bataille sur le point le plus favorable ; il fait entrer dans le rang les sous-officiers, les cantinières et les enfants de troupe.

L'adjudant-major divise aussitôt le détachement en fractions correspondant à la contenance des wagons, sans distinction de compagnies.

Il dénomme chaque fraction 1er, 2e, 3e, etc. wagon, suivant sa position dans l'ordre de bataille.

Les sous-officiers et les caporaux sont répartis de manière à assurer partout l'ordre et la discipline.

Dans chaque fraction un sous-officier est désigné comme chef de wagon.

Les sapeurs, les musiciens, les tambours et clairons conservent leur place dans l'ordre de bataille et doivent occuper les premières voitures.

13. — *Embarquement de la troupe.*

Le fractionnement terminé, le commandant met sa

troupe en marche par le flanc, chaque fraction marchant à deux pas de celle qui la précède. L'adjudant-major et l'adjudant indiquent, au besoin, la route à suivre.

Les officiers marchent le long de la colonne, à hauteur du gros de leur troupe, et concourent à la régularité du mouvement par les indications qu'ils donnent à voix basse aux chefs de fractions.

Chaque fraction est arrêtée par son chef devant le wagon qu'elle doit occuper et y fait face sans dédoubler. Le chef de la fraction fait préalablement serrer les files de manière à ne pas dépasser la longueur de son wagon (1).

Au signal : *Garde à vous, en avant !* donné par le clairon, les hommes ôtent leurs sacs, en maintenant leurs fusils dans la saignée du bras, et ramènent la giberne en avant (2) ; les tambours et les musiciens, sous la conduite de leurs chefs, vont déposer les caisses et les gros instruments dans les voitures à bagages placées en tête du train.

L'embarquement commence aussitôt.

Deux hommes montent d'abord dans chaque compartiment, tenant à la main leur sac et leur fusil. Les autres ne suivent qu'après avoir successivement passé leurs sacs aux deux premiers, qui les rangent partie sous les banquettes, partie sur les places réservées à cet effet.

---

(1) Une fraction en bataille sur quatre rangs a un front égal à la longueur de la voiture qu'elle doit occuper.

(2) La poche à cartouches ne permettant que très-difficilement de ramener la giberne en avant, il convient de la faire placer, avant e départ, sous la patelette du sac, quand elle ne contient pas de munitions.

Étant assis, les hommes tiennent leurs fusils entre les jambes, la crosse sur le plancher.

Les officiers font compléter les wagons à leur contenance réglementaire et veillent au rangement des sacs.

OBSERVATION. — On a remarqué que, dans les longs trajets, il était nécessaire que le bas de la jambe ne fût pas trop serré par la guêtre, afin d'éviter les gonflements qui se compliquent quelquefois d'accidents graves. En conséquence on doit recommander aux hommes de desserrer le haut de leurs guêtres, et, en tous cas, le pantalon ne doit pas y rester engagé.

Si le quai est trop étroit pour que les fractions puissent toutes se grouper à hauteur des voitures qu'elles doivent occuper, la colonne est arrêtée de manière à éviter tout encombrement, et les diverses fractions s'embarquent successivement.

Il est interdit aux militaires, lorsqu'ils sont montés en wagon, de fermer eux-mêmes les portières, ce soin incombant exclusivement au personnel des chemins de fer.

14. — *Devoirs des officiers pendant l'embarquement.*

Pendant l'embarquement, le commandant et les officiers exercent leur autorité sur la troupe pour tout ce qui concerne la discipline, le maintien de l'ordre et l'exécution du présent règlement ; ils doivent y veiller avec le plus grand soin et ne monter eux-mêmes en wagon qu'après s'être assurés que la troupe est convenablement établie.

L'embarquement terminé, le sous-officier adjoint à l'officier préposé au chargement écrit, à la craie, sur les wagons, à côté du numéro d'ordre, l'indication de la compagnie.

Toutes les inscriptions sont reproduites de l'autre côté des véhicules ; elles servent à faire retrouver les places aux stations où les hommes peuvent descendre.

Il est bon, en outre, de recommander aux hommes de retenir le numéro d'ordre inscrit sur leur wagon.

Le commandant accompagné de l'officier de la garde de police, du chef de gare et du chef de train, passe une inspection rapide du train avant de monter lui-même en wagon.

15. — *Mesures de police et de sécurité.*

La troupe étant embarquée, il est rigoureusement interdit :

1° De passer la tête ou les bras hors des portières pendant la marche ;

2° D'ouvrir les portières ;

3° De passer d'une voiture dans une autre ;

4° De pousser des cris ;

5° De descendre de voiture aux stations avant les sonneries ou batteries qui doivent en donner le signal ;

6° De fumer dans les wagons à chevaux et dans les wagons des hommes au cas où, par les grands froids, il y aurait de la paille sur le plancher.

16. — *Haltes et stations.*

Tous les officiers doivent être informés par le chef de détachement, avant le départ du train, des stations où la troupe pourra descendre de voiture, ainsi que de la durée des haltes.

Dans les courts arrêts compris entre cinq et dix minutes, l'officier commandant la garde de police, accompagné de l'adjudant ou d'un sous-officier désigné à cet effet, doit descendre et parcourir rapidement le train pour s'assurer que tout est en ordre et recevoir les réclamations ; il peut autoriser quelques hommes pressés de besoins urgents à sortir.

Dans les haltes de dix à quinze minutes, où tous les hommes peuvent descendre de wagon, les officiers se portent aussitôt à hauteur des wagons où sont embarqués leurs hommes.

La garde de police descend immédiatement, et l'officier qui la commande fait placer des factionnaires partout où cela est nécessaire, principalement pour empêcher les hommes de circuler sur les voies, dans les buffets et buvettes, si l'entrée en est interdite, de sortir des gares ou des espaces enclos, etc.

Les hommes ne descendent de wagon qu'à la sonnerie : *Halte ;* ils laissent leurs armes dans les wagons et doivent sortir exclusivement par les portières qui ouvrent sur le quai ou sur le trottoir.

Trois minutes avant le départ, à la sonnerie : *En avant*, les hommes montent en wagon.

Ils sont libres de ne pas descendre, et s'ils sont descendus, de remonter avant le signal du rembarquement.

Le chef du détachement doit mettre à profit les arrêts du train pour faire visiter les wagons à chevaux et examiner si les chargements de matériel sont en ordre ; le cas échéant, il fait immédiatement consolider ces chargements.

Dans les longs trajets, et dans le cas où les hommes seraient embarqués, partie dans des wagons de 3ᵉ classe et partie dans des wagons à marchandises, le commandant peut, s'il le juge nécessaire, profiter d'un arrêt de longue durée pour faire passer les hommes des wagons à marchandises dans les wagons à voyageurs, et réciproquement, en ayant soin de faire modifier en conséquence les inscriptions à la craie.

17. — *Repas.*

Pour tout trajet d'une durée de vingt-quatre heures, l'itinéraire doit prévoir une halte de deux heures dans la gare d'une ville de garnison, où des dispositions sont prises à l'avance pour qu'un repas destiné à la troupe qui voyage soit préparé à l'heure convenable dans la caserne la plus rapprochée du chemin de fer.

La troupe descend du train avec ses armes et ses havre-sacs ; elle est conduite à la caserne par les officiers de semaine et ramenée de suite après le repas au quai d'embarquement.

Lorsque la durée du trajet est inférieure à vingt-quatre heures, la nourriture des hommes est assurée par des dispositions prises dans chaque compagnie avant le départ.

Les règles spéciales à la cavalerie indiquent comment il faut abreuver et nourrir les chevaux en route.

18. — *Arrivée à destination.*

A la station qui précède l'arrivée, les hommes sont avertis par les agents du chemin de fer ; ils doivent s'occuper de mettre leur tenue en ordre et se tenir prêts à descendre.

A l'arrivée à la gare de destination, le chef du détachement fait immédiatement reconnaître la disposition de la gare et de ses issues ; il fait placer par l'officier commandant la garde de police les sentinelles nécessaires pour maintenir l'ordre, et désigner la portion de cette garde qui doit garder les bagages et les accompagner au quartier.

L'officier préposé au chargement reconnaît les dispositions prises par le chef de gare pour le débarquement des chevaux, des voitures et du matériel ; il s'assure si la gare est pourvue du personnel et des engins nécessaires à ce débarquement ; cette reconnaissance faite, il en rend compte au chef du détachement. Celui-ci prend ses mesures en conséquence, pour la direction à donner à la troupe après le débarquement, et pour les auxiliaires à fournir à la gare, s'il y a lieu.

19. — Débarquement.

A l'arrivée et à la sonnerie : Garde à vous, suivie de la marche du régiment, les hommes sortent sans précipitation des wagons avec leurs fusils ; leurs sacs leur sont passés par les deux derniers hommes restant dans chaque compartiment.

Les tambours et les musiciens vont reprendre leurs caisses et leurs gros instruments.

La troupe, après avoir remis sac au dos, se reforme en fraction devant chaque wagon comme pour l'embarquement.

Le commandant l'emmène immédiatement et la reforme par compagnie dès qu'elle est hors de la gare.

Observation. — On doit recommander aux hommes de tenir à la main leurs fourreaux de sabre lorsqu'ils descendent des wagons, et, quand ils sont descendus, de ne pas appuyer leurs armes contre les voitures du train qui peuvent, à tout instant, être ébranlées par un mouvement de la locomotive.

Avant le départ des troupes, les agents du train visitent les voitures avec un ou plusieurs sous-officiers désignés à cet effet et remettent à ces derniers les objets que les hommes pourraient y avoir oubliés.

20. — *Déchargement des bagages.*

Le vaguemestre, accompagné de la portion de la garde de police qui doit garder les bagages et des auxiliaires nécessaires, se transporte au quai de déchargement des bagages.

Les hommes d'équipe, avec l'aide des auxiliaires de la troupe, débarquent d'abord les chevaux des officiers ; ils mettent ensuite à quai les voitures régimentaires et les attelages, ainsi que les bagages. Le vaguemestre surveille cette opération.

A défaut de voitures régimentaires, le vaguemestre s'occupe des mesures à prendre pour l'enlèvement des bagages et pour leur transport au quartier, conformément aux prescriptions énoncées dans l'observation de la règle militaire n° 2.

21. — *Changements de trains.*

Dans le cas où il y a lieu de changer de train pendant le trajet, le commandant, sur l'avis qu'il en reçoit, fait faire le débarquement et le rembarquement par les procédés décrits dans le présent règlement.

Génie.

Les troupes du génie qui voyagent avec leur matériel roulant se conforment aux règles militaires relatives au transport des troupes d'infanterie, avec les différences mentionnées dans les règles ci-après.

Contenance des wagons.

Quand les troupes du génie voyagent équipées et armées dans des wagons à voyageurs, il leur est accordé :

Dix places pour huit hommes.

Dans les wagons à marchandises, aménagés pour le transport des hommes, le chiffre de contenance inscrit sur les wagons est applicable aux troupes du génie, avec une réduction de *deux dixièmes*.

Fractionnement de la troupe.

La troupe est fractionnée en groupes de huit hommes, chaque groupe ne comprenant pas plus de deux hommes porteurs de sacs à manches de pelles.

Au moment de l'embarquement, les hommes ôtent leurs sacs ; l'un d'eux monte en wagon, et on lui passe successivement les deux sacs à manches de pelles ; il fait couler les manches jusqu'au bout et place ces sacs sous chacune des deux banquettes, le manche d'outil contre la séparation. Les autres sacs sont placés successivement, deux à plat sur chaque banquette, les manches d'outils appuyés contre la portière, les uns ayant la palette en dessus ; les autres, la palette en dessous. Les deux derniers sacs sont dressés sur les précédents et appuyés contre la paroi du wagon, la palette en dehors.

Si la compagnie est munie d'ustensiles de campement, on doit avoir soin de choisir des sacs à manches de pelles pour y placer les grands bidons et les grandes marmites, afin que, dans le rangement des sacs, ceux qui portent ces objets soient placés sous les banquettes.

Sapeurs-conducteurs.

Pour l'embarquement, le transport et le débarquement des détachements de sapeurs-conducteurs et de leurs voitures, on observe les prescriptions relatives au train des parcs d'artillerie ou des équipages, suivant la conformité du matériel et du harnachement.

Compagnie du génie détachée.

Si une compagnie du génie doit être détachée et voyager seule, un officier et, au besoin, un sous-officier convenablement choisi, remplit à la fois les fonctions attribuées à l'officier préposé au chargement et à celui de la garde de police.

Chargement des parcs de compagnies.

Les deux voitures de section composant le parc de la compagnie sont chargées de la manière suivante :

Au cas où l'on ne dispose que de trucs de petites dimensions, il n'est placé qu'une voiture par truc, ce qui ne présente aucune difficulté, par les procédés indiqués pour le train des équipages ou des parcs d'artillerie. Au cas où les dimensions des trucs atteignent au moins 5^{m}30 de long et 2^{m}83 de large, les deux voitures sont placées sur un seul et le chargement est fait de la manière suivante :

1° Engager la première voiture, l'avant-train en arrière, les roues touchant le bord intérieur du truc à droite, la pousser au bout de la plate-forme, tourner l'avant-train sur place jusqu'à ce que son essieu soit dans l'axe de la voiture; enlever le timon;

2° Engager la seconde voiture, l'avant-train en avant, après avoir enlevé le timon, les roues près du bord de gauche, jusqu'à ce que la roue de droite touche celle de la première voiture qui se trouve en avant et en travers du truc; faire pivoter l'avant-train, la roue de gauche en avant, de manière à ce qu'elle se trouve entre la roue et le corps de la première voiture, l'essieu dirigé suivant l'axe de la caisse.

Si la seconde voiture n'est pas assez avancée, soulever les roues de l'avant-train au moyen de leviers et les porter en avant jusqu'à ce que les roues de derrière soient sur le wagon. Amarrer les deux avant-trains l'un à l'autre et les deux arrière-trains aux anneaux de la plate-forme. Amarrer les deux timons. En raison du petit nombre de voitures qui accompagnent les troupes du génie, le chargement peut se faire à la grue, si l'on dispose d'une de ces machines. Dans ce cas, les voitures sont enlevées de terre et placées sur les wagons, en les laissant descendre dans la position qui vient d'être indiquée.

Parc d'armée et de corps d'armée.

Les chargements des parcs du génie de corps d'armée se font d'après les règles indiquées pour les parcs d'artillerie et des équipages, suivant la conformité du matériel et du harnachement. Mais les procédés employés pour ces chargements sont en dehors du programme d'examen.

Transports de cavalerie.

1. — *Envoi à l'avance à la gare de départ d'un officier préposé au chargement.*

Mêmes prescriptions que pour l'infanterie.

2. — *Ordres à donner par le chef de corps.*

Les mêmes que pour l'infanterie.

3. — *Paille pour la litière et pour le chargement des selles.*

Le corps doit se pourvoir à l'avance de la paille nécessaire : 1° pour garnir de litière chaque wagon à chevaux, à raison de 2^k500 par cheval ; 2° pour faire des bottillons de paille, à raison d'un pour cinq selles, lorsque ces dernières sont chargées dans des wagons spéciaux, et à raison d'un pour quatre selles lorsqu'elles restent dans les wagons à chevaux.

Ces bottillons, de forme cylindrique, doivent être faits à l'avance par les corps ; dimensions : 0^m80 de longueur, 1^m25 de tour.

On compte 7^k500 de paille pour un bottillon. La paille pour litière et bottillons est fournie en dehors de la ration par les magasins militaires.

4. — *Nourriture des chevaux et transport des fourrages à la gare.*

Le dernier repas des chevaux doit avoir lieu deux heures au moins avant l'embarquement. On les fait boire après ce repas.

La nourriture des chevaux, pendant la route, se compose, par vingt-quatre heures, de 5 kilogrammes de foin et de 2 kilogrammes d'avoine. Il convient de réserver un repas d'avoine, pour faire manger les chevaux le plus tôt possible après le débarquement. On ne doit pas emporter pour plus de deux jours de nourriture. Après le deuxième jour, les distributions sont assurées par les soins de l'administration militaire.

La paille, le foin et l'avoine sont amenés à la gare par l'administration militaire, à moins que le corps ne dispose de moyens de transport spéciaux à cet usage.

5. — *Tenue.*

Comme pour l'infanterie ; de plus, le chef de corps indique si, en raison de la température, les cavaliers doivent porter le manteau en sautoir.

6. — *Étiquettes destinées aux selles.*

Chaque selle porte une étiquette cousue en fourreau autour de la courroie de paquétage de gauche. Sur cette étiquette sont écrits le nom et le numéro matricule du cavalier.

*7. — Arrivée à la gare de l'officier préposé au charge-
ment et du détachement des bagages.*

Mêmes règles que pour l'infanterie. Le détachement
des bagages se compose des hommes à pied, des voitures de bagages régimentaires, des voitures de fourrage et de la forge de campagne.

8. — Reconnaissance du train.

Mêmes prescriptions que pour l'infanterie. L'officier
a de plus à noter la position des wagons à selles, s'il
y en a.

*9. — Devoirs du sous-officier adjoint à l'officier
préposé au chargement.*

Ces devoirs sont les mêmes que dans le cas d'une
troupe d'infanterie. (Voir *Infanterie*, n° 6.)

*10. — Garde de police. — Étendard. — Caisse
du corps.*

La garde de police, placée sous le commandement
d'un officier, est composée de : un maréchal des logis,
un brigadier, un trompette, huit cavaliers. Le reste
comme l'article 7 (Transport de l'infanterie).

11. — Contenance des wagons.

Les soldats non équipés occupent dans les compartiments des wagons à voyageurs le même nombre de
places que les voyageurs civils.

Quand les soldats voyagent équipés et armés dans
les wagons de voyageurs, il est accordé :

Dix places pour huit hommes, à la gendarmerie, à la cavalerie de réserve et de ligne ;

Dix places pour neuf hommes, à la cavalerie légère. Toutefois, dans les trajets de plus de 150 kilomètres, il est également accordé à cette dernière dix places pour huit hommes.

Les places laissées libres sont utilisées pour le rangement des sacs, cuirasses, coiffures, outils, brides, etc.

Dans les wagons à marchandises aménagés pour les hommes, le chiffre de contenance inscrit sur les parois des wagons est applicable sans réduction à la cavalerie légère ; pour les autres armes, il est diminué de deux dixièmes.

Pour le transport des chevaux :

Lorsque les wagons ne portent pas l'indication du nombre de chevaux qu'ils peuvent renfermer, on calcule leur contenance d'après les données moyennes qui suivent :

1° Dans le sens perpendiculaire à la voie :

Un cheval dessellé de cavalerie légère occupe en largeur environ 0^m55 à 0^m60.

Un cheval sellé occupe environ 0^m60 à 0^m65.

Un cheval dessellé de cavalerie de ligne ou de réserve, un cheval de trait avec ses harnais, dessellé, 0^m60 à 0^m65.

Un cheval sellé, 0^m75 à 0^m80.

2° Dans le sens parallèle à la voie :

Dans chaque wagon, suivant sa largeur, on place six ou huit chevaux de réserve, de ligne ou de trait, et huit ou dix chevaux de cavalerie légère.

A moins d'ordre formel de l'autorité supérieure, les hevaux sont toujours dessellés pour voyager sur les voies ferrées.

Les chevaux d'attelage conservent leurs harnais.

Si les chevaux sont placés dans le sens parallèle à la voie, les selles restent dans les wagons à chevaux, sinon elles sont chargées dans des wagons spéciaux à raison d'une soixantaine par wagon.

On compte deux gardes d'écurie par chaque wagon à chevaux.

12. — *Accessoires pour l'embarquement.*

Mêmes règles à observer que pour le transport de l'infanterie.

13. — *Embarquement des bagages.*

A l'arrivée des bagages à la gare, l'officier préposé au chargement dirige le vaguemestre avec le convoi sur le point où doit s'opérer l'embarquement des voitures et des bagages. Les chevaux sont aussitôt dételés et conduits au lieu désigné pour l'embarquement de tous les chevaux.

Le chargement des voitures, du fourrage et des bagages se fait sous la surveillance du vaguemestre par les soins des employés du chemin de fer, avec l'aide des hommes à pied. Ces derniers rejoignent le détachement dès que le chargement est terminé.

14. — *Arrivée de la troupe à la gare.*

La troupe arrive à la gare une heure et demie avant le départ. Ce délai doit être observé avec la plus grande rigueur.

A l'arrivée de la troupe, l'officier préposé au chargement remet au commandant un état indiquant, dans l'ordre des numéros, la destination et la contenance des wagons ainsi que la dimension des trucs.

15. — *Formation de la troupe. — Fractionnement et dispositions à prendre pour l'embarquement des chevaux.*

La troupe pénètre sur le quai d'embarquement en colonne par un; le commandant du détachement la forme ensuite en bataille sur un rang, chaque cavalier du deuxième rang se plaçant à gauche de son chef de file. Les cavaliers ont soin de ne pas se serrer. Les sous-officiers serre-files et les trompettes entrent dans le rang.

Le commandant divise ensuite les chevaux en fractions correspondant à la contenance des wagons, d'après l'état que lui a remis l'officier préposé au chargement.

Il dénomme chaque fraction, premier, deuxième, troisième, etc. wagon, d'après sa position sur la ligne de bataille, et désigne au fur et à mesure un sous-officier ou un brigadier pour diriger l'embarquement de chaque fraction.

Il indique, en même temps, aux chefs de peloton les wagons où doivent être disposées les selles.

Les officiers font placer leurs chevaux à leur convenance, parmi ceux de leurs pelotons respectifs, ou bien les réunissent en fractions séparées pour être embarqués dans un wagon spécial, selon l'ordre du commandant.

Ils dirigent les détails du mouvement.

Le fractionnement terminé, le commandant fait mettre pied à terre et former les fusils et sabres en faisceaux assez loin de la croupe des chevaux pour qu'ils ne courent pas risque d'être renversés. Les casques et les cuirasses sont déposés à côté des faisceaux. Il envoie dans chaque wagon à selles un sous-officier et quatre hommes à pied qui ont dû recevoir au quartier une instruction spéciale pour le rangement des selles, puis il ordonne de desseller.

Les deux cavaliers d'une même file s'entr'aident pour cette même opération, chacun tenant à son tour les deux chevaux pendant que l'autre desselle.

La croupière, le poitrail, la sangle, le feutre et la couverture sont relevés sur le siége de la selle, et maintenus par le surfaix de sangle, que l'on fait passer dans le culeron et auquel on fait faire un tour ou deux pour mieux serrer le tout.

Les étriers sont relevés et attachés.

Les chevaux restent bridés.

Lorsque les selles sont rangées à terre devant les hommes, le commandant donne l'ordre de les porter aux wagons.

Les cavaliers de chaque file portent successivement leurs selles au wagon qui leur a été désigné et reviennent aussitôt auprès de leurs chevaux.

Dans ce mouvement, le cavalier restant dans le rang tient les deux chevaux.

N. B. — Lorsque les chevaux doivent être placés dans le sens parallèle à la voie, les selles sont déposées à terre, en arrière du rang, et ne sont chargées qu'après l'embarquement des chevaux.

Observations. — Quand les dimensions des wagons le permettent, et que par exception l'ordre est donné de faire voyager les chevaux sellés, on dispose le paquetage de la manière suivante :

Remonter les étriers jusqu'à la mortaise sans rien déboucler, les maintenir dans cette position en passant l'étrivière doublée dans leur semelle, déboucler les deux courroies de paquetage, laisser la courroie de manteau bouclée, dégager le couvre-fonte et le rabattre sur le siége de la selle par-dessus le surfaix.

Réunir en arrière sur le siége les bouts du sac à distribution et les bouts du manteau, les serrer avec une courroie de paquetage, maintenir le tout en place au moyen d'une deuxième courroie de paquetage.

Les chevaux sont toujours sanglés, la croupière et le poitrail restent en place.

16. — *Chargement des wagons à selles.*

Le sous-officier, chef de chaque wagon à selles, après avoir fait mettre les armes de ses hommes en lieu de sûreté, fait disposer onze bottillons dans le wagon, perpendiculairement aux grands côtés, six le long de la paroi opposée à la porte, trois d'un côté de la porte et deux de l'autre ; un douzième bottillon est réservé pour compléter le chargement, qui s'exécute de la manière suivante : deux hommes montent dans le wagon ; les deux autres restent sur le quai et leur passent les selles, qui sont rangées par piles de cinq à six selles au plus, en commençant par le côté opposé à la porte. Les piles se montent toutes ensemble par rangs horizontaux, la première selle de chaque pile étant placée d'aplomb sur un bottillon, le porte-manteau contre la paroi longitudinale du wagon et les fontes vers le milieu.

On réserve pour le rang supérieur les selles qui portent les marmites, les gamelles, les grands bidons, ainsi que celles des officiers.

On a soin de les disposer de manière que les piquets ne puissent causer aucune dégradation. Les porte-manteaux des hommes à pied ainsi que les sacs d'avoine sont placés au milieu du wagon, entre les deux rangs de selles. La dernière pile se forme sur le bottillon tenu en réserve et occupe la place qu'on avait laissée libre devant l'ouverture de la porte.

Pour placer les dernières selles, les hommes sortent du wagon, que l'on ferme dès que le chargement est terminé.

17. — *Embarquement des chevaux.*

Pendant que les hommes portent leurs selles aux wagons à selles, les officiers reconnaissent les wagons assignés aux chevaux de leurs pelotons.

Ils y font répandre la litière, en ayant soin qu'elle s'étende sur le pont qui réunit le wagon au quai. Ils s'assurent que chaque voiture contient deux strapontins, lesquels doivent être relevés de manière à ne pas gêner l'embarquement des chevaux.

Dès que tous les cavaliers sont revenus à leurs chevaux, le commandant donne le signal de l'embarquement.

Il faut qu'il y ait toujours un homme de chaque côté des ponts volants, pour empêcher les chevaux de traverser et de mettre les pieds entre le wagon et le quai.

Le premier cavalier de droite de chaque fraction se porte franchement vers l'entrée du wagon.

Les autres le suivent successivement en gardant une distance de 3 mètres de tête à croupe.

Le premier cavalier marchant sans regarder son cheval, et le tenant près du mors, lui fait baisser la tête pour franchir la porte, tourne à droite et range sa monture contre le petit côté du wagon, la tête opposée à la porte.

Le second cavalier entre de la même manière, tourne à gauche, et range son cheval à l'extrémité opposée.

Les autres suivent le même ordre, de manière que le troisième fait appuyer son cheval contre celui du premier, le quatrième contre celui du second, et ainsi de suite.

Dès qu'un cheval est à sa place, le cavalier l'attache par la longe le plus court possible, le débride, sort du wagon en emportant sa bride, et va reprendre sa place dans le rang. On ne fait entrer les deux derniers chevaux que lorsque tous les autres sont attachés et que tous les hommes sont sortis du wagon.

Aussitôt que le dernier cheval est entré, on place la barre de fermeture, si le wagon en est pourvu, puis on retire le pont et on ferme la porte.

Les deux derniers cavaliers entrés dans le wagon y restent comme gardes d'écurie ; ils se placent entre les chevaux du côté de la tête, et rabattent les strapontins pour s'asseoir. Leurs armes, leurs brides et leurs coiffures sont confiés à leurs camarades de lit.

On place une botte de foin sous chaque strapontin.

2° Dans le sens parallèle à la voie :

Au signal de l'embarquement, le premier cavalier pénètre dans le wagon, comme il a été dit, tourne à droite et range son cheval contre la paroi longitudinale du côté de l'entrée, la tête tournée vers le milieu du wagon; chacun des autres cavaliers fait appuyer son cheval contre celui qui vient d'être placé.

Dès qu'un rang de chevaux est complet, deux cavaliers mettent en place la barre mobile ; ils attachent leurs chevaux par la longe, sans les débrider, sortent du wagon et vont chercher leurs selles.

On procède de la même façon pour le rang opposé.

Les cavaliers placent les selles sur deux piles dans l'intervalle, ainsi que les deux bottes de foin prescrites par wagon.

Les deux gardes d'écurie remettent leurs armes et leurs coiffures à leurs camarades de lit ; ils ne débrident les chevaux que lorsqu'ils les ont calmés et que le train est en marche.

Les brides, soigneusement attachées, sont placées sur les piles de selles.

18. — *Embarquement des hommes.*

Dès que l'embarquement des chevaux et le chargement des selles sont terminés, le commandant fait reprendre les armes, les casques et les cuirasses, et réunit sa troupe devant les voitures qu'elle doit occuper. Il la divise ensuite en fractions correspondant à la contenance des wagons et dénomme chaque fraction 1re, 2e, 3e (etc.) wagon, suivant sa position dans l'ordre de bataille.

Les sous-officiers et les brigadiers sont répartis de manière à assurer partout l'ordre et la discipline.

Dans chaque fraction un sous-officier est désigné comme chef de wagon.

Chaque fraction est massée devant le wagon qu'elle doit occuper, y faisant face, de manière à ne pas dépasser la longueur de ce wagon.

A la sonnerie : EN AVANT, les hommes montent dans les compartiments en tenant leurs fusils et leurs brides à la main. Étant assis, ils placent le fusil et le sabre entre leurs jambes, la crosse du fusil sur le plancher. Les brides, soigneusement attachées, sont placées sous les banquettes.

Les officiers font compléter les places à raison de huit à neuf hommes, selon le cas, dans chaque compartiment.

CUIRASSIERS. — Un cavalier monte d'abord dans chaque compartiment et reçoit des autres les cuirasses qu'il range sous les banquettes par piles de deux paires dans chacun des quatre coins du compartiment. Les autres s'embarquent ensuite tenant leurs casques et leurs brides à la main. Étant assis, ils tiennent leurs casques sur les genoux,

Il est interdit aux militaires, lorsqu'ils sont montés en wagon, de fermer eux-mêmes les portières, ce soin incombant exclusivement au personnel du chemin de fer.

19. — *Devoirs des officiers pendant l'embarquement.*

Mêmes règles que pour l'infanterie.

20. — *Mesures de police et de sécurité.*

Voir ce qui a été dit pour l'infanterie.

21. — *Haltes et stations.*

Voir ce qui a été dit pour l'infanterie.

22. — *Repas.*

Mêmes règles que pour l'infanterie.

23. — *Devoirs des gardes d'écurie.*

A tous les coups de sifflet de la locomotive, à chaque arrêt et à chaque départ, les gardes d'écurie parlent aux chevaux, les calment et les soutiennent.

En cas d'accidents, ils se portent aux fenêtres et avertissent par leurs cris et en agitant leur mouchoir.

Les gardes d'écurie sont relevés toutes les trois heures.

Lorsque les chevaux voyagent dans le sens transverversal, les précautions les plus minutieuses sont prises au moment où on relève les gardes d'écurie, pour éviter les accidents qui pourraient se produire si les chevaux reculaient quand on ouvre les portes (ces précautions sont nécessaires surtout lorsque les wagons ne sont pas pourvus de barres de fermeture). A cet effet, les deux gardes d'écurie se tiennent près des chevaux placés en face de la porte, les flattent, leur donnent à manger et les ramènent vers le fond du wagon.

Dès que la porte est ouverte, les nouveaux gardes d'écurie vont prendre la place de ceux qu'ils relèvent. Ceux-ci sortent rapidement.

Il ne faut qu'entr'ouvrir la porte juste pour le passage d'un homme.

Pendant la route, les gardes d'écurie font manger les chevaux en leur donnant le foin à la main. Les bottes de foin sont remplacées pendant les haltes, au fur et à mesure de la consommation, par les soins des officiers de peloton.

Dans les gares désignées pour les repas des chevaux, on distribue l'avoine dans les musettes. Pour abreuver les chevaux, des cavaliers remplissent les seaux et les passent aux gardes d'écurie par les fenêtres des wagons. Les gardes d'écurie les reçoivent par-dessus la croupe des chevaux, en allongeant le bras autant que possible, et font boire.

Les chevaux ne sont abreuvés que lorsque la durée du trajet est de plus de douze heures.

24. — *Arrivée à destination.*

Voir ce qui a été dit pour l'infanterie.

25. — *Débarquement des hommes.*

A l'arrivée et à la sonnerie d'un demi-appel, les cavaliers sortent sans précipitation des voitures avec leurs fusils et leurs brides. Ils sont immédiatement conduits par les officiers et sous-officiers de leurs pelotons en face des wagons où sont les chevaux.

OBSERVATIONS. — On doit recommander aux hommes de tenir à la main leurs fourreaux de sabre, lorqu'ils descendent de wagon, et, quand ils sont descendus, de ne pas appuyer leurs armes contre les voitures du train, qui peuvent à tout instant être ébranlées par un mouvement de la locomotive.

Avant le départ des troupes, les agents du train visi-

tent les voitures avec un ou plusieurs sous-officiers désignés à cet effet, et remettent à ces derniers les objets
que les hommes pourraient y avoir oubliés.

Les cavaliers mettent leurs armes en faisceaux,
avec les mêmes précautions que pour l'embarquement,
de telle sorte que les faisceaux ne courent pas risque
d'être renversés par les chevaux, et se forment en bataille, en laissant un large espace entre le front de la
troupe et les wagons.

Cuirassiers. — Les hommes descendent sur le quai
avec leurs brides, laissant leurs casques et leurs cuirasses dans les voitures.

Les employés du chemin de fer placent les ponts
volants devant les portes, qui restent néanmoins
fermées.

Deux hommes sont placés de chaque côté des ponts
volants comme pour l'embarquement.

26. — *Débarquement des chevaux.*

Le commandant, après s'être assuré que tous les
hommes ont reconnu les wagons où sont leurs chevaux,
donne le signal du débarquement.

Aussitôt les cavaliers se portent aux wagons à chevaux.

Lorsque les chevaux sont placés transversalement,
on passe les brides des deux chevaux du milieu aux
gardes d'écurie.

Ces chevaux bridés, on ouvre la porte. Les deux
chevaux, s'ils ont la tête tournée du côté opposé au
quai, sortent successivement en reculant et sont immédiatement emmenés par leurs cavaliers sur la ligne de
bataille. Les autres cavaliers entrent alors dans les

wagons, brident leurs chevaux et les font sortir par un demi-tour à droite ou à gauche.

Lorsque les chevaux sont placés dans e sens de la voie, les cavaliers enlèvent leurs selles et vont les poser à terre sur un rang en avant de l'emplacement où la troupe doit venir se former.

Chacun bride son cheval.

On fait sortir ensuite les chevaux de chaque rang, après avoir enlevé successivement les barres mobiles.

27. — Débarquement des selles. — Formation et départ de la troupe.

La troupe étant reformée dans le même ordre pour l'embarquement, c'est-à-dire sur un seul rang, chaque cavalier du second rang à gauche de son chef de file, on procède au débarquement des selles.

Les sous-officiers et les cavaliers qui ont été employés au chargement des selles se portent au wagon où elles se trouvent.

Au signal du commandant, les cavaliers du premier rang viennent chercher leurs selles; ceux du second rang tiennent les deux chevaux.

Quand les chevaux du premier rang sont sellés, les cavaliers du second rang vont à leur tour chercher leurs selles.

Le commandant, les officiers et les sous-officiers recommandent aux hommes de seller leurs chevaux sans se presser et avec le plus grand soin. Ils surveillent particulièrement l'exécution de cet ordre.

Les officiers examinent le paquetage avec la plus grande attention et le font rectifier s'il y a lieu.

Quand tous les chevaux sont sellés, le commandant

ordonne aux hommes de reprendre leurs armes, leurs casques et leurs cuirasses ; il fait monter à cheval, reforme sa troupe et l'emmène.

28. — *Déchargement des bagages.*

Le vaguemestre, accompagné de la portion de la garde de police qui doit garder les bagages et des auxiliaires nécessaires, se transporte au quai de déchargement des bagages.

Ce déchargement est fait par les soins des employés du chemin de fer, aidés des auxiliaires de la troupe.

A défaut de voitures régimentaires, le vaguemestre s'occupe des mesures à prendre pour l'enlèvement des bagages et pour leur transport au quartier, conformément aux prescriptions énoncées dans l'observation de la *Règle militaire*, n° 2.

29. — *Changement de trains.*

Dans le cas où il y a lieu de changer de train pendant le trajet, le commandant de la troupe, sur l'avis qu'il en reçoit, fait faire le débarquement et le rembarquement par les procédés décrits dans le présent règlement.

Transport de l'artillerie.

1. — *Envoi à l'avance à la gare de départ d'un officier préposé au chargement.*

Voir ce qui a été dit à propos de l'infanterie.

2. — *Ordre à donner par le chef de corps.*

Voir ce qui a été dit pour l'infanterie.

3. — *Paille pour la litière et pour le chargement des selles et du matériel.*

Voir ce qui a été dit pour la cavalerie ; seulement, en outre des bottillons nécessaires aux selles, on en confectionne d'autres semblables, à raison de deux par truc, pour amortir le choc des roues sur le plancher.

4. — *Nourriture des chevaux et transport des fourrages à la gare.*

Mêmes prescriptions que pour la cavalerie.

5. — *Accessoires pour l'embarquement et le débarquement du matériel.*

Indépendamment des objets accessoires nécessaires pour l'embarquement et le débarquement du matériel, et qui sont fournis par les compagnies de chemins de fer, les corps doivent être pourvus des accessoires suivants :

1° Jarretières ;

2° Bouts de madriers de 0^m50 à 0^m75 de longueur, à raison de dix à douze par batterie, servant à former des rampes pour faire franchir aux voitures les rebords fixes des trucs ;

3° Grandes cales de roues à section triangulaire, à raison de dix à douze par batterie, pour faciliter le passage des voitures par-dessus les traverses saillantes des trucs.

Ces accessoires sont fournis par les directions d'artillerie, et, à défaut, les corps sont autorisés à en faire l'acquisition.

6. — *Tenue.*

Dans les ordres pour la tenue de route, le chef de corps indique si, en raison de la température, les canonniers doivent porter la capote ou le manteau en sautoir.

7. — *Confection des étiquettes destinées aux selles.*

Mêmes prescriptions que pour la cavalerie.

8. — *Arrivée à la gare de l'officier préposé au chargement et du détachement des bagages.*

Le jour du départ, l'officier préposé au chargement, accompagné d'un sous-officier désigné pour lui être adjoint, précède la troupe à la gare du temps nécessaire pour procéder à la reconnaissance du train et au numérotage des wagons.

Le détachement des bagages doit se trouver à la gare quelques instants avant la troupe ; il est composé des auxiliaires de corvée, des voitures de bagages régimentaires, des voitures de fourrage.

9. — *Reconnaissance du train.*

Voir ce qui a été dit pour la cavalerie. La reconnaissance du train doit porter en outre sur la longueur et la forme des trucs.

10. — *Devoirs du sous-officier adjoint à l'officier préposé au chargement.*

Voir ce qui a été dit pour la cavalerie et l'infanterie. Ce sous-officier inscrit en outre la longueur de chaque truc sur le rebord du grand côté.

11. — *Garde de police.* — *Étendard.* — *Caisse du corps.*

Mêmes prescriptions que pour la cavalerie.

12. — *Contenance des wagons.*

Pour le transport des hommes.

Il est accordé dix places pour huit hommes à l'artillerie et au train des équipages militaires.

Les places vides sont utilisées pour le rangement des sacs, coiffures, brides, etc.

Dans les wagons à marchandises aménagés pour les hommes, le chiffre de contenance inscrit sur les parois des wagons est diminué de deux dixièmes.

Pour le transport des chevaux.

Lorsque les wagons ne portent pas l'indication du nombre de chevaux qu'ils doivent contenir, on calcule leur contenance d'après les règles établies pour la cavalerie de ligne. (*Voir* ce qui a été dit à l'article correspondant de la cavalerie.)

Pour le transport du matériel.

Pour charger deux voitures complètes de campagne de 7 ou de 12, à l'exception du chariot de batterie, avec lequel on ne peut placer qu'une demi-voiture, il faut un truc à fond plat d'une longueur au moins égale à 5^{m}80 ou à 5^{m}40, suivant que les rebords des petits côtés sont fixes ou qu'ils se rabattent.

On ne peut embarquer qu'une voiture et demie de 7

ou de 12 ou un chariot de batterie sur tous les trucs dont le plancher est garni de traverses saillantes, et sur les trucs à fond plat d'une longueur comprise entre 4^m50 et 5^m80 (ou 5^m40 avec petits côtés se rabattant).

Tous les trucs d'une longueur au moins égale à 5^m40 peuvent recevoir deux voitures complètes de 4 ou de 5, ou seulement un chariot de batterie et une demi-voiture.

Au-dessous de 4^m50, les trucs ne peuvent recevoir qu'une seule voiture.

13. — *Accessoires pour l'embarquement.*

Voir ce qui a été dit à la cavalerie.

14. — *Arrivée de la troupe à la gare.*

La troupe arrive au point de départ deux heures avant le départ.

Ce délai doit être observé avec la plus grande rigueur.

A l'arrivée de la troupe, l'officier préposé au chargement remet au commandant un état indiquant, dans l'ordre des numéros, la destination et la contenance des wagons, ainsi que la dimension des trucs.

15. — *Formation de la troupe. — Dispositions préparatoires pour l'embarquement du matériel.*

Le détachement est arrêté soit dans la gare, soit à proximité.

Le commandant, d'après les renseignements qu'il a reçus de l'officier chargé de la reconnaissance, détermine immédiatement le chargement de chaque truc et désigne les officiers qui devront diriger l'embarquement des voitures.

Dans tout train d'artillerie, les trois derniers trucs doivent toujours être chargés de voitures sans munitions, telles que forges, chariots de batterie, etc.

Cette disposition est indispensable pour éviter qu'en cas de rebroussement, il y ait des voitures chargées de munitions dans le voisinage de la machine.

Les chevaux du devant et du milieu sont dételés et réunis avec les chevaux de selle sur le quai d'embarquement.

Les voitures sont amenées par les chevaux de derrière et rangées sur le quai, à hauteur des trucs qui doivent les recevoir.

Les canonniers désignés pour être employés au chargement du matériel sont réunis auprès des trucs et déposent leurs sacs et leurs armes.

16. — *Embarquement du matériel*.

THÉORIE DU CHARGEMENT DES VOITURES.

Les deux trains de chaque voiture sont séparés et placés tout montés sur les trucs par les canonniers avec l'aide des hommes d'équipe.

Le chargement se fait par le petit côté des trucs quand la gare possède des voies de chargement aboutissant à un quai perpendiculaire à ces voies ; sinon le chargement se fait par le grand côté.

Il y a sur la manière de charger les voitures une théorie spéciale à l'artillerie dont nous n'avons pas à nous occuper, et qui n'est pas demandée à l'armée territoriale.

17. — Fractionnement et dispositions à prendre pour l'embarquement des chevaux.

Comme pour la cavalerie.

18. — Chargememt des wagons à selles.

Comme pour la cavalerie.

19. — Embarquement des chevaux.

Comme pour la cavalerie.

20. — Embarquement des hommes.

Comme pour la cavalerie.

21. — Devoirs des officiers pendant l'embarquement.

Comme pour la cavalerie.

22. — Mesures de police et de sécurité.

Comme pour la cavalerie.

23. — Haltes et stations.

Comme pour la cavalerie.

24. — Repas.

Comme pour la cavalerie.

25. — Devoirs des gardes d'écurie.

Comme pour la cavalerie.

26. — *Arrivée à destination.*

Comme pour la cavalerie.

27. — *Débarquement des hommes.*

A l'arrivée et à la sonnerie de la marche, les canonniers sortent des voitures en tenant à la main leurs mousquetons, leurs sacs ou leurs brides.

Les servants sont conduits près des trucs par des officiers et sous-officiers chargés du débarquement du matériel.

Ils se débarrassent de leurs armes et de leurs sacs.

L'officier chargé du débarquement des chevaux réunit les conducteurs en face des wagons où sont leurs chevaux et les forme en bataille, en laissant un large espace entre le front de la troupe et les wagons.

Les employés du chemin de fer placent les ponts volants devant les portes, qui restent néanmoins fermées.

Deux hommes sont placés de chaque côté des ponts volants comme pour l'embarquement.

OBSERVATIONS. — *Voir* ce qui a été dit à la cavalerie.

28. — *Débarquement des chevaux.*

Comme il a a été dit à la cavalerie.

29. — *Débarquement des selles.*

La troupe étant reformée dans le même ordre que pour l'embarquement, c'est-à-dire sur un seul rang, on procède au débarquement des selles.

On indique aux canonniers dans quels wagons sont leurs selles.

Les sous-officiers et les canonniers qui ont été employés au chargenent des selles se portent aux wagons où elles se trouvent.

Au signal du commandant, les canonniers vont chercher leurs selles. Pendant ce mouvement, un homme tient quatre chevaux.

Le commandant, les officiers et les sous-officiers recommandent aux hommes de seller leurs chevaux sans se presser et avec le plus grand soin.

Ils surveillent particulièrement l'exécution de cet ordre.

Quand les chevaux sont sellés, le commandant fait monter à cheval.

Les attelages de derrière seuls restent sur le quai pour reprendre les voitures. Tous les autres chevaux sont emmenés pour dégager le quai le plus tôt possible.

30. — *Débarquement du matériel.*

Les voitures de l'artillerie sont déchargées par les moyens inverses de ceux qui ont été employés pour les charger.

31. — *Changements de trains.*

Voir à la cavalerie.

Pontonniers et équipages de ponts.

Les règles pour l'embarquement des hommes sont les mêmes que celles prescrites pour le reste de l'artillerie ; L'embarquement et le débarquement du matériel ne sont pas demandés à l'armée territoriale. D'ailleurs, les règles à suivre en pareil cas rentrent dans le service spécial d'artillerie, dont nous n'avons pas à nous occuper.

Même observation en ce qui concerne le train des équipages militaires ; et au surplus, en ce qui touche les transports militaires, nous croyons devoir ajouter que nous sommes entré *dans plus de détails* que n'en comporte le programme d'examen, et cela parce qu'il s'agit d'une question d'une haute importance que tout officier doit étudier avec d'autant plus de soin que jusqu'ici elle était restée dans le vague.

Nous terminons cet exposé par la composition normale des trains de chaque arme.

COMPOSITION DES TRAINS.

Train d'infanterie.

La locomotive avec le tender.

Le fourgon du chef de train chargé de bagages.

Une partie des voitures de la troupe.

La voiture des officiers.

La seconde partie des voitures de la troupe.

Un fourgon pour les bagages qui n'auront pu être chargés dans le fourgon du chef de train.

Les wagons pour les voitures régimentaires et les chevaux.

Une voiture à frein.

Train de cavalerie.

La locomotive avec le tender.

Le fourgon du chef de train, c'est-à-dire un wagon couvert et chargé des bagages d'officiers ou autres.

Un wagon à selles.

Une plate-forme, s'il y a lieu, portant des rampes mobiles.

Une partie des wagons à chevaux.

Un wagon à selles.

Une partie des voitures de la troupe.

La voiture des officiers.

La seconde partie des voitures de la troupe.

La seconde partie des wagons à chevaux.

Le wagon à fourrages.

Un wagon à selles.

Le wagon pour les voitures régimentaires.

Une voiture à frein.

Train d'artillerie.

La locomotive avec le tender.

Le fourgon du chef de train, c'est-à-dire un fourgon couvert et chargé de bagages d'officiers ou autres.

Un wagon à selles.

Une plate-forme, s'il y a lieu, portant des rampes mobiles et des longrines.

Les wagons à chevaux.

Le wagon à fourrages.

Un wagon à selles.

La voiture des officiers.

Les voitures de la troupe.

Les wagons de matériel. (Les trois derniers sans munitions.) Une voiture à frein.

TOPOGRAPHIE

PREMIÈRE LEÇON.

Qu'est-ce qu'une carte ?

On appelle carte la représentation géométrique d'une partie de la surface terrestre.

Cartes géographiques.

Les cartes géographiques sont celles qui embrassent une grande étendue de la surface du globe; elles servent à la représentation d'une partie du monde ou d'un État. Elles donnent peu de détails, indiquent seulement les principaux points du terrain, les grandes divisions territoriales, les directions des chaînes de montagnes, des cours d'eau, etc.

Cartes topographiques.

Les cartes topographiques, au contraire, indiquent avec beaucoup de détails les accidents de terrain, les chemins, sentiers, divisions de culture, etc.; elles n'embrassent qu'une petite étendue de terrain.

Il y a encore cette différence entre les cartes géographiques et les cartes topographiques, que dans les premières il est nécessaire de tenir compte de la forme de la terre.

Dans les cartes topographiques embrassant une certaine étendue du territoire d'un État, comme la carte de France, il faut opérer avec toute l'exactitude possible. Il y a lieu de tenir compte de la sphéricité du globe ; mais pour cela, on emploie des méthodes particulières de projection et des calculs qui sont du ressort de la géodésie.

Au surplus, il est facile de démontrer qu'en général, pour les cartes topographiques, il est tout à fait inutile de se préoccuper de la sphéricité de la terre. Soit un arc AB de 1°, je dis qu'on peut, sans erreur appréciable, substituer à la calotte sphérique AEB le plan

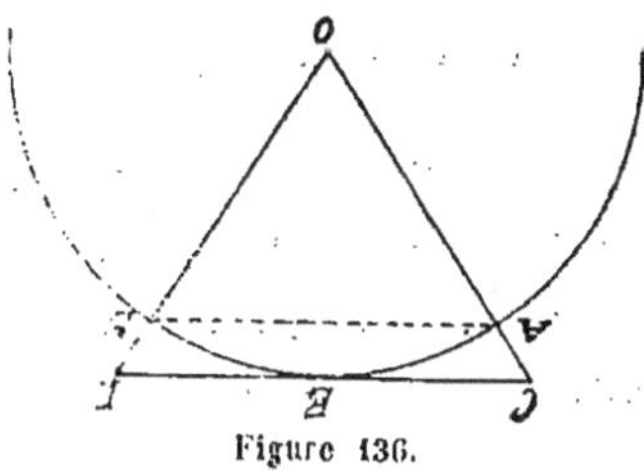

Figure 136.

tangent mené par son milieu E. En effet, si on calcule (1) la longueur de la tangente CD, on trouve CD = 111,113^{m}92 ; l'arc AB a pour longueur $\frac{40,000,000^m}{360}$ soit 111,111^{m}11. Il y a donc entre l'arc et la tangente

---

(1) Par la trigonométrie.

une différence de 2^m81. Ainsi, en substituant à la calotte sphérique AEB le cercle dont CE est le rayon, on
commet une erreur de 2^m81 pour toute la largeur de
25 lieues environ que représente le diamètre CD. Or,
il est certain que par le fait même de l'opération que
comporte le levé de cette étendue de terrain, on com-
mettra des erreurs supérieures à 2^m81. Cette différence
est donc parfaitement négligeable.

Qu'est-ce que la topographie?

La topographie est l'art de représenter sur un dessin
les détails de superficie d'un terrain de peu d'étendue.

Projection d'un point.

Si l'on suppose la surface de la mer prolongée de
tous côtés, elle passera, à très-peu d'exceptions près,
au-dessous des points les plus bas du terrain.

Tout point de cette surface (qui n'est autre chose
qu'un plan horizontal) qui se trouvera verticalement
au-dessous d'un point particulier du terrain sera la projection de ce point.

Projection d'une ligne.

Si de tous les points d'une ligne du terrain on abaisse
des verticales sur cette même surface, et si on joint par
un trait les projections de ces points, la ligne ainsi obtenue sera la projection de la ligne du terrain.

Projection du terrain.

En supposant, de même, que de tous les points du terrain on abaisse des perpendiculaires sur le plan horizontal, l'ensemble des pieds de ces perpendiculaires, autrement dit de toutes ces projections, formera une figure qui sera une image du terrain et qui en représentera chaque partie, comme si, s'élevant verticalement en ballon, on regardait au-dessous de soi ; cette image sera la projection du terrain.

Définition du plan topographique.

Mesurer cette projection, c'est lever *le plan du terrain*, et si l'on construit sur le papier une figure semblable, la projection réduite ainsi obtenue se nomme *le plan du terrain*.

Ainsi, on nomme plan ou carte topographique la reproduction *en petit* de la projection du terrain.

Échelle.

Sur le plan topographique, toutes les parties du terrain doivent conserver leurs relations naturelles de forme, d'étendue, de distance ; il faut donc que toutes ces parties soient réduites dans un même rapport avec leurs homologues du terrain. Ce rapport constant entre une longueur mesurée sur le plan et son homologue du terrain constitue *l'échelle du plan*.

On dit qu'un plan est à l'échelle de $\frac{1}{5000}$, $\frac{1}{10.000}$, etc., lorsque ses lignes sont 5,000 fois, 10,000 fois, etc., plus petites que leurs correspondantes sur le terrain.

L'échelle est dans la forme de $\frac{1}{m}$; on prend ordinairement pour valeur de m un multiple de 10, car alors les longueurs peuvent être facilement mesurées sur le plan avec une règle graduée en centimètres et millimètres, c'est-à-dire avec un double décimètre.

Construction de l'échelle.

Soit l une longueur du plan et L son homologue sur le terrain, on a $\frac{l}{L}=\frac{1}{m}$, relation de laquelle on déduit $l=\frac{L}{m}$ ou $L=l\times m$. On pourra donc, au moyen de ces formules, calculer la longueur d'une ligne du terrain, connaissant celle du plan, et réciproquement.

Soit un plan à l'échelle de $\frac{1}{10.000}$; supposons que l'on veuille connaître la distance entre deux points, deux arbres par exemple; on mesure cette distance avec un double décimètre sur le plan; on trouve 43 millimètres. La distance sur le terrain, étant 10,000 fois plus grande, sera $0,043\times10,000$, ou 430 mètres.

Pour éviter de faire ces calculs, on construi sur feuille même du plan une *figure* qui reçoit aussi le nom d'échelle.

Échelle simple.

Pour construire une échelle, on cherche d'abord par quelle longueur 100 mètres seront représentés sur le papier. Soit à construire l'échelle de $\frac{1}{5000}$; 100 mètres seront représentés par $\frac{100}{5000}$ ou par $\frac{1}{50}=0^m,02$.

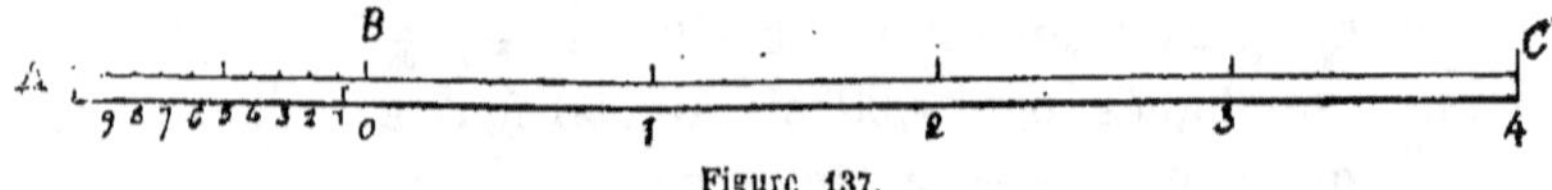

Figure 137.

On trace une ligne droite sur laquelle on porte, à partir d'un point B, un certain nombre de fois à la suite l'une de l'autre la longueur de 0^m02 qui représente 100 mètres sur le papier, et l'on numérote les divisions 0, 1, 2, 3, **4**, etc., à partir du point B, de gauche à droite. On divise la partie BA en dix parties égales, que l'on numérote de droite à gauche ; chacune de ces parties représentera 10 mètres. La partie BC est doublée d'un trait plus fort.

Cette échelle donne les distances à 10 mètres près, puisqu'elle ne porte pas de divisions moindres que 10 mètres ; les subdivisions plus petites s'évalueront par estime.

Emploi de l'échelle simple.

Lorsqu'on veut avoir la distance qui sépare deux points du terrain, on prend sur le plan cette distance avec un compas et on la porte sur l'échelle, en plaçant une des pointes sur la division 0 et l'autre vers une des divisions 1, 2, 3, 4, etc. Si cette pointe tombe sur la division 3, la distance cherchée est de 300 mètres ; si cette pointe tombe entre les divisions 3 et 4, on prend la mesure à partir du chiffre 3, l'autre pointe tombant sur la partie BA ; si elle tombe sur la division 5, la distance est de 350 mètres. Entre 5 et 6, au milieu, la distance pourra être parfaitement estimée à l'œil et sera de 355 mètres. A la rigueur, cette échelle donne donc les mesures à 5 mètres près.

Échelle des dixmes.

Pour avoir les mesures avec plus d'exactitude, on

emploie une autre sorte d'échelle dite échelle des dix-
mes, dont voici la construction :

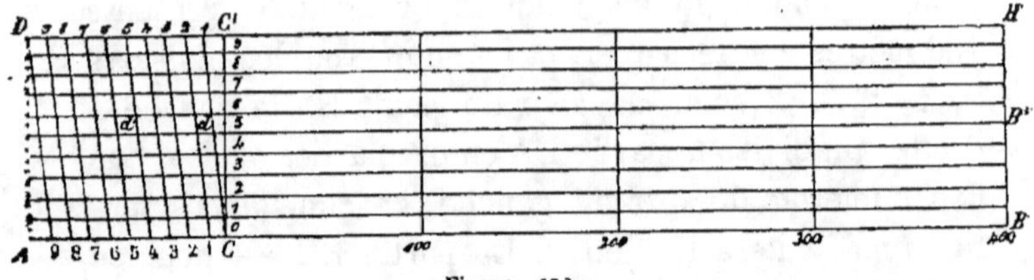

Figure 133.

Sur la droite AB on porte, à partir du point A, de
gauche à droite, la mesure de 100 mètres, soit 0ᵐ02,
autant de fois qu'on veut avoir de subdivisions de 100 mè-
res, et l'on numérote les points de division, 100, 200,
300, 400, etc., en commençant à la seconde marquée 0,
au point C. A partir du zéro, on partage la division CA
en dix parties égales de droite à gauche, ce qui donne
les dizaines de mètre, qu'on numérote 1, 2, 3, etc.;
aux différents points de division, on élève des perpendiculaires à AB; leur longueur est arbitraire, mais on
adopte généralement celle de 0ᵐ02. On partage AD en
dix parties égales, et par les points de division on mène
des parallèles à AB; enfin, on partage DC' également
en dix parties, numérotées comme les divisions infé-
rieures, de droite à gauche, 1, 2, 3, etc., et l'on joint le
point 0 de la ligne inférieure au point 1 de la ligne supérieure, de même le point 1 au point 2, et ainsi de
suite. Sur le dessin, quand on passe les lignes de l'é-
chelle à l'encre, on supprime la partie à gauche
de D9 comme inutile. Dans le triangle 1CC', on voit
que chaque parallèle varie de $\frac{1}{10}$ avec la précédente : la
parallèle 1 est le $\frac{1}{10}$ de la base C'1, la parallèle 2 les $\frac{2}{10}$, etc.
Or, la base C'1 est égale à 10 mètres, donc la première

parallèle représentera 1 mètre, la seconde $\frac{2}{10}$ de 10 ou $\frac{20}{10} = 2$ mètres, et ainsi de suite.

Supposons maintenant qu'on veuille trouver avec cette échelle la distance de deux points, et que le compas porté sur les deux points du plan donne une ouverture plus grande que BC, mais moindre que B9; on fera glisser la pointe B de bas en haut sur BH, jusqu'à ce que l'autre pointe tombe exactement sur le point de rencontre d'une transversale et d'une parallèle, soit en d; la distance cherchée sera de 400 mètres, plus $\frac{5}{1}$ de 10 ou $400 + 5$ mètres, soit 405 mètres; si la pointe du comp as tombe en d', la distance sera de $400 + dd' + 5$, c'est-à-dire 445 mètres.

Cette échelle donne donc les mesures à 1 mètre près.

Pour les échelles de $\frac{1}{40,000}$ et toutes les échelles plus petites, on se contente généralement de l'approximation de 10 mètres, et ce n'est plus la longueur de 100 mètres, mais bien celle représentant 1 kil. que l'on porte de A en B; de sorte que les divisions de A en C sont de 100 mètres, et les parallèles 1, 2, 3 donnent les distances de 10 mètres.

Échelles de pas.

En campagne, la plupart du temps les distances se mesurent au pas; il faut donc savoir construire une échelle de pas correspondante à l'échelle de mètres qui reste seule sur la mise au net du dessin.

Il faut d'abord étalonner son pas, c'est-à-dire savoir le nombre de pas que l'on fait pour un nombre de mètres déterminé, d'où l'on déduira le rapport du pas au mètre. Pour étalonner son pas, il faut parcourir plusieurs fois une distance, compter chaque fois le nombre de pas et prendre la moyenne du total.

Supposons qu'on ait trouvé ainsi que pour 300 pas on ait parcouru 200 mètres, le pas sera $\frac{200}{300}$ ou $\frac{2}{3}$ du mètre ; de telle sorte que, pour une distance de 1,500 pas, on aura immédiatement le nombre de mètres correspondant, soit $1,500 \times \frac{2}{3}$ ou $\frac{3000}{3}$ ou 1,000 mètres. Mais on arrivera rarement à obtenir le rapport ci-dessus, qu'on adopte, quand le temps presse, pour le rapport du pas au mètre, et qui suffit d'ailleurs dans les manœuvres d'infanterie pour l'appréciation des distances. Quoi qu'il en soit, supposons le pas de l'opérateur étalonné, 500 de ses pas représentent, je suppose, une longueur de 400 mètres ; si l'échelle du plan est de $\frac{1}{10.000}$, nos 400 mètres seront représentés par $\frac{400}{10.000} = 0,04$; prenons sur le papier une droite égale à 0,04 ; puisqu'elle représente 400 mètres ou 500 pas, en la divisant en 50 parties égales, chacune de ces parties nous donnera une longueur de 10 pas. L'échelle s'achèvera comme nous l'avons indiqué.

Pour une échelle plus petite, soit $\frac{1}{20.000}$, on compte un plus grand nombre de pas ; soit 1,000 pas, qui, mesurés au mètre, donnent 800 mètres, représentés au $\frac{1}{20.000}$ par $\frac{800}{20.000} = \frac{400}{10.000} = 0,04$. Prenons une longueur égale à 0,04, partageons-la en 100 parties égales, chaque subdivision sera égale à 10 pas. On conçoit qu'il n'est guère commode de partager une ligne de 0,04 en 50 ou 100 parties égales ; on la partagera dans le 1er cas comme dans le second en 10 parties égales, on aura ainsi des subdivisions respectivement de 50 et de 100 pas. Les dizaines de pas s'obtiendront par des perpendiculaires et des transversales comme pour les échelles ordinaires. Nous donnons ci-après une échelle de pas, au $\frac{1}{10.000}$ en supposant 500 pas égaux à 400 mètres.

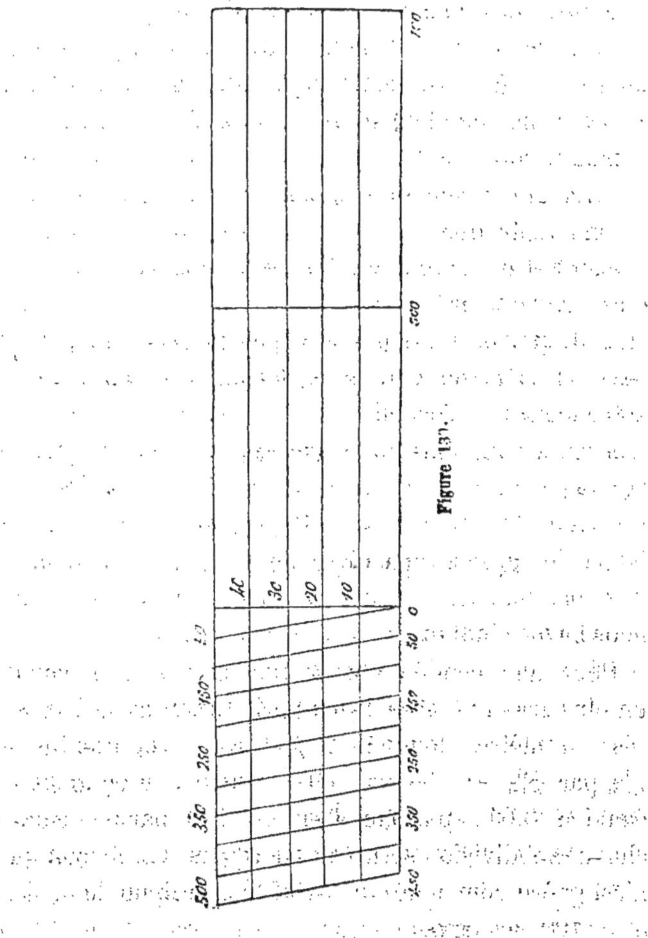

Figure 137.

Une distance étant mesurée au pas, pour l'avoir immédiatement en mètres, on porte sur l'échelle de mètres cette distance relevée sur l'échelle de pas.

Échelles usitées.

Les échelles les plus usitées sont :

$\frac{1}{1000}$, pour le levé d'un front de fortification ;

$\frac{1}{2000}$, $\frac{1}{2500}$ et $\frac{1}{5000}$, pour les plans des places fortes, villes, et pour tous les plans spéciaux de peu d'étendue, comme ceux des champs de bataille, et le dessin des ouvrages de fortifications ;

$\frac{1}{00}$, pour le levé d'un campement, d'une position, et pour les itinéraires ;

$\frac{1}{20.000}$, pour les levés d'une certaine étendue, reconnaissances, itinéraires.

En campagne, on emploie surtout les deux dernières.

$\frac{1}{40.000}$. Minutes de la carte de France réduites pour la gravure à $\frac{1}{80.000}$.

Les $\frac{1}{200.000}$, $\frac{1}{500.000}$, etc. sont affectés aux cartes géographiques.

Trouver l'échelle d'une carte.

Lorsqu'une carte ne porte pas l'indication d'une échelle et qu'on se trouve sur le terrain de la carte, il suffit. pour trouver cette échelle, de mesurer sur le terrain la distance entre deux points situés sur une ligne et assez éloignés l'un de l'autre ; on divise cette longueur par celle qui la représente sur le plan ; le quotient indique l'échelle. Une distance de 1,000 mètres correspond à une longueur de $0^m,05$, l'échelle sera de $\frac{1000}{0,05} = \frac{100.000}{5}$ ou $\frac{1}{20.000}$.

Différence entre la distance obtenue par l'échelle et la distance vraie.

La distance mesurée sur l'échelle est la distance horizontale, qu'il ne faut pas confondre avec la distance vraie, c'est-à-dire celle qui existe sur le terrain entre les deux mêmes points.

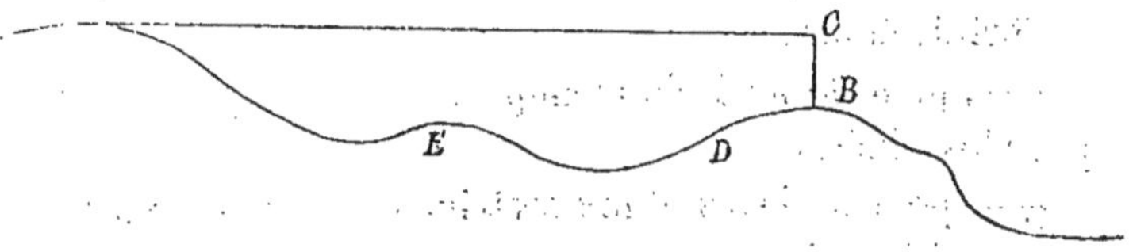

Figure 140.

Ainsi, la distance du point A au point B est, sur le terrain, la longueur AEDB, tandis que la même distance donnée par le plan est l'horizontale AC (*fig.* 140).

Il est important néanmoins de connaître cette distance horizontale AC, afin de savoir si le point C est en deçà ou au delà de la portée efficace des armes pour une troupe placée en A ; de même, supposez qu'un chef de détachement placé en A reçoive l'ordre d'aller occuper la position B, il sera pour lui du plus haut intérêt de connaître la distance vraie de A en B. Lorsqu'il s'agit de deux points éloignés l'un de l'autre, et dans un pays accidenté, en forçant d'un tiers la distance donnée pour le plan, on aura approximativement la distance qu'on obtiendrait en suivant les sinuosités de la route et les pentes du terrain.

Lecture des cartes.

Savoir lire une carte topographique, c'est :

1° Reconnaître à l'inspection de la carte, et à l'aide, soit de certains signes, à défaut d'écriture, soit de certaines teintes, toutes les lignes et tous les objets du terrain qu'elle représente.

2° Apprécier d'un coup d'œil la forme et les pentes du terrain, et pouvoir juger par là de la valeur relative, au point de vue militaire, des différentes positions figurées sur la carte.

De là, deux opérations dans la rédaction d'une carte : la planimétrie et le nivellement.

Planimétrie.

La planimétrie a pour objet la représentation, sur le plan topographique, des routes, villes, villages, bois, cours d'eau, etc., et généralement de tous les objets qui existent à la surface du sol. La planimétrie donne les projections horizontales de tous ces objets.

Signes conventionnels.

On a adopté pour représenter les accidents naturels ou artificiels du terrain les signes conventionnels que nous allons faire connaître.

Remarquons tout d'abord que les accidents de terrain comprennent :

1° Les eaux ;
2° Les moyens de communication ;
3° Les divisions de culture ;
4° Les constructions.

Les eaux.

Les eaux comprennent :

Les rivières.
Les ruisseaux.
Les ravins.

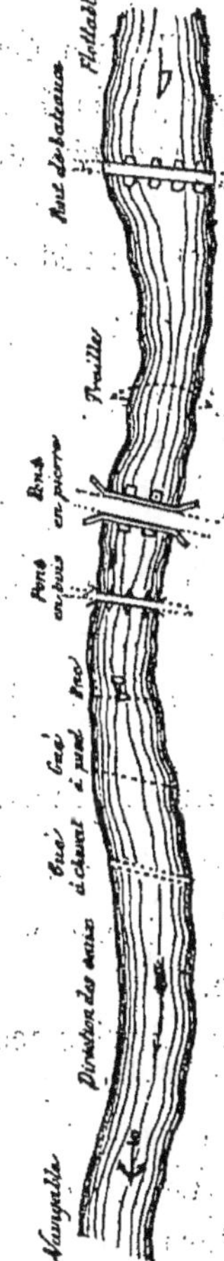

Figure 141.

Les canaux.
Les étangs.
Les marais.
Les moyens de passage.

Rivières.

Sur les cartes coloriées, deux traits bleus pour indiquer les sinuosités des rives, teinte bleue plus foncée au bord qu'au milieu ; sur les cartes non coloriées, deux traits noirs, lignes noires parallèles aux rives et formant une teinte dégradée au milieu.

Navigabilité. — Une ancre.

Direction du courant. — Une flèche.

Gué à cheval. — Deux lignes parallèles en éléments de trait ; espace blanc entre les deux lignes.

Gué à pied. — Une ligne en éléments de trait ou traits ponctués.

Bac. — Une ligne perpendiculaire au cours d'eau en traits ponctués ; on figure à côté une petite nacelle.

Ponts en bois. — Deux traits noirs sur toutes les cartes, perpendiculaires au cours d'eau ; on figure les piles sur les cartes à grande échelle. — Sortie évasée.

Ponts en pierre. — Deux doubles traits parallèles et perpendiculaires au cours d'eau ; rouges sur les cartes coloriées, noirs sur les cartes non coloriées.

Traille. — Traits ponctués en arc de cercle, retour vers les rives.

Ponts de bateaux. — Deux traits parallèles, perpendiculaires au cours d'eau et arrêtés aux rives ; on figure de chaque côté les extrémités des bateaux.

Ruisseaux. — Sur les cartes coloriées un trait bleu,

allant en grossissant vers l'embouchure ; sur les cartes non coloriées un seul trait en noir.

Figure 142.

Moulins à eau. — Un petit cercle dentelé, et deux traits en croix tangents au cercle.

Moulins à vent. — Même ligne, excepté que le cercle n'est pas dentelé.

Usines. — Un cercle dentelé surmonté d'un petit drapeau ; généralement on figure à côté les bâtiments d'exploitation.

Ravins. — Trait noir sur toutes les cartes.

Canaux. — Sur les cartes coloriées un trait bleu en

Figure 143.

ligne droite, ou portions de ligne droite, et de chaque côté un trait noir plus mince ; sur les cartes non coloriées les trois lignes sont noires.

Étangs. — Trait bleu pour le contour ; teinte bleue plus foncée vers les bords qu'au milieu.

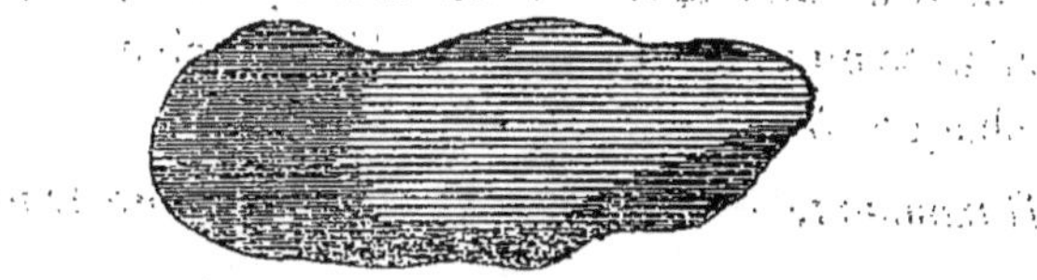

Figure 144.

Sur les cartes non coloriées, trait noir pour le contour ; hachures horizontales plus serrées sur les bords qu'au milieu.

Marais. — Sur les cartes coloriées, teintes panachées

Figure 145.

vertes et bleues ; sur les cartes non coloriées hachures horizontales, sablées et dégradées.

Voies de communication.

Les voies de communications comprennent :
Les routes,
Les chemins,
Les sentiers,
Les chemins de fer.

Routes.

Les routes se classent ainsi :

Figures 146.

Routes nationales. — Trois classes, 14 mètres, 12 mètres et 10 mètres.

Deux doubles traits parallèles écartés suivant l'échelle.

Routes départementales. — 10 mètres de large. Deux traits parallèles.

Chemins.

Chemins de grande communication. — 6 à 8 mètres, mêmes signes, mais plus rapprochés.

Figure 147.

Chemin vicinal. — 4 à 6 mètres. Un trait plein, et un autre en éléments de trait.

Chemin d'exploitation. — Largeur variable. — Deux lignes en éléments de trait.

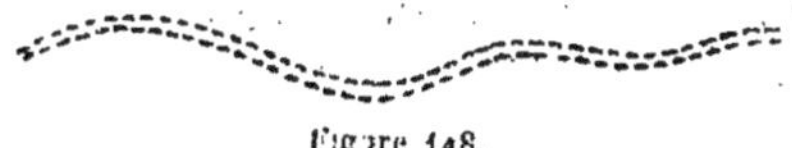

Figure 148.

Sentiers.

Un seul trait plein.

Chaussées.

Une route est en chaussée lorsqu'elle est en remblai ; elle est en tranchée ou déblai, lorsqu'il a fallu creuser le terrain pour en poursuivre le tracé.

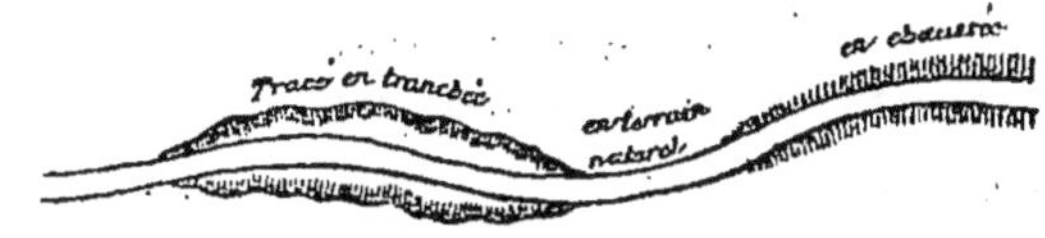

Figure 119.

Les chaussées ou remblais s'indiquent par des hachures courtes, allant en s'amincissant à partir de la
route ; les tranchées s'indiquent par des hachures également courtes et serrées, mais la pointe est tournée
vers la route ; on laisse entre ces hachures et la route
un espace blanc. Les escarpements des berges de ruisseaux ou de rivières s'indiquent de la même manière.
Toutes ces petites hachures doivent être perpendiculaires à la direction de la route ou du cours d'eau.

Une route à flanc de coteau est d'un côté en tranchée,
de l'autre en chaussée.

Chemins de fer et passages (*fig.* 150).

Les chemins de fer s'indiquent par un trait plein et
large ; quelquefois, mais assez rarement en France, on
emploie deux traits pour indiquer que la voie est double.
Dans les cartes à grande échelle, comme le $\frac{1}{5.000}$, on emploie deux traits pleins réunis par des petits traits trans-
versaux ; sur les cartes au crayon, et à une faible échelle,
on emploie deux traits pleins, ou bien un seul trait plein
large ; nous préférons ce dernier procédé.

Figure 150.

Le passage à niveau s'indique par une solution de
continuité dans le trait.

Le pont sur la voie s'indique par deux traits perpendiculaires à la voie et une solution de continuité.

Le pont sous la voie s'indique par deux traits parallèles à la voie qui se continue en trait plein, tandis que la route présente une solution de continuité.

Le tunnel s'indique par des éléments de traits.

On figure la station par une croix pleine, ou par un gros trait plein se brisant à angle droit.

Cultures.

Les cultures comprennent :

Les bois et les arbres,

Prairies,

Vignes,

Haies,

Vergers, jardins, terre labourée, friches.

Bois.

Sur les cartes coloriées, une teinte vert-jaune ; sur les cartes non coloriées, un feuillé (*fig.* 151).

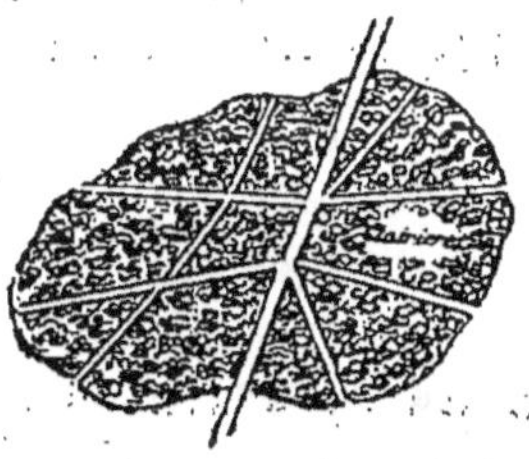

Figure 151.

Prairies.

Sur les cartes coloriées, une teinte vert-bleu ; sur les cartes non coloriées, un pointillé serré formant une teinte unie (*fig.* 152).

Figure 152.

Vignes.

Sur les cartes coloriées une teinte violette, et un trait noir pour le contour. Sur les cartes non coloriées,

Figure 153.

un trait noir pour le contour, et à l'intérieur un pointillé assez écarté et disposé suivant des directions parallèles au contour (*fig.* 153).

Haies.

Un petit feuillé en ligne droite, vert foncé sur les cartes coloriées, noir sur les cartes non coloriées, ou un trait tremblé.

Vergers et jardins.

Sur les cartes coloriées, le vert franc indique les vergers ; sur les cartes non coloriées, même pointillé que pour les vignes, mais plus espacé.

Figure 154.

Les jardins, trait noir pour le contour, si c'est un mur;
si c'est une haie, un feuillé, comme nous l'avons dit; dans
l'intérieur des carrés et rectangles, pointillés à l'intérieur (*fig*. 154).

Terres labourées.

Teinte jaune pâle sur les cartes coloriées; en blanc
sur les cartes non coloriées avec les initiales TL ou sans
initiales. (Dans les levés expédiés, on remplace beaucoup de ces signes par des initiales.)

Terres en friches. — Bruyères.

Les terres en friches et bruyères s'indiquent : sur les
cartes coloriées par les teintes vert pré et rose mélan-
gées; sur les cartes non coloriées par un feuillé espacé.

Arbres.

Les arbres se représentent par des points ronds.

Constructions.

Les constructions comprennent :
Les villages et villes,
Les maisons,
Les murs,
Les moulins, ponts, lacs, etc.

Villes. — Sur les cartes coloriées, les maisons réunies en *pâtés* sont teintées en rouge; les édifices publics en rouge plus foncé; un trait rouge pour le contour, plus gros à l'est et au sud; on ajoute une croix

pour l'église, dont la forme générale est aussi celle d'une croix à peu près. Sur les cartes non coloriées, les pâtés de maisons sont teintés en hachures noires transversales et régulières ; le trait est également foncé à l'est et au sud. Les édifices publics sont en noir foncé.

Villages. — Les maisons sont en rouge foncé sur les cartes coloriées, et en noir sur les cartes non coloriées. Les maisons isolées sont représentées de la même façon ; on varie leurs formes dans les deux cas.

Murs. — Un trait rouge sur les cartes coloriées, noir sur les cartes non coloriées. Les cimetières sont représentés enclos de murs, avec des petites croix intérieurement. Château, ferme ; en voici la forme en général (*fig.* 155) :

Figures 155.

Parcs. — On imite autant que possible le terrain.

Divers.

Nous comprenons dans cette catégorie :
Les rochers,
Carrières,
Tertres et tumulus,
Les ruines.

Rochers. — Des traits horizontaux et verticaux irréguliers.

Figure 156.

Carrières. — Un trait noir au contour, des hachures allant en s'amincissant du bord vers l'intérieur.

Figure 157.

Tertre, tumulus. — Petites hachures allant en s'amincissant du bord vers l'extérieur.

Figure 158.

Ruines. — Des points au contour.

Limites d'État.

Limites de département.

Limites d'arrondissement.

Limites de canton.

Limites de commune.

Écriture.

Capitale droite, LP. TL.
Capitale penchée, *LP. TL.*
Romaine droite, r. d.
Romaine penchée, *rd. ac.*
Italique, *italique*.

Emploi des caractères d'écriture ci-dessus.

On emploie la capitale droite pour les objets les plus importants, tels que les :

Provinces, villes, forêts, montagnes, départements.

On emploie la capitale penchée pour désigner les :

Bourgs, villages, vallées, fleuves, étangs, canaux.

On emploie la romaine droite pour désigner les :

Villages, routes, bois.

On emploie la romaine penchée pour désigner les :

Rochers, coteaux, hameaux, ruisseaux.

On emploie l'italique pour désigner les :

Sentiers, fermes, maisons isolées, ravins, etc.

DEUXIÈME LEÇON.

NIVELLEMENT.

Définition.

Le nivellement a pour objet de représenter le relief et les formes du terrain.

Usage des cotes.

Le plan *de repère*, c'est-à-dire celui sur lequel sont projetés tous les points du terrain, est horizontal; c'est le niveau de la mer prolongé en tous sens et passant au-dessous des points les plus bas du terrain; si donc on inscrit à côté de tous les points du plan topographique, réduction ou image en petit du plan de repère, les cotes de tous ses points, c'est-à-dire la hauteur de chacun d'eux au-dessus du plan horizontal de repère, on pourra se faire une idée approximative du relief du terrain en comparant toutes ces cotes entre elles.

Mais il faudrait alors écrire sur le plan topographique une multitude de chiffres, ce qui rendrait la lecture de la carte très-difficile; en outre, on n'arriverait pas au but qu'on se propose, d'avoir l'image du terrain, car on ne pourrait saisir d'un seul coup d'œil les formes du terrain, ni même son relief.

Emploi des reliefs.

Dans quelques cas particuliers, on emploiera les re-

liefs. Cette méthode consiste à élever des perpendiculaires égales à la cote des points et à joindre les extrémités de ces perpendiculaires ; on aura, si ces cotes sont
rapprochées, une image du terrain en réunissant par
une masse solide les sommets de ces perpendiculaires.
C'est la méthode des plans reliefs. Ce moyen, très-lent
et très-coûteux, n'est susceptible que d'applications restreintes. Il donnera une image très-nette du terrain,
mais il s'agit pour nous d'avoir cette image représentée
par le plan topographique même.

Emploi des courbes.

Si, sur une carte dont tous les points sont cotés, on
réunit par une ligne des points de même cote, à 150 mètres par exemple, et très-rapprochés les uns des autres,
cette ligne indiquera toutes les sinuosités que fait le
terrain à 150 mètres au-dessus du niveau de la mer ;
tous les points de la ligne ainsi obtenus étant à la même
hauteur, il suffira d'écrire sur le plan la cote de l'un
d'eux (*fig.* 159).

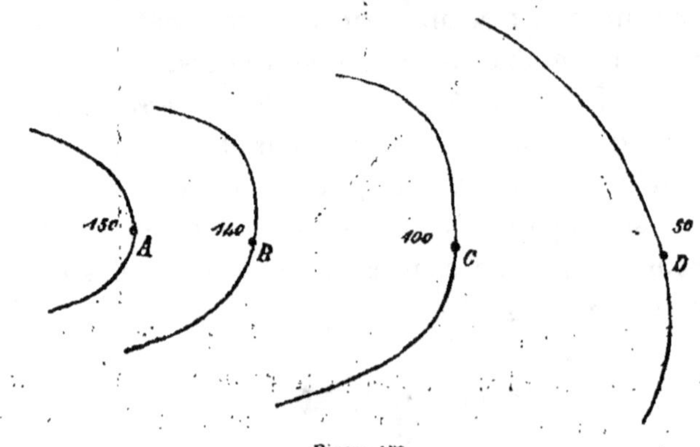

Figure 159.

Si sur le plan on réunit de même les points cotés 140, on aura une deuxième courbe horizontale, qui dessinera les sinuosités du terrain à 10 mètres au-dessous de la

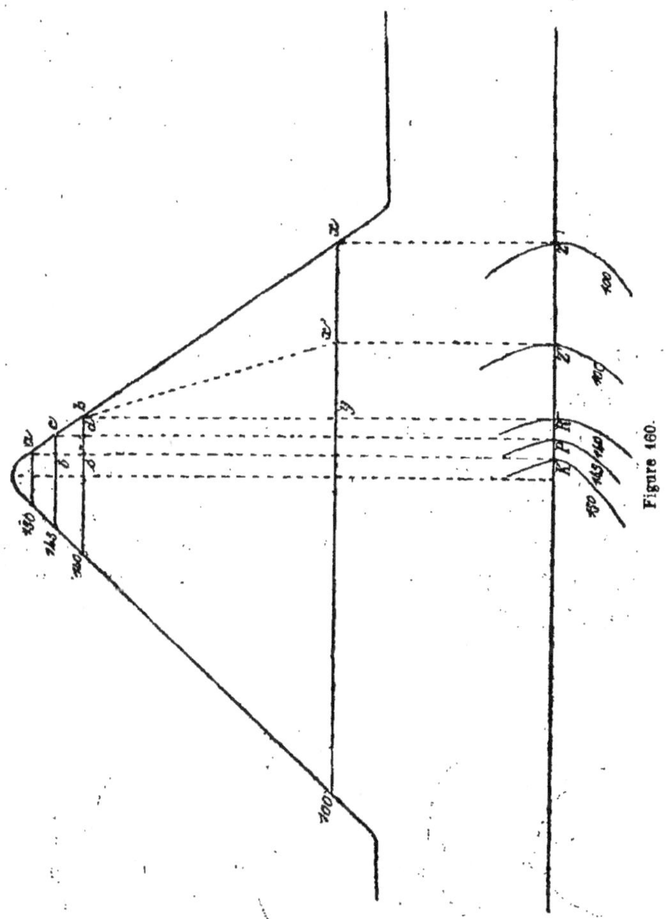

Figure 160.

précédente. Si on agit de même pour les points cotés 100, puis pour ceux cotés 50, on obtiendra une série de courbes horizontales dont l'ensemble donnera une idée assez nette du terrain et de son relief ; car on voit de suite qu'il faut descendre de 10 mètres pour aller de **A** en **B**, de 40 mètres pour aller de B en C, de 50 mètres pour aller de C en D. Cependant une pareille carte serait encore assez difficile à lire, et pour pouvoir mieux apprécier la valeur relative des pentes, on a jugé nécessaire de ne figurer sur le plan que des courbes ayant entre elles une même différence de niveau. Nous allons prouver en effet que l'écartement des courbes indique l'inclinaison des pentes, et que par conséquent moins les courbes sont espacées plus les pentes sont raides.

Soit, par exemple, un mouvement de terrain à pente uniforme comme un pain de sucre, dans lequel aux points cotés 150, 145, 140 et 100 nous menons des plans parallèles au plan horizontal ; les intersections de ces plans se projetteront sur le plan horizontal en véritable grandeur, et donneront les courbes K, P, R, Z. L'inclinaison du terrain sur chacun d'eux est marquée par les angles en c, h et x, ou par les rappports $\frac{b\,c}{a\,b}, \frac{d\,h}{d\,c}, \frac{x\,y}{hy}$. Puisque l'inclinaison est la même de a en x, tous ces rapports sont égaux (*voir* Préliminaires de fortification).

Ainsi $\frac{bc}{ab} = \frac{dh}{dc} = \frac{xy}{hy}$; $ab = dc = 5$ mètres et $hy = 40$ mètres, par conséquent, on a $\frac{bc}{5} = \frac{dh}{5} = \frac{xy}{40}$. — Dans les deux premiers rapports les dénominateurs étant égaux les numérateurs sont aussi égaux, c'est-à-dire que $bc = dh$, mais bc n'est autre chose que KP et $dh = $ PR ; enfin la fraction $\frac{xy}{40}$ étant égale à chacune des deux autres, on doit avoir xy, ou RZ, 8 fois plus grand que KP et que PR. Il résulte de ces considérations que si l'on coupe un mouvement de terrain par des plans horizontaux équidistants, les courbes représentant les projections horizontales de ces sections auront, pour une *même différence de niveau*, le même écartement lorsque *la pente est uni-*

forme, et cet écartement varie dans le même rapport que la différence de niveau.

Mais supposons qu'à partir du point h la pente change brusquement et de telle sorte que RZ' = KR. La pente de a en h est exprimée par $\frac{sh}{sa}$, celle de h en x' est exprimée par $\frac{yx'}{yh}$ ou, ce qui revient au même, la première pente est exprimée par $\frac{KR}{10}$ et la seconde par $\frac{RZ'}{40}$; ces deux rapports ne peuvent être égaux, attendu que les deux pentes sont inégales ; puisqu'on a KR = RZ', la seconde fraction est quatre fois plus petite que la première, donc la pente de h en x', ou, en projection sur le plan, la pente de R en Z', est quatre fois plus rapide que la pente de K en R. Ainsi, plus les pentes sont raides, moins les courbes sont espacées.

Supposons maintenant que nous ayons continué à couper notre terrain par des plans ayant entre eux l'écartement constant de 5 mètres, nous aurons sur la carte des courbes ayant entre elles la même différence de niveau, savoir : de K en R trois courbes 150, 145 et 140 ; de R en Z' neuf courbes cotées 140, 135, 130, 125, etc. (*fig.* 161).

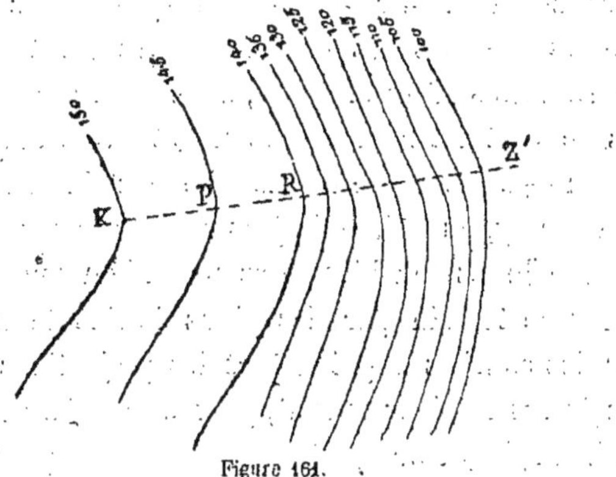

Figure 161.

Les distances KR et RZ' étant égales, il en résulte que les courbes seront beaucoup plus rapprochées de R en Z', et qu'elles formeront une teinte plus foncée. Cette différence de teinte permettra de juger à première vue, et sans le secours des cotes, de la valeur relative des pentes. On verra : 1° que de K en R la pente est uniforme puisque les courbes ont un même écartement ; 2° que de R en Z' la pente est également la même pour le même motif; 3° qu'elle change au point R, c'est-à-dire à la courbe 140. En outre, nos sections horizontales étant séparées par une distance constante de 5 mètres, on saura que le point R est à 10 mètres au-dessous du point K, et que la pente RZ est 4 fois plus rapide que la pente KR, car il suffira pour cela de compter les courbes et de comparer entre eux les chiffres obtenus.

Ainsi l'utilité de figurer le terrain au moyen de courbes horizontales ayant entre elles la même différence de niveau se trouve démontrée.

1° L'écartement des courbes permet d'apprécier la rapidité des pentes.

2° Leur tracé donne les formes du terrain.

Cette distance verticale constante entre nos plans horizontaux, c'est-à-dire entre les courbes de niveau, s'appelle l'équidistance des courbes.

Cette équidistance, réduite à l'échelle du plan, s'appelle l'équidistance graphique.

L'équidistance varie suivant l'échelle.

L'équidistance des courbes n'est pas la même pour des cartes d'échelles différentes. Elle augmente dans la même proportion que l'échelle décroît. Il est facile de se rendre compte de cette nécessité.

L'équidistance graphique est constante.

Soient deux points A et B (*fig.* 162), séparés par une

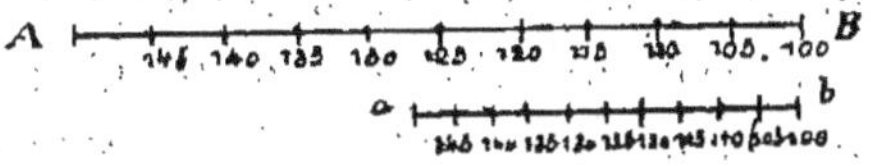

Figure 162.

différence de niveau de 50 mètres. Sur un plan à l'échelle de $\frac{1}{10.000}$, il y aura 11 courbes de A en B, si l'équidistance est de 5 mètres. Mais à l'échelle de $\frac{1}{20.000}$, la ligne ab sera la moitié de AB, et il y aura toujours 11 courbes de a en b, séparées par un écartement deux fois plus petit ; par conséquent, la pente de a en b paraîtra deux fois plus rapide que celle de A en B, ce qui n'est pas exact ; le moyen de faire disparaître cette anomalie est de supprimer une courbe sur deux entre a et b, de manière à avoir un écartement égal entre A et B qu'entre a et b, car il n'y aura plus que six courbes entre a et b, dont l'écartement sera égal à celui des courbes de AB ; mais puisqu'il y a 50 mètres de différence entre a et b, l'équidistance sera égale à 10 mètres. Ainsi l'équidistance doit augmenter dans le même rapport que l'échelle décroît, pour que sur des cartes d'échelle différente des courbes de même écartement indiquent des pentes égales. On voit, d'après cela, que l'équidistance graphique est constante. En effet, si au $\frac{1}{10.000}$ l'équidistance est de 5 mètres, l'équidistance graphique sera de $\frac{5}{10.000} = 0,0005$; au $\frac{1}{20.000}$, l'équidistance des courbes étant double ou de 10 mètres, l'équidistance graphique sera de $\frac{10}{20.000} = 0,0005$; au $\frac{1}{40.000}$, l'équidistance des courbes étant de 20 mètres, l'équidistance graphique sera de $\frac{20}{40.000} = 0,0005$, et ainsi de suite.

Choix de l'équidistance.

Cette fraction de 0,0005 est précisément celle qu'on a adoptée en topographie pour l'équidistance graphique. Ce choix ne pouvait être arbitraire : car, si par suite du choix de l'équidistance les courbes horizontales étaient trop rapprochées, il en résulterait de la confusion sur la carte. C'est pour ce motif qu'on a adopté cette fraction de $0{,}0005 = \frac{1}{2.000}$ pour l'équidistance graphique, c'est-à-dire qu'on s'est arrêté à une équidistance graphique égale toujours à $\frac{1}{2.000}$ du dénominateur de l'échelle. Ainsi : à l'échelle de $\frac{1}{5.000}$ l'équidistance graphique étant de $\frac{1}{2.000}$ l'équidistance des courbes sera $5.000 \times \frac{1}{2000} = \frac{50}{2000}$ $= 2$ mètres 50 ; à l'échelle de $\frac{1}{10.000}$ l'équidistance graphique étant de $\frac{1}{2.000}$ l'équidistance des courbes sera 10.000 fois plus forte ou $\frac{10.000}{2.000} = 5$ mètres, etc. Soit dit en passant, lorsque sur une carte l'équidistance des courbes ne sera pas indiquée, il suffira, pour la trouver, de multiplier le dénominateur de l'échelle par $\frac{1}{2.000}$ et de faire le calcul.

Il résulte des conventions qui précèdent, que, quelle que soit l'échelle d'une carte, pour les pentes de $\frac{1}{1}$ l'espacement des courbes de la carte sera de 0^m0005 ; pour les pentes de $\frac{2}{1}$, cet écartement sera de 1^{mm} ; pour les pentes de $\frac{3}{1}$, $\frac{4}{1}$, $\frac{5}{1}$ l'espacement des courbes sera respectivement de $1^{mm}5$, 2^{mm}, 2^m5 et ainsi de suite.

Toute pente plus raide que $\frac{1}{1}$ sera figurée par des escarpements (*voir* Signes conventionnels), toute pente plus douce que $\frac{64}{1}$ ne sera pas représentée, le terrain sera considéré comme horizontal.

Résumé des considérations qui précèdent.

En résumé :

1° L'équidistance grafique est constante ; elle a été fixée au $\frac{1}{2.000}$ du dénominateur de l'échelle.

2° Pour les pentes de $\frac{1}{1}$ l'espacement des *courbes sur toutes les cartes* sera de $0^{mm}5$; pour les pentes de $\frac{2}{1}, \frac{3}{1}$, etc., il sera du double, du triple, etc.

3° Pour avoir l'équidistance des *courbes de niveau*, on multipliera le dénominateur de l'échelle par $\frac{1}{2.000}$, si cette équidistance n'est pas notée sur la carte.

4° Sur des échelles différentes, des courbes également écartées représentent des pentes égales.

5° L'écartement des courbes permet d'apprécier la rapidité des pentes.

6° Leur tracé donne les *formes du terrain*.

Formes du terrain.

Faisons connaître les principales formes de terrain qu'on peut être appelé à dessiner.

Pour cela, nous allons tracer la figure suivante donnant, dans leur ensemble, ces principaux mouvements de terrain, que nous reprendrons ensuite un à un, afin d'en faciliter l'étude et de les graver dans la mémoire de tous (*fig.* 163).

Sommet.

Supposons un terrain complétement immergé ; l'eau en se retirant laissera à découvert, tout d'abord, le point le plus élevé du terrain, A. Ce sera un *sommet* coté, je

suppose, 115 ; elle dessinera autour de lui une courbe
100. En se retirant de 10 mètres, l'eau dessinera une

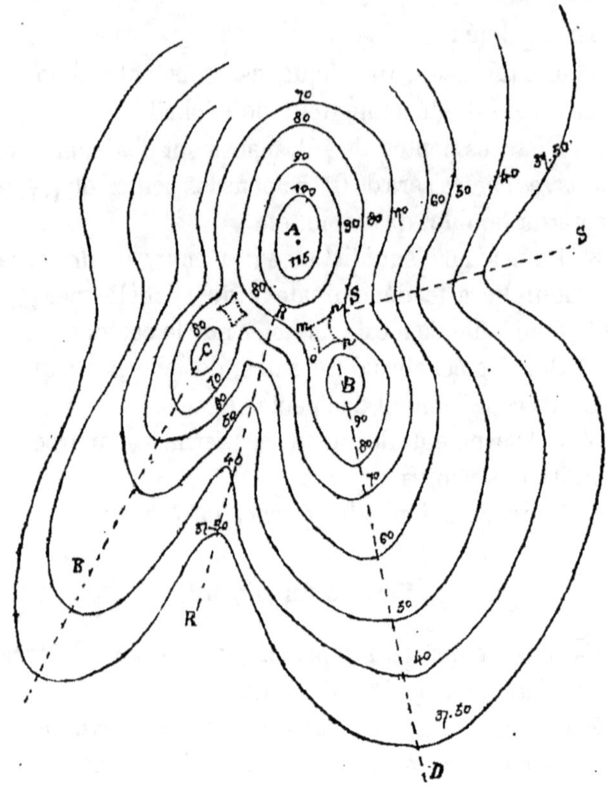

Figure 163.

seconde courbe cotée 90, après avoir laissé paraître un
second sommet B, plus élevé que les points de la courbe
90, mais moins élevé que ceux de la courbe 100; en
s'abaissant encore de 10 mètres, l'eau tracera la courbe
80, qui enveloppera les deux sommets ; cette courbe
80 laissera paraître un troisième sommet C ; achevons
de tracer nos courbes autour des trois sommets.

Col.

Il y a entre les sommets A et B un espace, une portion de terrain *mnop*, plus élevée que la courbe 80, mais moins élevée que les sommets A et B. Ce sera un col.

Il y a également un col entre les sommets A et C, et généralement il y a un col entre deux sommets.

Ainsi, on appelle col le point où une chaîne de montagnes paraît s'abaisser et offrir un passage d'un versant à l'autre, ou bien, en géométrie, c'est le point le plus élevé de l'intersection de deux croupes ou de deux mamelons.

Les cours d'eau prennent généralement leur source à un col. Dans les pays de montagnes, les cols, étant les points les moins élevés des chaînes, sont les points de passage des routes et ont une grande importance militaire.

Ligne de faîte.

Les lignes BD et CF sont des lignes de faîte ou de partage des eaux; de toutes les lignes partant d'un sommet, la ligne de faîte est celle qui a le moins de pente, quand on considère le terrain de haut en bas. Les eaux pluviales se séparent sur cette ligne pour s'écouler à droite et à gauche. Les lignes de faîte ont une grande importance militaire; derrière ces lignes, les troupes sont à l'abri des feux et des vues de l'ennemi placé en avant.

Versants.

Les pentes à droite et à gauche des lignes de faîte se nomment versants.

Thalweg.

On nomme thalwegs les lignes SS, RR qui servent d'intersection à deux versants opposés et de réunion des eaux de ces deux versants. Les thalwegs sont marqués sur le terrain et sur le plan par des cours d'eau, ruisseaux ou fossés.

Ravins et vallées.

On appelle vallée la surface concave formée (à droite et à gauche de SS ou de RR) par deux versants qui reçoivent, dans ce cas, le nom de flancs ou de berges ; lorsque les berges sont très-escarpées, la vallée prend le nom de ravin.

Hachures.

Les courbes de niveau suffisent, comme nous l'avons dit, pour représenter d'une manière exacte le relief et les formes du terrain ; cependant, on leur substitue avec avantage les hachures. Les hachures sont des traits pleins plus ou moins espacés, tracés entre les courbes; elles donnent des teintes plus fortes, plus accusées que les courbes, et par suite parlent mieux à l'œil.

Leur écartement.

Les hachures ne sont autre chose que des lignes de

plus grande pente ; elles sont donc normales ou perpendiculaires aux courbes sur lesquelles elles s'appuient.
Pour rendre la comparaison des pentes plus facile, il est
nécessaire d'établir un rapport entre la rapidité des
pentes et l'écartement des hachures, de telle sorte que
la différence des teintes formées par les hachures cor-
responde à la différence des pentes. On est convenu
d'écarter les hachures d'une quantité égale au quart de
leur longueur. Il en résulte que plus les hachures sont
courtes, plus elles sont serrées, et que l'inclinaison de
la pente, qui était mesurée par l'écartement des courbes,
se mesure plus facilement encore par le rapprochement
des hachures, c'est-à-dire par l'intensité de la teinte
qu'elles forment.

Effilement des hachures.

Les hachures sont effilées à leur extrémité quand
elles commencent ou finissent un mouvement de terrain
pour imiter le raccordement du terrain dans les commencements et fins de pente.

Toute pente plus raide que $\frac{1}{1}$ ou 45° est considérée
comme un escarpement et se dessine comme nous l'avons
indiqué ; toute pente plus douce que $\frac{64}{1}$ n'est pas indiquée.

La ligne de faîte doit rester en blanc, puisque c'est
une ligne de plus petite pente ; les cols peuvent être
considérés comme de petits plateaux horizontaux et lais-
sés également en blanc.

Les courbes de niveau tracées suivant l'équidistance
se nomment courbes principales ; on trace en éléments
de traits les courbes formant col, et généralement toutes

les courbes intermédiaires qu'on indique dans les changements de pente trop brusques.

APPENDICE.

Reprenons un à un, pour mieux les faire comprendre, les mouvements de terrain.

Mont. — Montagne. — Massif. — Chaîne.

On désigne sous ce nom une élévation considérable de la surface terrestre; à l'exception des cimes volcaniques, les montagnes ne sont pas isolées; elles sont quelquefois disposées autour d'un sommet, et forment un *massif*, ou se succèdent sur une longue rangée appelée *chaîne*.

Contre-forts.

Ce sont des hauteurs qui se détachent de la chaîne principale dans une direction généralement perpendiculaire à celle-ci; les contre-forts forment des vallées secondaires.

Sommet.

C'est le point le plus élevé d'une montagne; on le nomme aussi cime.

Pic.

Est une montagne de forme conique très-élevée et dominante.

Aiguilles.

Sont des cimes pointues.

Dent.

La dent est une cime se terminant par une masse en forme de prisme.

Ballons.

Sont des montagnes terminées par des cimes arrondies.

Plateau.

Est un massif de terre élevé au-dessus du niveau de la mer; c'est une surface sur le contour de laquelle viennent prendre naissance des cours d'eau et s'appuyer des chaînes de montagnes. Les pentes du plateau se nomment flancs ou versants.

Colline ou mamelon.

On nomme colline ou mamelon des hauteurs isolées ou montagnes de 100 à 300 mètres d'élévation (*fig.* 164).

La colline, ou mamelon, se représente par des courbes fermées dont les cotes vont en augmentant à mesure que les courbes se rétrécissent. On ne cote que le sommet et le point le plus bas. En considérant la figure, on voit qu'il y a au sommet un petit plateau. On trace, pour le contour du petit plateau, une courbe intermédiaire, en éléments, et on la cote 52, je suppose, pour montrer que le terrain monte de la courbe 50 à 52, et qu'à partir de

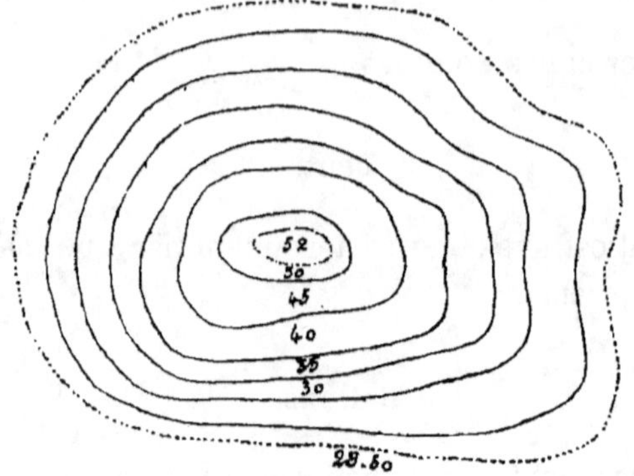

Figure 164.

cette dernière la surface est horizontale. De même, le raccordement avec le terrain se fera en éléments, si la pente cesse brusquement.

Les courbes disparaissent après la mise au net et sont remplacées par des hachures.

Croupe.

On nomme croupe une surface convexe formée par

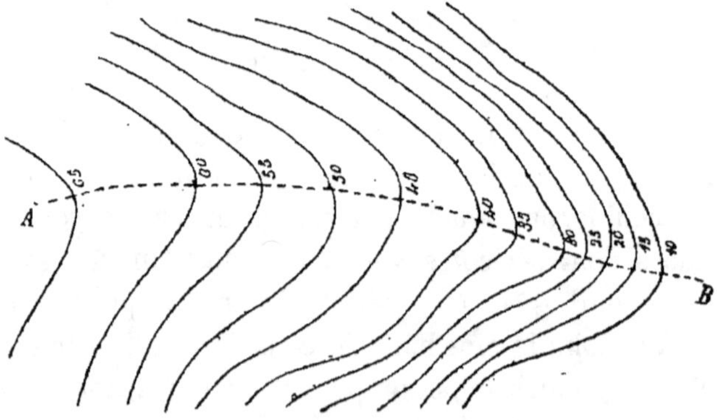

Figure 165.

la rencontre de deux versants ; là ligne de faîte est la ligne de moindre pente de cette surface (*fig.* 165).

On ne cote généralement pas une croupe. La teinte des hachures doit être très-faible sur la ligne de faîte ; il y a certaines hachures qu'on ne tracera donc pas sur toute leur longueur.

Quand les deux versants ont des pentes très-différentes, la ligne de faîte forme une arête qui est caracté-

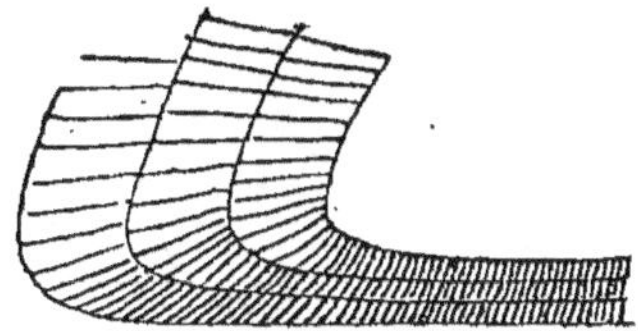

Figure 166.

risée par des hachures amincies sur cette ligne et arrêtées.

Vallées.

On appelle vallée la surface concave formée par deux versants. Le raccordement des deux versants se fait toujours par une surface arrondie.

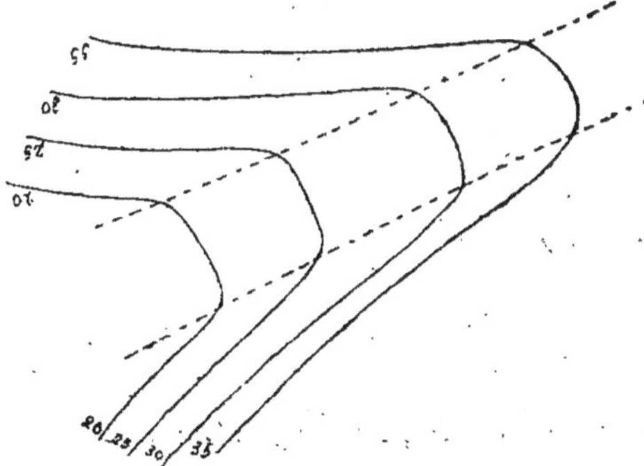

Figure 167.

Vallée à fond plat (*fig.* 167).

On cote les vallées de manière que la partie présentant la plus petite section ait la plus petite cote, autrement on la prendrait pour une croupe.

Vallée à fond concave (*fig.* 168).

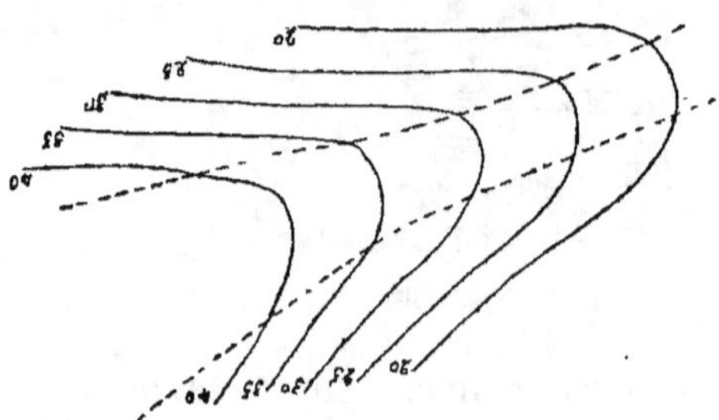

Figure 168.

Vallée à forme de ravin (*fig.* 169).

Au thalweg, les hachures sont interrompues et effi-

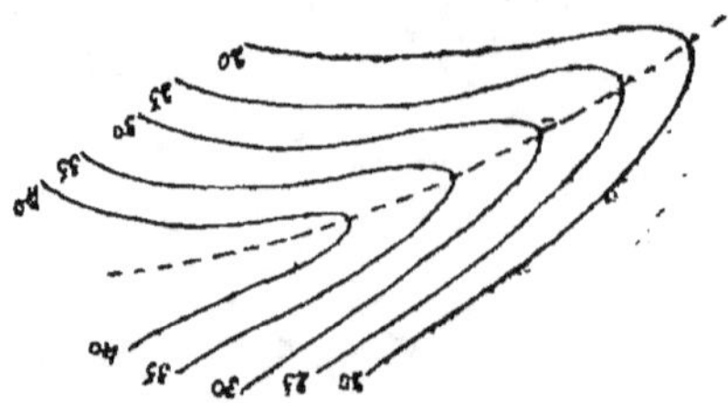

Figure 169.

lées ; il faut les courber pour les ramener dans la direction de cette ligne.

Col.

Nous avons dit que le col est le point le plus élevé de l'intersection de deux croupes. Soient deux croupes représentées par leurs courbes (*fig.* 170). Leur intersec-

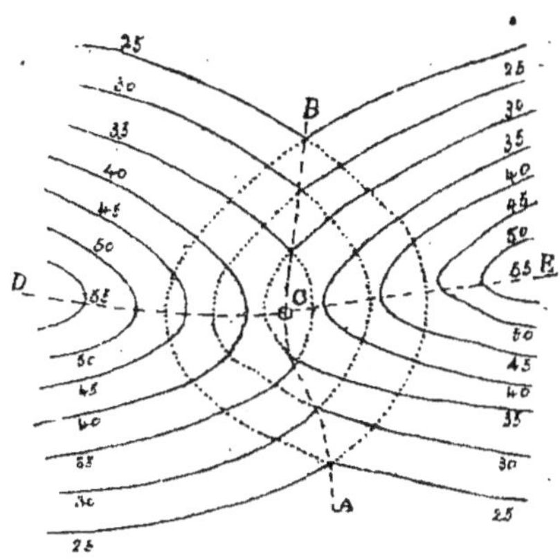

Figure 170.

tion s'obtient en reliant par une ligne courbe l'intersection des courbes de même cote; le point C de la ligne AB, ainsi obtenu, est un col. Le point C est plus élevé que tous les points des courbes 35, 30, 25, de chaque mamelon. Un col est donc bien le point le plus élevé de l'intersection de deux croupes ou mamelons; ainsi, il y a une vallée descendante à partir du point C en CB et CA.

Considérons maintenant la ligne de faîte. Cette ligne de faîte descendra à partir de chaque sommet, car elle coupe successivement les courbes 55, 50, 45, 40, etc. de chaque sommet; il y a donc, à partir du point C, une vallée ascendante de chaque côté, dans les directions CD et CE, et le point C sera le plus bas de cette vallée ou de la ligne de faîte. Donc, un col est le point où les deux croupes paraissent s'abaisser et former un passage d'une montagne à l'autre. C'est le point de partage des eaux, etc. C'est pour cette raison que les rivières y prennent leur source. Nous avons déjà dit que ACB est un thalweg.

Dans la nature, la surface autour de C offre généralement l'aspect d'un petit plateau. Ce plan horizontal coupe les surfaces ascendantes suivant deux courbes

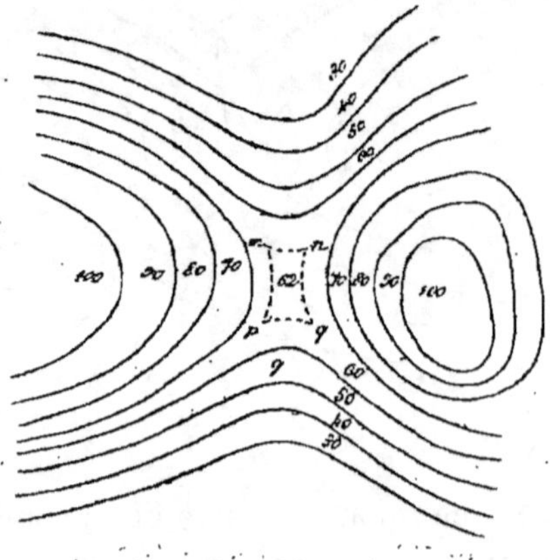

Figure 171.

mp, nq, et les surfaces descendantes suivant les courbes mn, pq, on obtient ainsi un petit quadrilatère ayant une cote 62, intermédiaire entre les courbes 60 et 70. Ce quadrilatère est tracé en pointillé.

ITINÉRAIRE.

Précautions.

Pour faire un itinéraire il faut :
1 crayon.
1 gomme.
1 règle graduée ou double décimètre.
1 boussole déclinatoire.
1 carton sur lequel se colle le papier et se fixe le dé-clinatoire.
1 canif.

Construire une échelle de mètre, une échelle de pas, et l'échelle décrite page 349 (*fig.* 186).

En campagne, on n'a pas le temps généralement de remettre son travail au net ; il faut donc y apporter tout le soin possible sur la minute ; on peut se servir d'un crayon bleu pour tracer les cours d'eau.

Composition de l'itinéraire.

L'itinéraire se compose d'un levé et d'un mémoire descriptif en forme de tableau.

Levé.

Le levé peut se faire avec ou sans la boussole, par cheminement ou par rayonnement ; la méthode des cheminements est la plus usitée, c'est celle que l'on emploie pour les itinéraires, c'est la seule, par conséquent, que l'on demande aux officiers de l'armée territoriale.

Le levé comprend deux opérations : la planimétrie et le nivellement ; autant que possible, ces deux opérations seront simultanées sur le terrain.

Planimétrie.

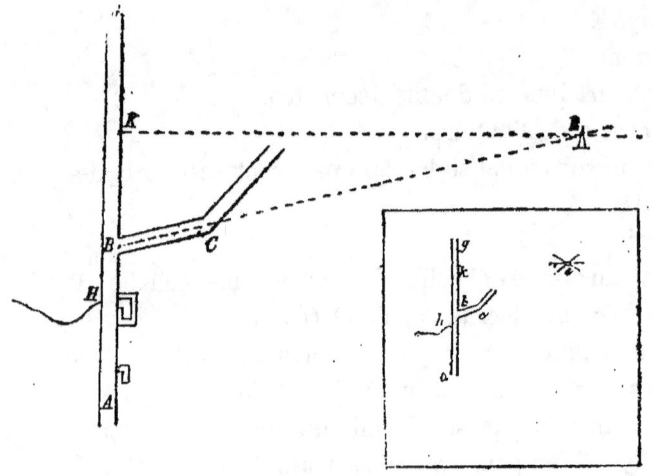

Figures 172.

Levé sans boussole.

Pour faire un levé sans boussole, il suffit d'un double décimètre et d'un crayon.

Soit A le point de départ : on place son carton, sur lequel on a collé d'avance sa feuille, dans une position horizontale, et on place sa règle graduée vers le milieu de sa feuille, dans la direction de AB, on trace ses deux traits parallèles. Puis on chemine en comptant les pas jusqu'à un point remarquable ; si c'est une ferme, on la note, en inscrivant son nom à côté ; pour indiquer sa position, on a dû réduire le nombre de pas tracés en mètres, au moyen des échelles ; puis on continue de cheminer jusqu'à un second point remarquable qui sera, je suppose, un ruisseau. Pour en tracer la direction, on oriente sa fouille de manière que la ligne *ab* du plan soit toujours dans la direction de AB du terrain ; pour cela, arrivé en *h*, on place sa règle sur *ab*, et l'on fait tourner sa feuille de manière qu'après avoir visé le point A, on obtienne ce parallélisme, alors l'angle en *h* du plan sera égal à celui en H du terrain ; la distance, comptée au pas, est réduite en mètres, et la règle graduée nous donne le point H. Ainsi de suite.

Le terrain doit être levé à 500 mètres au moins à droite et à gauche de la route. La largeur de la feuille a été calculée d'après l'échelle adoptée, de manière qu'on puisse mettre non-seulement les détails à 500 mètres, mais le plus de points remarquables possible au delà de cette distance.

Recoupement.

Supposons qu'à une distance de 1,500 à 2,000 mètres, on trouve à droite de la route un village, et qu'on veuille en indiquer la position sur le plan. On n'aura pas toujours le temps d'y aller : on emploiera, dans ce cas, la méthode des recoupements. Parvenu en B, par exemple, on visera le clocher E, toujours après s'être décliné, c'est-à-dire après avoir replacé *ab* dans la direction de AB. On tracera légèrement la direction BE, ou une simple amorce ; parvenu en un autre point K, on visera le même clocher, dont la position sera donnée par l'intersection des deux lignes. Il sera bon, comme vérifica-

tion, de viser le même point, quand on sera parvenu à
une autre station, G, par exemple; si cette troisième ligne
passe par l'intersection des deux premières, c'est qu'on
aura bien opéré. On effacera ces lignes. Il faut que
l'angle B ne soit pas trop aigu : comme on le voit, il
faudra toujours, avant de viser une direction, placer
la dernière ligne tracée dans la direction de celle du
terrain. Ainsi, parvenu en C, il faudra se placer, avant
de tracer CE, dans la direction de CB. On ne pourra pas
toujours exécuter cette opération, la route pouvant présenter des sinuosités multipliées, ne donnant qu'une
longueur très-réduite; elle peut être dérobée à la vue, etc.;
c'est pour cela qu'on emploie, quand on le peut, le déclinatoire.

Emploi du déclinatoire. — Description.

Le déclinatoire se compose d'un limbe, ou cercle gradué ou non gradué, au centre duquel se trouve une tige

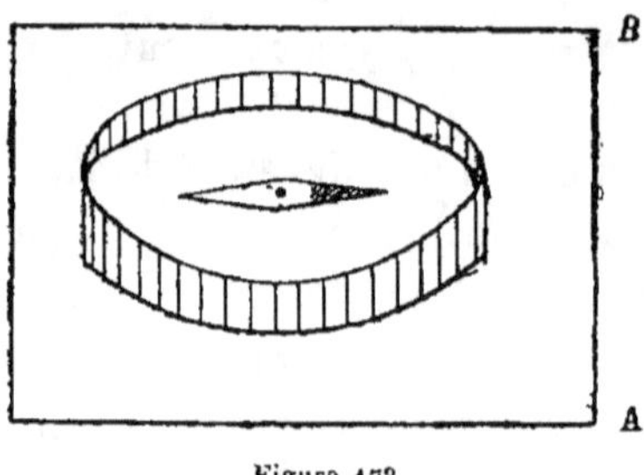

Figure 173.

métallique ou pivot; autour du pivot tourne une aiguille
aimantée; la pointe bleue de l'aiguille se dirige toujours
vers le pôle magnétique, de sorte que l'aiguille a toujours la même direction ; le limbe est fixé au fond d'une

boîte carrée, un petit levier permet de soulever l'aiguille et de l'arrêter.

Azimut.

On nomme azimut l'angle que forme une direction quelconque avec l'aiguille aimantée. Pour avoir un azimut, on tourne la boîte de manière que le 0 du limbe vienne se placer sous la pointe bleue de l'aiguille, puis visant une direction avec la règle graduée, l'une des arêtes de la boîte ou une lunette en AB, on lit le degré qui est venu se placer sous la pointe bleue; cet instrument peut donc servir à mesurer les angles.

Levé avec le déclinatoire.

Pour se servir du déclinatoire dans le levé du terrain, au point de départ A, on place le déclinatoire dans un coin

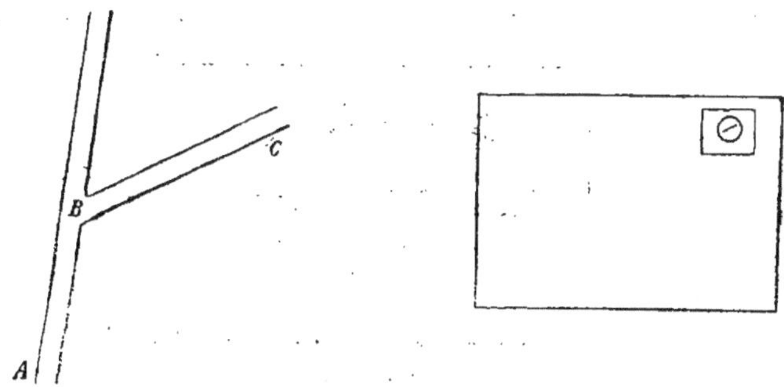

Figures 174.

du carton; on relève la direction de la route à l'aide de la règle graduée, et l'on marque le point du carton ou de la boîte auquel correspond l'aiguille; on peut trouver plus commode de piquer une épingle sur le carton dans la direction de l'aiguille. Arrivé en B, on tournera la feuille jusqu'à ce que la pointe de l'aiguille soit placée au même point qu'en A, c'est-à-dire dans la direction de la tête de l'épingle. Comme vérification, le degré de limbe, si celui-ci est gradué, sera le même sous la pointe de l'aiguille en B qu'en A. D'après cette opération, qui s'appelle se décliner, on a replacé la feuille au point B dans la même position, par rapport au terrain, qu'elle l'était en A.

Pour n'avoir pas à replacer chaque fois la boussole sur le carton, on la visse au départ, dans un coin de celui-ci.

Que l'on emploie ou non le déclinatoire, il faut toujours se décliner avant de viser un point ou une direction.

Carton horizontal.

Le carton doit toujours être tenu horizontalement.

Évaluation des hauteurs. — Nivellement.

Pour le figuré du terrain, l'officier de l'armée territoriale est supposé n'être pas muni d'instruments ; d'ailleurs, en campagne, on n'aura ni le temps ni les instruments nécessaires pour déterminer la hauteur des mouvements du terrain, et en cela, l'officier de l'armée territoriale partagera le sort commun avec ses camarades de l'armée active.

Il indiquera donc ces mouvements par à peu près, et il arrivera à les saisir et à les représenter avec d'autant plus d'exactitude, ou d'une manière d'autant plus sa-

tisfaisante, qu'il se sera familiarisé par des exercices
répétés avec les formes du terrain.

Le mieux, pour cela, est de se munir d'une bonne
carte de l'état-major, de se rendre sur le terrain qu'elle
représente, et d'étudier le terrain cette carte à la main.
Cet exercice répété souvent, sur des terrains différents, habituera, non-seulement à la lecture de la
carte, mais à apprécier à l'œil les mouvements de
terrain, leur forme, leur étendue, et à les représenter
d'une manière suffisamment exacte sur un plan.

Les indications suivantes seront, dans ce cas, de
quelque utilité.

*Mesurer la largeur d'une rivière et la hauteur d'un
arbre.*

Largeur d'une rivière.

Premier procédé (*fig.* 175).

On se place en A, on vise sur l'autre rive un objet
B, de manière que AB soit perpendiculaire aux ri-

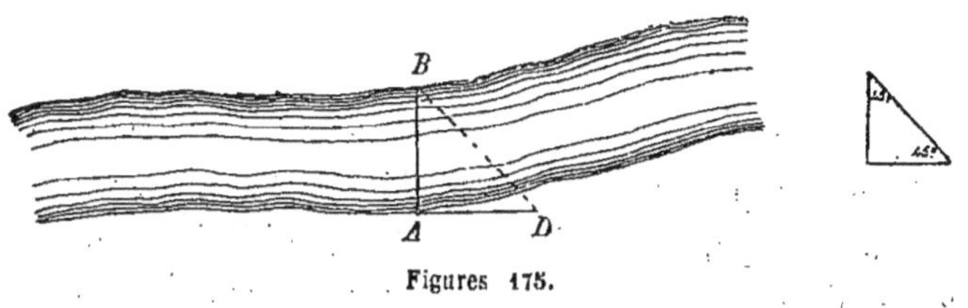

Figures 175.

ves. On a une équerre dont les côtés de l'angle droit
soient égaux, ce qui donne des angles égaux à 45°
de part et d'autre de l'hypothénuse. On marche de
A vers D, dans une direction perpendiculaire à AB,
et avec l'équerre on vise le point A, jusqu'à ce que

l'autre côté de l'équerre DB passe par le point B ;
on y parvient après quelques tâtonnements. On s'arrête alors, et l'on a AD = AB. Il n'y a plus qu'à mesurer AD.

Deuxième procédé (fig. 176).

Planter un jalon D à 4 mètres, par exemple, du bord.
Enfoncer un autre jalon C au bord, dans la direction AB,

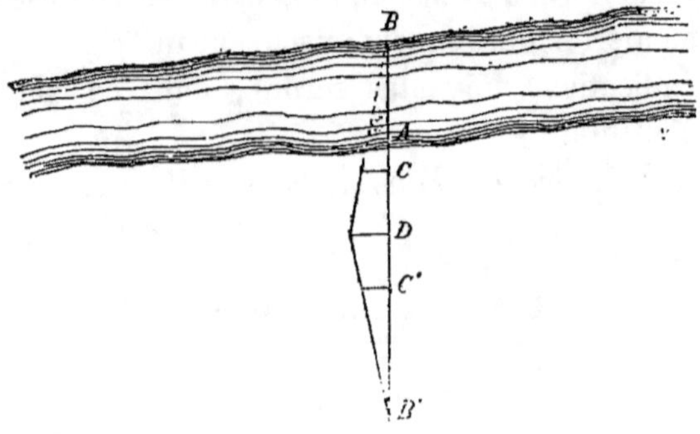

Figure 176.

jusqu'à ce que le rayon visuel passant par l'extrémité
des jalons passe aussi au point B ; déplacer le petit
jalon, et l'enfoncer, d'une égale quantité, en arrière du
grand jalon D, et sur le prolongement de CD, à une
égale distance de D, soit à 4 mètres, en C', puis visant DC', le rayon visuel ira se ficher en terre au point
B'; on n'aura plus qu'à mesurer C'B' = BC, et à en
retrancher AC.

Troisième procédé (fig. 177).

On plante un jalon B dans une direction perpendiculaire à la rive, passant par un point remarquable A

de l'autre rive ; une équerre placée horizontalement en
B donnera cette direction AB ; elle donnera également

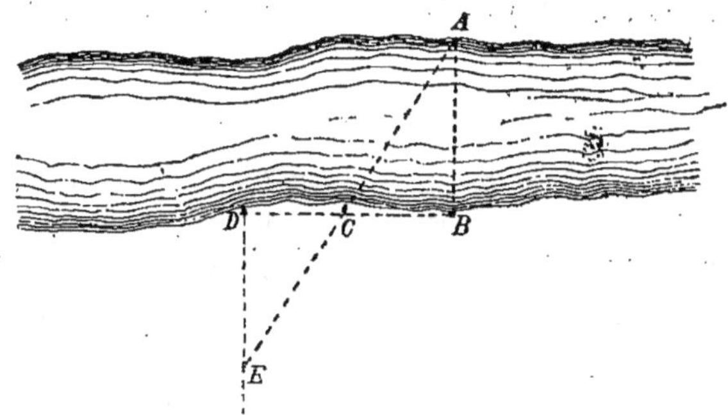

Figure 177.

la direction BD , sur laquelle on marchera 20 mètres ,
par exemple ; on plantera le jalon D ; on en plantera un
autre en C sur le milieu de DB ; l'équerre placée en D
nous donnera la ligne DE perpendiculaire à DB, sur laquelle, avec tâtonnement , on trouvera le point E sur la
direction AC prolongée, on n'aura plus qu'à mesurer DE
— AB.

**Trouver la hauteur d'un arbre ou de tout autre point
inaccessible.**

Premier procédé (*fig.* 178).

Prendre une équerre dont les côtés de l'angle droit
soient égaux et opérer comme dans le premier cas qui

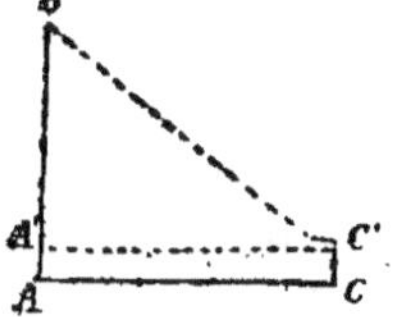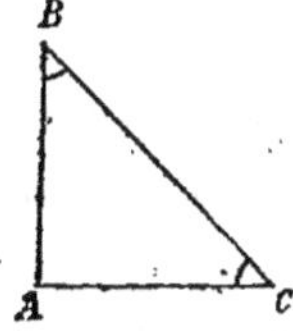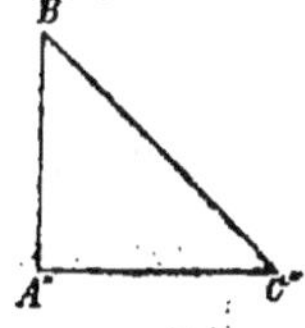

Figure 178.

précède : es angles C et B étant égaux, on a AC = AB ; seulement on aura visé A', l'œil étant en C', et l'équerre aura été placée verticalement.

Second procédé (fig. 178).

Mesurer à partir du pied A une distance quelconque, soit 20 mètres, la porter en A″c″ réduite à l'échelle, mesure l'angle C avec une équerre ou un morceau de papier plié, qu'on agrandira ou diminuera par ces plis selon l'amplitude de l'angle, reporter cet angle sur le papier avec le rapporteur, au point A″, mener une perpendiculaire à A″C″ ; la rencontre des deux lignes donnera le point cherché B ; on mesurera A″B″ à l'échelle, soit 0ᵐ003 à l'échelle de $\frac{1}{10.000}$, on aura 30 mètres.

Rapporteur.

Pour mesurer les angles, on peut se construire un rapporteur (fig. 179).

Soit ACB une demi-circonférence en carton épais, donnant une certaine largeur d'arête AB, au centre O

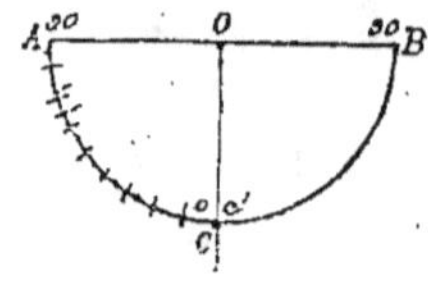

Figure 179.

est suspendu un fil à plomb ; le rapporteur est gradué, de telle sorte que AB étant horizontal, OC sera perpendiculaire à AB, et dirigée verticalement ; on mettra zéro en C', les graduations iront donc de part et d'autre, de

C' en A et de C' en B ; les points A et B seront numé-
rotés 90.

En visant un objet B (*fig.* 180), le fil à plomb restant

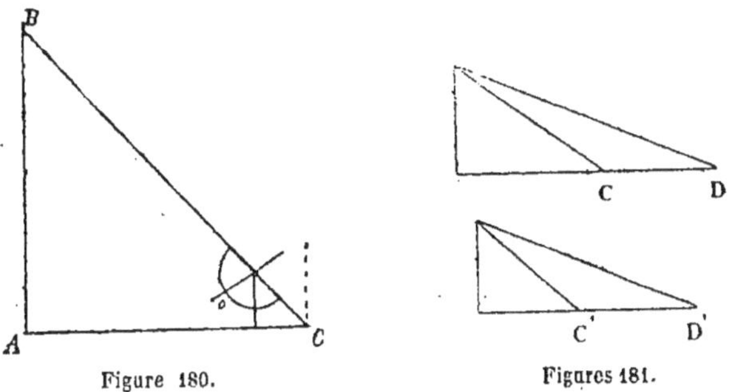

Figure 180.   Figures 181.

vertical, le *o* ou la ligne *o*C' fera avec le fil à plomb l'angle
cherché, qu'on n'aura qu'à lire sur le rapporteur.

Hauteur d'un objet inaccessible par la base (*fig.* 181).

On peut employer un des procédés indiqués pour avoir
la largeur de la rivière, ce qui donnera la distance où
l'on se trouvera de la base. Le reste de l'opération
s'exécutera comme dans le cas précédent. On peut employer aussi le moyen suivant : Mesurer l'angle C au
moyen du rapporteur ci-dessus, se reculer en D, mesurer
l'angle D et CD, rapporter CD sur son papier à l'échelle
du plan, et faire aux extrémités de C'D' des angles
égaux à C et D ; du point de rencontre des deux lignes
abaisser une perpendiculaire sur C'D' et en prendre la
longueur à l'échelle du plan.

Distance d'un point très-éloigné (*fig.* 182).

Soit le point A très-éloigné, et B le point où l'on se

trouve, on marchera vers C dans une direction perpendiculaire à BA, soit l'espace de 20 mètres ; on marchera

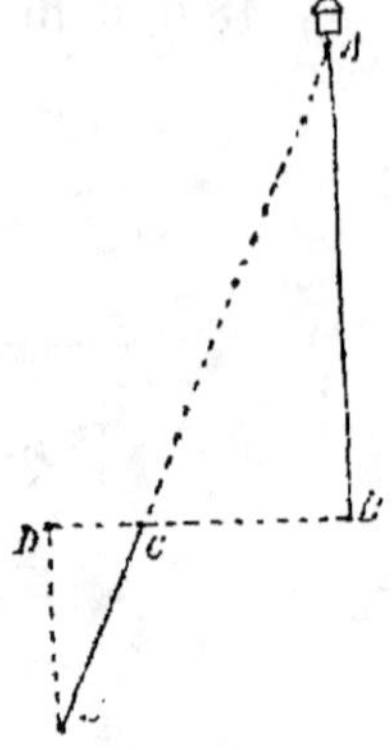

Figure 182.

de C en D, de manière que DC soit un sous-multiple de 20,
soit DC = 2 mètres ; on déterminera le point E, comme
nous l'avons indiqué. On aura DE qui sera le $\frac{1}{10}$ de AB.
On remarquera que la méthode du recoupement dispense
de l'emploi de ce moyen et de la plupart des procédés
indiqués pour la largeur d'un cours d'eau.

Mesurer l'inclinaison des pentes.— Relief (*fig.* 183).

Premier procédé. — Par stations.

On mesure une fois pour toutes la distance de ses
yeux au sol, soit 1^{m}50.

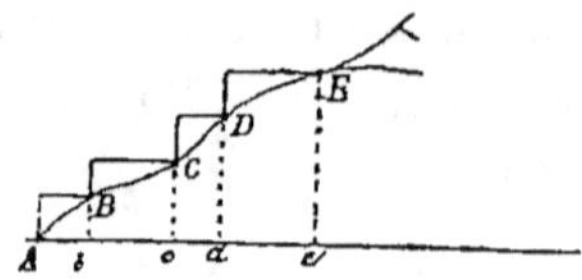

Figure 183.

On prend une règle ou un carton, qu'on place horizontalement à hauteur des yeux ; on a un premier point visé B, on obtiendra successivement les points B,C,D,E; soit 4 stations ou 4 fois 1ᵐ50 ou 6 mètres. Le mouvement de terrain aura son sommet E élevé de 6 mètres ; si on a parcouru une distance de 600 mètres de A en E, la pente sera de $\frac{6}{600}$ ou 1 0/0. On aura également de cette manière le relief de la pente. Ce relief servira à montrer le commandement qu'auraient les feux dirigés d'un point de la pente sur la ligne d'attaque.

Pour avoir l'horizontalité avec plus d'exactitude, on construit un carton triangulaire, de telle sorte que

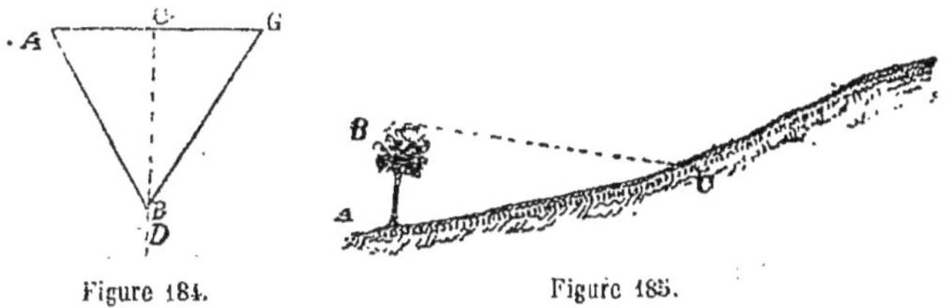

Figure 184.   Figure 185.

AB = BC, on attache en G, milieu de AC, un fil à plomb qui, la ligne AC étant horizontale, passera par le point B (*fig.* 184).

Deuxième procédé (*fig.* 185).

On mesure la hauteur d'un arbre A par l'un des moyens indiqués, soit 10 mètres ; on monte jusqu'à ce qu'on soit parvenu en C, et que la ligne CB soit horizontale ; on a parcouru 50 mètres, par exemple ; supposons qu'on parcourt ensuite 40 mètres, on aura $\frac{10}{50} = \frac{x}{40}$ ou $x = \frac{400}{50} = \frac{40}{5} = 8$ mètres. Mais il faut dans ce cas que la pente soit uniforme. La hauteur totale sera, dans l'exemple proposé, de 18 mètres.

Troisième procédé.

Dans ce troisième procédé, il faut obtenir, par une seule observation, la hauteur d'un mouvement de terrain. Pour cela, portons sur une ligne BA, à partir du point B (*fig.* 186), des longueurs représentant 100 mètres du ter-

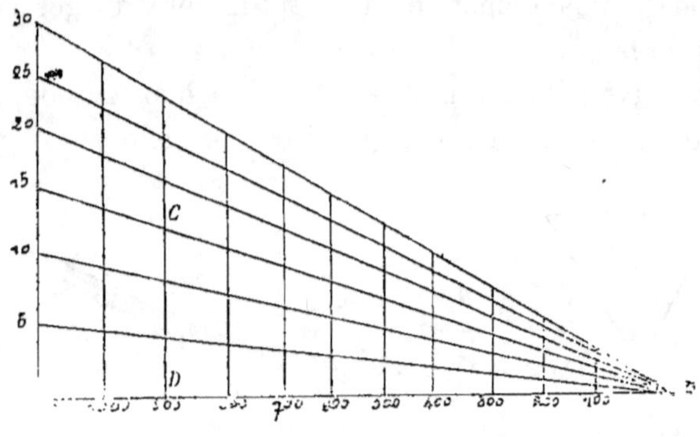

Figure 186.

rain à l'échelle du plan ; élevons en A une perpendiculaire, et traçons du point B des lignes faisant entre elles et la ligne AB des angles de 5 degrés, ce qu'on obtiendra en mettant le centre du rapporteur en B ; achevons la figure par des perpendiculaires 100, 200, etc. Cela fait, on mesure l'angle avec le rapporteur en carton, dont nous avons donné la description, soit 15 degrés; on calcule la distance du point où l'on se trouve au sommet de la hauteur, par un des moyens dont nous avons donné la description. Ayant cette distance horizontale, réduite à l'échelle, on la porte de B en A ; si elle est de 900 mètres, on a ainsi le point C, et la hauteur CD nous donnera celle du mouvement de terrain.

Figuré du nivellement.

Le nivellement ne peut se faire que par à peu près. On peut, avec les procédés que nous venons de décrire, avoir les hauteurs des mouvements de terrain les plus importants ; la connaissance de la représentation graphique des formes du terrain qu'on a dû acquérir dans la partie de cette étude qui a pour objet *le nivellement* sera suffisante pour qu'on sache tracer les courbes se rapportant à chaque cas particulier ; on pourra tracer ces courbes sans se préoccuper de l'équidistance, mais : 1° en imitant les formes du terrain ; 2° en les rapprochant ou les écartant suivant le plus ou moins de rapidité des pentes. Les hachures seront faites à main posée dans le cabinet.

Quand on aura du temps, rien n'empêchera, avec les procédés indiqués, de calculer les cotes et de les unir par des courbes, en tenant compte de l'équidistance ; dans ce cas, il faut faire, pour ainsi dire, le squelette du terrain, dessiner d'abord la ligne de faîte et le thalweg, d'où l'on déduira les cols, les vallées et les croupes. Mais dans l'immense majorité des cas, on se contentera :

1° Pour les hauteurs, de l'estime à l'œil ;

2° Pour les courbes et les hachures, de l'estime à l'œil. L'habitude de parcourir le terrain avec une carte à la main fera parvenir au but cherché.

On peut aussi tracer les courbes qui indiquent les changements de pentes et partager l'intervalle entre deux de ces courbes en autant de parties égales que leur différence de niveau contient de fois l'équidistance.

Généralement, on marquera les commencements et fins de pente au moyen du recoupement (*fig.* 187).

On obtiendra ainsi les points A,B,C,D,E,F,G,H,I, recoupés d'une base SS' de quelques centaines de mètres, choisie parmi les points les plus bas du terrain. On tracera ainsi sa ligne de faîte, ses thalwegs, puis l'on choisira d'autres points remarquables de même cote, et à l'équidistance voulue, enfin l'on tracera ses courbes. Dans le levé du terrain compris entre Argenteuil et Saint-Gratien, nos élèves eurent à figurer les hauteurs de Sannois; l'emploi de cette méthode leur permit d'exécuter en quelques heures les opérations du nivellement; toutes les cotes furent relevées avec exactitude, et les courbes reproduisirent également l'image exacte du terrain, ce qu'il fut possible de vérifier sur la carte de France.

ORIENTATION.

L'orientation comprend :
L'orientation sur le terrain ;
L'orientation sur la carte ;
Trouver sur la carte un point du terrain ;
Trouver sur le terrain un point donné de la carte.

Orientation sur le terrain.

Le déclinatoire, si on en a un, suffira pour qu'on puisse s'orienter sur le terrain. L'aiguille donne le méridien magnétique; on pourra, si on le veut, prendre à droite de la pointe bleue un arc de 17° 16′ pour avoir le nord. On pourra toujours marcher dans une direction donnée avec la boussole.

A défaut de déclinatoire, en plein jour, et si le soleil luit, on aura la méridienne par le moyen suivant : Plan-

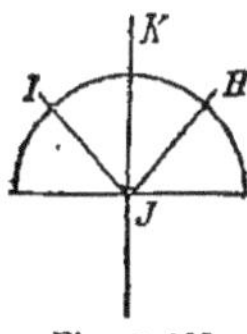

Figure 188.

ter un jalon J verticalement, attacher au pied un cordeau atteignant l'extrémité de l'ombre projetée ; et avant midi, à 11 heures, par exemple, décrire promptement un arc de cercle ; l'ombre quitte cet arc au point I, pour le rejoindre à 1 heure au point H ; partageant en deux parties égales l'angle formé par les rayons JI et JH, on a la méridienne JK.

La nuit on se guidera sur l'étoile polaire qui est à 1° seulement du pôle nord. On la trouve de la manière suivante :

Figure 189.

On joint par la pensée ab de la grande ourse, et

cette ligne prolongée passe dans le voisinage de l'étoile la plus brillante d'une autre constellation appelée la petite ourse et même la plus brillante de cette partie du ciel, c'est l'étoile polaire.

Orientation sur la carte.

Comme le dit le Manuel (1), s'orienter sur la carte, c'est savoir la lire.

Pour lire une carte :

1° On cherche le nord, qui est habituellement le haut de la carte ; dans le cas contraire, la pointe d'une flèche l'indique ; enfin, sur le terrain, ou de mémoire, connaissant la direction du nord, on cherche sur la carte deux points connus, dont la direction sera comparée à celle de deux autres points connus du terrain ;

2° Chercher l'échelle, qui donnera l'équidistance, puisque celle-ci est $\frac{1}{2000}$ du dénominateur de l'échelle ;

3° Se rappeler l'enseignement donné par les signes conventionnels ;

4° Se rappeler l'enseignement donné par le nivellement ; chercher les lignes de faîte, le thalweg, les croupes, les vallées ; disséquer le terrain ;

5° Chercher le commandement des hauteurs.

Trouver sur la carte un point du terrain.

On a marché quelque temps, on veut savoir, sur la carte, à quel point on se trouve, c'est-à-dire quel est le point de la carte correspondant à celui du terrain où l'on

____

(1) Publié par la *Réunion des officiers.*

se trouve. Souvent les indications de la carte, fermes, bois, collines, dont la position est sur le terrain devant soi, suffiront pour cela. On peut, en tout cas, se servir du déclinatoire; on tournera la carte de manière que l'aiguille fasse avec le nord marqué de cette carte la déclinaison voulue. La carte sera alors orientée; ses lignes seront parallèles à celles du terrain. On prendra ensuite sur le terrain les azimuts de deux directions environnantes, que l'on rapportera sur la carte; ces directions se couperont sur celles-ci au point précis de la carte où l'on se trouve sur le terrain. On peut aussi procéder par recoupement.

Trouver sur le terrain un point de la carte.

D'après la carte, on examine le pays autour de soi. On compare les différentes positions du pays avec la carte, ce qui permettra de déterminer le point du pays où l'on se trouve, mais on pourra aussi se servir du déclinatoire. La carte étant déclinée, comme précédemment, on détermine les azimuts de deux directions de la carte et on les trace sur le terrain.

MÉMOIRE DESCRIPTIF.

Le plan une fois levé, on s'occupe de rédiger le mémoire descriptif contenant les renseignements topographiques et statistiques, souvent même historiques, qu'on aura recueillis tout en cheminant. Ces renseignements sont destinés à faire ressortir les objets les plus importants du terrain reconnu, à donner une connaissance

aussi exacte que possible des ressources du pays, enfin
à faire juger de la valeur militaire des positions les plus
remarquables. Quelques considérations générales peuvent être mises en tête du mémoire. Généralement, il
faut être très-concis. L'officier qui va en reconnaissance, ou est chargé d'un itinéraire, reçoit d'ailleurs en
campagne des instructions spéciales auxquelles il devra
se conformer.

Le tableau statistique contient les indications suivantes, qu'on a rarement le temps de compléter en campagne :

Noms des communes ou des divisions territoriales qui
leur correspondent, si l'on est en pays étranger ;

Population ;

Nombre de feux ;

Ressources pour le logement des hommes et des chevaux ;

Moyens de transport : véhicules, bateaux, chevaux, etc. ;

Professions utiles : selliers, maréchaux-ferrants, bou-
langers, etc. ;

Ressources pour la boulangerie : moulins, nombre de
fermes, nombre de rations en vingt-quatre heures.

Ces renseignements sont quelquefois mis sur un des
côtés de la feuille.

Mais tout itinéraire doit être accompagné d'un registre
d'itinéraire dont voici le modèle :

ITINÉRAIRE DE LA ROUTE DE A 150 KILOMÈTRES.

NOMS DES LIEUX ET DISTANCES du point de départ.	DISTANCE D'UN POINT à l'autre.	POINTS REMARQUABLES.	LARGEUR de LA ROUTE.	VUES OU PROFILS DES POINTS remarquables.	DÉTAILS DESCRIPTIFS.	OBSERVATIONS.

RÉSUMÉ DES OPÉRATIONS D'UN ITINÉRAIRE.

Construire les échelles de pas et au mètre.

Levé de détails, planimétrie, figuré du terrain. (Remplir le registre d'itinéraire en même temps.)

Cotes des points remarquables.

Reliefs de certains mouvements de terrain.

Unir entre eux, par des courbes, les points de même côté.

Faire les hachures.

Enlever l'échelle de pas.

Passer le levé à l'encre.

Écrire les noms de lieux parallèlement à un des côtés du cadre, ceux des routes et des cours d'eau dans le sens de leur direction.

Indiquer le nord par une flèche.

FIN.

TOPOGRAPHIE.

Clichy. — Imprimerie PAUL DUPONT, 12, rue du Bac-d'Asnières. (V120. 40-4.)

PLANCHE I.

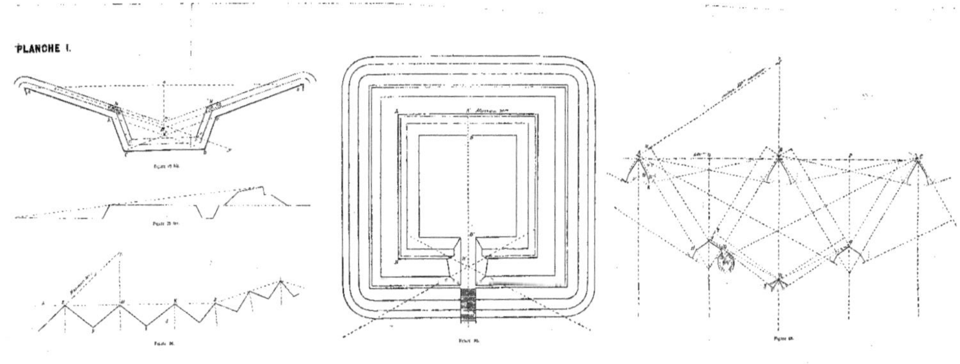

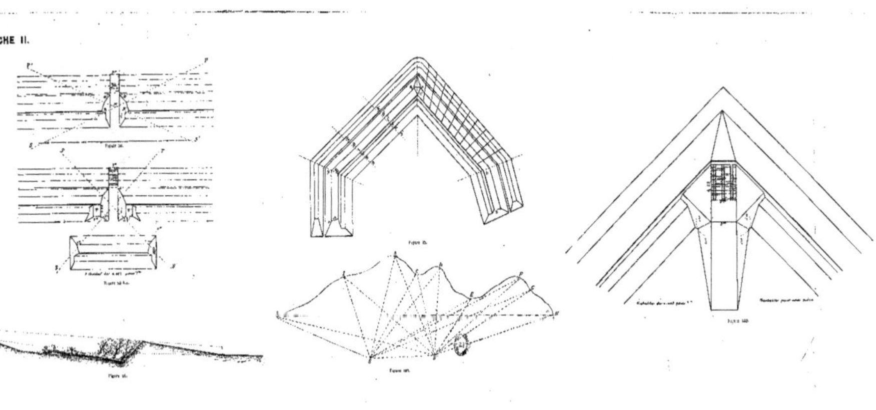

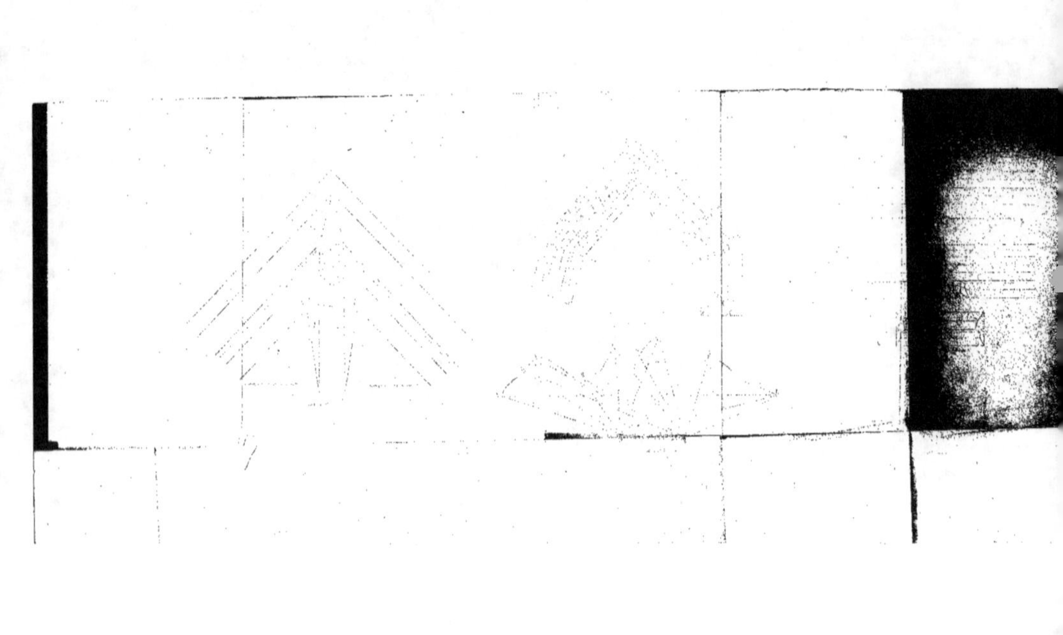